D1720917

Rückgabe spätestens am		

FZ DIN 1500   ekz Best.-Nr. 806642.1

GÜTERSLOHER
VERLAGSHAUS

G

ÖFFENTLICHE
BÜCHEREI
OBERTRUM

Gütersloher Verlagshaus. Dem Leben vertrauen

Elisabeth Lidell
Anette Foged Schultz

Dem Glauben Beine machen

PILGERWANDERUNGEN
mit Kindern und Jugendlichen

Aus dem Dänischen übersetzt von Hannah Palme
Herausgeber der deutschen Ausgabe: Marcus A. Friedrich

ÖFFENTLICHE
BÜCHEREI
OBERTRUM

Gütersloher Verlagshaus

Bibliografische Information der Deutschen Nationalbibliothek
Die Deutsche Nationalbibliothek verzeichnet diese Publikation in der Deutschen Nationalbibliografie;
detaillierte bibliografische Daten sind im Internet über http://dnb.d-nb.de abrufbar.

FSC
Mix
Produktgruppe aus vorbildlich
bewirtschafteten Wäldern,
kontrollierten Herkünften und
Recyclingholz oder -fasern
Zert.-Nr. SGS-COC-004278
www.fsc.org
© 1996 Forest Stewardship Council

Verlagsgruppe Random House FSC-DEU-0100
Das FSC-zertifizierte Papier *Munken Premium* für dieses Buch
liefert Arctic Paper Munkedals AB, Schweden.

1. Auflage
Copyright der deutschsprachigen Ausgabe:
Copyright © 2010 by Gütersloher Verlagshaus, Gütersloh,
in der Verlagsgruppe Random House GmbH, München
Copyright der dänischen Originalausgabe:
Copyright © 2006 Elisabeth Lidell, Anette Foged Schultz und Religionspædagogisk Forlag, Frederiks-
berg, Dänemark, www.rpf.dk. Die Originalausgabe erschien auf Dänisch unter dem Titel »Pilgrims-
vandring med børn og unge«.

Dieses Werk einschließlich aller seiner Teile ist urheberrechtlich geschützt. Jede Verwertung außerhalb
der engen Grenzen des Urheberrechtsgesetzes ist ohne Zustimmung des Verlages unzulässig und straf-
bar. Das gilt insbesondere für Vervielfältigungen, Übersetzungen, Mikroverfilmungen und die Einspei-
cherung und Verarbeitung in elektronischen Systemen.

Umschlagfoto: fotolia/© ant 236
Illustrationen: Anna Blinkenberg-Lidell
Satz: Satz!zeichen, Landesbergen
Druck und Einband: Těšínská tiskárna, a.s., Český Těšín
Printed in Czech Republic
ISBN 978-3-579-05918-1

www.gtvh.de

Inhalt

Vorwort
der deutschen Ausgabe

Liebe Leserin, lieber Leser,

vor vielen Jahren – auf einer Tagung der Evangelischen Akademie Nordelbien – haben die Autorin Pastorin Elisabeth Lidell und ich uns bei einer kleinen Wanderung um den Ratzeburger See kennengelernt. Damals hätten wir beide uns nicht vorstellen können, dass sie sich eines Tages aufmachen würde, um ein Buch zusammen mit Anette Foged Schultz zu schreiben über die Erfahrungen und methodischen Wege zum Pilgern mit Kindern und Jugendlichen. Und ich umso weniger, dass ich es eines Tages auch in deutscher Sprache herausgeben würde.

Nun ist es soweit. Mehr als ein Jahrzehnt des Pilgerns und des Erfahrungensammelns lag allerdings dazwischen. Die ganze Begeisterung fürs Pilgern wuchs bei den beiden Autorinnen zunächst wie bei vielen Pilgerbegeisterten im letzten Jahrzehnt: mit einer Wanderung auf dem Pilgerweg nach Santiago de Compostela. Aber dabei sollte es nicht bleiben. Beide interessierte das Pilgern mit jungen Christinnen und Christen in ihren beruflichen Wirkungskreisen als Pastorinnen in Dänemark, auf Fünen und in Aarhus. Beide haben über Jahre ausprobiert, verworfen, neu angesetzt, weiterentwickelt und die hier vorliegenden Konzepte entwickelt. Mit diesem Anliegen und der Dokumentation der praktischen Umsetzung in »Pilgrimsvandring med børn og unge« liefen die Autorinnen offene Türen bei mir ein. Ich hatte gerade selbst versucht, geistlich motivierte Wanderungen mit Konfirmandinnen und Konfirmanden durchzuführen. So reifte die Idee, das Buch in die deutsche Sprache zu übersetzen und herauszugeben, bis zur Umsetzung in den Jahren 2009 und 2010.

Heute halten Sie ein Buch aus der Praxis für die Praxis in den Händen, ein Buch, das in die Grundlagen des Pilgerns mit Gruppen einführt und eine Fülle von Ideen und Ansätzen zum Pilgern zusammenträgt, zum Beispiel wie man ein ganzes Konfirmandenkurs-Curriculum wandernd bestreiten kann. Dabei erfährt der Leser auch viele Grundlagen – gleichsam eine kleine praktische Theologie des Pilgerns. Das Buch ist aber auch voller praktischer Tipps: von der Länge der machbaren Wanderrouten bis zu wichtigen Pilgeradressen, vom Pilgerstab bis zur Wanderroute. Alles ist so einfach geschrieben, dass es kaum theologische Vorbildung erfordert. Die Autorinnen weisen immer wieder darauf hin, dass viele der Ideen auch in der Pfadfinderarbeit und Gemeindearbeit verwirklicht werden können.

Die Autorinnen ermuntern ausdrücklich dazu, das Buch wie einen »Steinbruch« zu benutzen, auch mit dem Verweis darauf, dass jeder und jede Leitende einen für sich annehmbaren Weg finden muss. Bei aller Rückbindung an die Autorinnen als Individuen, dem religionspädagogisch geschulten Leser wird nicht entgehen, dass die Däninnen ein leicht abweichendes pastorales Rollenverständnis gegenüber den Jugendlichen und Kindern haben als bei uns üblich: Die Leiterin tritt eher und vielleicht auch mutiger als Mystagogin auf. Lehrend und anleitend führt sie in die offenen Geheimnisse des Glaubens ein, ermuntert die Mitgehenden, ihren Weg zu gehen. Eine spirituelle, zugleich existenzielle Schule der Sinne wird dabei großgeschrieben. Der performative Aspekt, das miteinander Tun steht immer im Vordergrund.

Die Übersetzung ist bewusst so angelegt, dass die dänische Pilger-Kultur erkennbar bleibt, sowohl bei den »Wegmarken«, auf die verwiesen wird, als auch beim ausgesprochen persönlichen Schreibstil der Autorinnen. Ergänzt habe ich Adressen und Kontakt-Daten der deutschen Pilgerwege und -initiativen. Dänische Kirchenlieder haben dort, wo es ein entsprechendes Deutsches gibt, einen genauen Ersatz gefunden. Wo dies nicht möglich war, habe ich aus traditionellen und zeitgenössischen Beständen alternative Lieder zu den Themen ausgewählt. Zwei Gesangbücher habe ich dafür herangezogen, das Evangelische Gesangbuch (EG) in der Nordelbischen Ausgabe und das ausgezeichnete und vielfältige neue Gesangbuch der Evangelischen Studentengemeinden (GESG). Es folgt der gleichen Systematik wie das EG und ist eine echte Fundgrube bekannter und unbekannter »Sangesperlen«. In ihm finden sich auch die für die Thematik unumgänglichen und beliebten Lieder wie »Möge die Straße uns zusammenführen …« und »Mögen sich die Wege …«. (Dieses Gesangbuch hat, wie das EG, nur einen Nachteil: Es ist fürs Wandern eigentlich zu schwer!) Alle Lieder, die im weitesten Sinne die Pilgerwanderung als Thema streifen, sind am Ende des Buches noch einmal aufgelistet. Außerdem habe ich im Anhang einen Beitrag über die biblische Theologie des Gehens angefügt: »Ich mach euch Beine, sagte Gott. Biblisch-theologische Geh-Momente«.

Zuletzt und zuerst ist den beiden Autorinnen Elisabeth Lidell und Anette Foged Schultz herzlich Dank zu sagen für diese umfassende Darstellung. Ich danke außerdem Diedrich Steen und Gabriele Schneider vom Gütersloher Verlagshaus für Offenheit, Vertrauen und Fachkenntnis bei der Realisierung der deutschen Ausgabe. Ohne die Resonanz im Verlag wäre dieses Buch so nicht entstanden. Mein besonderer Dank gilt vor allem Hannah Palme, der Übersetzerin. Als frisch examinierte Philosophin mit zweisprachiger Prägung hat sie sich in stundenlanger Kleinarbeit in die theologischen und religionspädagogischen Sachverhalte eingedacht und sie elegant in die deutsche Sprache überführt.

Jetzt heißt es also nur noch: Auf, und dem Glauben Beine machen!

Leck, im Mai 2010   *Marcus Ansgar Friedrich*

Vorwort

Bei einem Treffen der nordischen Pilgerpastoren im Sommer 2004 im Kloster Vadstena in Schweden haben wir beschlossen, unsere mehrjährigen Erfahrungen, die wir durch die Arbeit mit Pilgerwanderungen gewonnen haben, zu sammeln, um sie mit all den Kollegen und kirchlichen Mitarbeitern teilen zu können, die zunehmend auf der Suche nach Inspiration für die Durchführung von Pilgerwanderungen in ihrer eigenen Gemeinde sind.

Das Pilgerwandern ist seit 2001, als Elisabeth ihre erste Pilgerwanderung mit Konfirmandinnen und Konfirmanden in Mols Bjerge veranstaltet hat und Anette erstmals hinter der ersten Pfingstwanderung auf Fünen gestanden hat, ein wesentlicher und inspirierender Teil unserer Arbeit als Pastorinnen gewesen.

Unsere Gemeinden sind sehr unterschiedlich, zum einen in der Stadt, zum anderen auf dem Land gelegen, und auch unser Konfirmandenunterricht ist verschieden ausgerichtet. Elisabeth unterrichtet ganze oder halbe Tage im Monat. Anette unterrichtet die Konfirmanden in Doppelstunden einmal in der Woche. Wir haben die Erfahrung gemacht, dass Pilgerwanderungen unabhängig von Zeit und Ort einen fruchtbaren Zugang zur Konfirmationsvorbereitung bieten.

Wir hoffen, mit diesem Buch dazu beizutragen, mehr Menschen für Pilgerwanderungen zu begeistern, sowohl im kirchlichen Unterricht als auch in anderen Formen religiöser Unterweisung von Kindern und Jugendlichen. Ebenso wünschen wir uns, dass dieses Buch auch eine Anregung für die Arbeit mit Pilgerwanderungen in anderen Altersgruppen ist. Wir danken Dompropst Arndt Jessen Hansen für eine kritische Korrektur, Pater Adolph Meister für die freundliche Erlaubnis, seine Werke über die 14 Kreuzwegstationen nutzen zu dürfen, Gemeindepastorin Lone Olsen für die Hilfe beim Suchen von Literatur zu den Pilgerthemen für die zwölf Lektionen, dem Bibliothekar Kitty Clausen (Helsingør bibliotek) und Helle Kjeldsen (Præstehøjskolen) für die Hilfe mit der Literatur, Victoria Rudebark und Elisabeth Knox-Seith für die Hilfe mit der Liturgie und den Gebeten aus Iona. Unser Dank gilt außerdem Pilger Gunvor Blichfeldt für die kritische Durchsicht und seine aufmunternde Begleitung unterwegs sowie der Redakteurin Helle Wilsted Goll für ihre ausdauernde, kritische und herzliche Begleitung des Entstehungsprozesses dieses Buches.

Elisabeth Lidell
Pilgerpastorin in Risskov

Anette Foged Schultz
Pilgerpastorin in Viborg

Vorstellung des Buches

ZUR ZIELGRUPPE DIESES BUCHES

Ziel dieses Buches ist, dass es von Pastoren, Pastorinnen, Katechetinnen, Leitern von Pfadfinder- und anderen Gemeindegruppen als Anregung genutzt werden kann; kurz gesagt von Menschen, deren Tätigkeit die Vermittlung der christlichen Botschaft an Kinder und Jugendliche beinhaltet und die Lust haben, Pilgerwanderungen als Thema in ihren Unterricht einzubeziehen. In erster Linie ist hierbei an die Arbeit mit Konfirmandinnen und Konfirmanden gedacht, einem wichtigen Arbeitsfeld von Gemeinde und Kirche. Möglich ist auch, das Material für Pilgerwanderungen mit Erwachsenen umzugestalten.

Wenn man sich mit dem Thema Pilgerwanderungen auseinandersetzt, dann bedeutet dies immer auch eine Beschäftigung mit grundlegenden, existenziellen Fragen über das Leben und den Tod. Diese großen Lebensfragen sind sowohl für Kinder von sieben Jahren und als auch für alte Menschen mit 90 Jahren von Bedeutung.

DIE AUTORINNEN DIESES BUCHES

Eine besondere Qualität des Pilgerwanderns ist, dass jeder seinen eigenen Glauben und persönlichen Stil so mit einbringen kann, dass sie in den Andachten und in der jeweiligen formalen Ausgestaltung zum Ausdruck kommen. Die Möglichkeiten, die Pilgerwanderungen bieten, sind groß, wie aus allen Ecken der Pilger-Bewegung zu beobachten ist. Das vorliegende Buch ist von zwei Pastorinnen verfasst worden, und nicht bloß bezüglich der Form wird ihre Verschiedenheit augenscheinlich, sondern natürlich auch hinsichtlich der Inhalte und somit der Theologie selbst. Darum ist jedes Kapitel mit einem Hinweis auf die Verfasserin gekennzeichnet.

ELISABETH LIDELL:

Mein Glaubensweg führt von einer Kindheit auf einem Pfarrhof auf Ærø über den Kirchgang, die Sonntagsschule, den christlichen Pfadfinderverein und später Dänemarks christliche Gymnasiastenbewegung zu einem Theologie-Studium an den Universitäten in Aarhus und Uppsala. Mein »geistlicher Lebenslauf« ist außerdem von der christlichen Studentenbewegung in Aarhus geprägt sowie von der Arbeit auf dem Stiftshof und im Retreathaus Skt. Davidsgården in Rättvik, Schweden. Mein Hintergrund und meine Antriebskraft sind ökumenisch ausgerichtet, und während meiner neunjährigen Anstellung in der Kopenhagener Domkirche hatte ich die Freude, für die zwischenkirchlichen Beziehungen in der Volkskirche verantwortlich zu sein. Dort habe ich reiche Möglichkeiten bekommen, Brüdern und Schwestern aus anderen christlichen Glaubensgemeinschaften zu begegnen und die Stärke der weltweiten christlichen Kirche unter ganz anderen Bedingungen und häufig in ganz anderen Formen zu erleben. Dies hat mir Mut gemacht, mit den Formen der Verkündigung und des Gottesdienstes zu experimentieren.

Zu den Menschen, die mich auf diesem Weg begleitet haben, gehören mein Vater, Gemeindepastor Per Lidell, Pater Jesus Castaneda, Studentenpastor Viggo Lissner, Dozentin Dr. theol. Anna Marie Aagaard, Direktor Gerhard Perdersen, Bischof Martin Lönnebo, Gemeindepastor Johannes Langhoff, Retreatleiter Gerald O'Mahony sowie Pilgerpastor Hans-Erik Lindström. Neben dem Lesen der Bibel macht es mir große Freude und ist es zugleich eine Inspiration, die christlichen Mystiker zu lesen, insbesondere Franz von Assisi und Ignatius von Loyola.

Mein Gottesbild ist einfach: Gott liebt jeden einzelnen Menschen unbedingt und grenzenlos, vergleiche die Worte des Herrn aus Jesaja 49,15: »Vergisst eine Frau ihr säugendes Kind? Vergisst eine Mutter das Kind, das sie geboren hat? Selbst wenn sie es vergessen sollte, ich vergesse dich nicht.« Aus diesem Grund hat die Taufe mit den Jahren eine immer größere Bedeutung für mein Leben bekommen. Zu eben jener Zeit, als Gott versprach, bei uns zu sein an allen Tagen bis zum Ende der Welt, begann die Pilgerreise. Und ich habe erfahren, dass Gott auf den Kreuzwegen des Lebens mitwandert als der Pilger Christus. »Denn du hast mein Leben vor dem Tod gerettet und meinen Fuß vor dem Stolpern, sodass ich in Gottes Angesicht im Licht des Lebens wandern kann.« (Ps 56,14). Es ist wahrhaftig das Werk des Heiligen Geistes, wenn unser »Herz aus Stein« zu einem »Herz aus Fleisch« wird, wenn »der Acker der Seele gewässert wird«, wie es einer der alten christlichen Mystiker ausdrücken würde. Dann ist man so weit gereift, dass die Worte der Bibel »in guter Erde« gesät werden können und im Herzen lebendig werden.

Für mich war sowohl die Befreiungstheologie als auch christliche Spiritualität von großer Bedeutung.

Benedikt von Nursias Formel »Ora et labora«, die Verbindung von Gebet und Arbeit, Kontemplation und Aktion, das innere und das äußere Leben, rufen mir ins Gedächtnis, wie wichtig eine Ritualisierung des Glaubens im Alltag ist.

In meiner 26-jährigen Tätigkeit als Pastorin habe ich versucht, der Kirche einen Körper zu verleihen, das Herz und die Sinne anzusprechen – mithilfe von Gebeten, Bildmeditationen, Retreat, Bibelmeditationen, seelsorgerlicher Begleitung und jetzt auch mit Pilgerwanderungen. Es ist mein Wunsch, einfach über das Große zu sprechen, über den dreieinigen Gott. Dort, wo sich Gottes Volk begegnet, kann Verkündigung geschehen, unabhängig davon, ob dies in der Kirche oder im Freien stattfindet. Wenn unsere Lebensgeschichten unterwegs in Gesprächen, Gebeten, Psalmengesang, beim Feiern des Abendmahls und dem Lesen der Bibel mit unseren Glaubensgeschichten verflochten werden, kann es geschehen, dass Menschen anfangen, Gott für das Geschenk des Lebens zu preisen und zu danken. Dann hat der Heilige Geist sein Werk vollbracht.

Dann hat die Pilgerreise ihr Ziel erreicht: Raum zu schaffen für die Begegnung mit dem lebendigen Gott.

Anette Foged Schultz:

Als Theologin, Pastorin und als Mensch ist mir über die Jahre die Bedeutung der Erfahrung und der Sinneswahrnehmung zunehmend bewusster geworden. Ich habe diese als etwas erfahren, das nicht umgangen werden kann. In der Verkündung und im Unterricht sowie in Gesprächen habe ich gelernt, dass eine Begegnung nur dann stattfinden kann, wenn ich mich dem stelle, was wirklich *ist,* und nicht dem, von dem ich mir wünschte, dass es Wirklichkeit wäre. Das, was der Einzelne erfährt und sinnlich wahrnimmt, ist ein unumgänglicher Ausgangspunkt für jeglichen Kontakt.

Die Inkarnation – dass Gott Mensch wurde – wirft das Licht der Liebe über unser irdisches Leben. Das Leben, wie wir es kennen, ist gesegnet bis in die allerkleinste Zelle hinein – das ist es, was wir durch die Offenbarung Gottes in Jesus Christus erfahren. Wir erfahren, dass du und ich – mit Körper und Seele – heiliges, gesegnetes Leben sind, von Gott selbst erschaffen. Wir sind so sehr daran gewöhnt, diese Worte auszusprechen, aber wenn sie wahrhaftig gehört werden, haben sie eine umwerfende und neu-schaffende Wirkung: Du erfährst dann, dass DU, mit deinem Körper und deiner Seele, ein wundervolles, von Gott erschaffenes Leben bist und dass die Liebe, die dir unterwegs im Leben begegnet, das Aufblitzen der großen, unbedingten Liebe Gottes zu dir ist. Aus dieser Liebe wirst du fortwährend von Neuem erschaffen, und in dieser Liebe bist du selbst Mitschöpfer des Lebens. Ein anderer Mensch kann im Licht deiner Liebe entstehen. Auf diese Weise haben wir selbst eine unermesslich große Bedeutung für unser eigenes Leben und für das Leben des anderen. Wir sind »Werkzeuge« in Gottes Hand.

»Gesegnet sei, der da kommt im Namen des Herrn!« Dies singen wir beim Abendmahlsritus und wir sprechen von Christus. Aber auch du und ich können »im Namen des Herrn« kommen, wenn wir uns in gegenseitiger Liebe begegnen.

Ich bin eine lange Zeit als Pilgerin unterwegs gewesen – auf dem Weg zu einem besseren Verständnis des Christentums und des Lebens im Glauben. Als Theologin habe ich mich mit Paulus, Augustinus, Luther, Kierkegaard, Grundtvig und vielen anderen grundlegenden Autoren unserer christlichen Tradition beschäftigt, um ein Verständnis des Christentums von innen heraus zu erlangen – wenn man es denn so ausdrücken kann. Zu lesen und zu verstehen ist eine Sache. Etwas anderes ist es, das Christentum als Fundament für das Leben, das wir leben, in sich aufzunehmen.

Diesbezüglich hat mir das Pilgerwandern sehr geholfen: Es geht darum, den Glauben als etwas in sich aufzunehmen, was mein Dasein erhellt, und ihn als das Fundament zu betrachten, auf dem ich stehe und von dem aus ich das Leben gestalte.

Dass das Pilgerwandern ein Weg sein kann, der Menschen zum Glauben führt, liegt darin begründet, dass man auf einer Wanderung ganz bis an die Grenzen des Lebens und an seine eigenen Grenzen gelangt. Bis dorthin, wo dem Gebet eine entscheidende

Bedeutung zukommt. Das Gebet wird zu einem untrennbaren Teil von einem selbst, genau wie das Atmen ein solcher Teil ist.

Pilgerwanderungen schaffen Raum für die Verknüpfung von Sinneswahrnehmung und Glauben, Körper und Seele. Und wenn eine solche Verknüpfung entsteht, geschieht sie im Lichte der Offenbarung Gottes in Jesus Christus.

Mein Eindruck ist, dass den Aspekten, die in dem obigen Zusammenhang thematisiert wurden, eine wesentliche Bedeutung im Leben und im Glauben zukommt. Diese Einschätzung wurde in der Begegnung mit dem Theologen und Psychotherapeuten Bent Falk in aller Deutlichkeit bestätigt und formuliert. Ich habe mich über mehrere Jahre bei ihm in Seelsorge und Gestalttherapie ausbilden lassen. Ich schulde ihm großen Dank für all das, was ich von ihm in dieser Zeit gelernt habe.

Inhalt und Aufbau des Buches

Dieses Buch ist eine Sammlung der Erfahrungen, die wir mit Pilgerwanderungen im Zusammenhang mit unserer Arbeit mit Kindern und Jugendlichen gemacht haben.

Elisabeth Lidell versteht die Bibel als ein Pilgerbuch. Von der ersten bis zur letzten Seite ist sie voll von Berichten über den Ruf Gottes, den Aufbruch der Menschen und seiner sehnsüchtigen Wanderungen, bis das Ziel erreicht wird. Nachdem Elisabeth zunächst die Kirche als »Gottes Volk auf Wanderschaft«, das wandernde Gottesvolk, beschreiben wird, fährt sie mit einem Überblick über die christliche Pilgerwanderung in der Kirchengeschichte fort – von den vielen Wallfahrten im Mittelalter bis zu Martin Luthers Auflehnung gegen den Bußgang.

Anette Foged Schultz wird den Lesern Überlegungen zum Prozess, der bei einer Pilgerwanderung stattfindet, vorstellen: Was geschieht unterwegs mit einem Menschen, der sich auf eine längere Pilgerwanderung begibt? Die Antwort auf diese Frage ist dieselbe wie auf die Frage, weshalb Pilgerwanderungen zurzeit so populär geworden sind. Sie sind fast vergleichbar mit einer Art Graswurzelbewegung, die hochschießt und in vielen verschiedenen Bereichen innerhalb der Kirche emporwächst. Nach der Beschreibung des Prozesses, der bei einer Pilgerwanderung stattfindet, wird veranschaulicht, wie wir vorgehen können, wenn wir zusammen mit unseren Konfirmanden wandern wollen.

Hiernach folgen kurze Abschnitte mit praktischen Tipps zu Pilgerstäben, der Zusammenstellung von Routen und Ähnlichem.

Im Anschluss daran macht Anette Foged Schultz Vorschläge dafür, wie man den Prozess bei einer Pilgerwanderung auf eine Unterrichtseinheit für Konfirmanden bzw. für Kinder und Jugendliche übertragen kann. Sie beschreibt zwölf Doppelstunden unter dem Oberthema »Lebenswanderung«. Lesende werden immer noch weitere und neue Perspektiven hinzufügen können, ebenso, wie noch tiefergehend erforscht werden kann, was Pilgerwanderungen für das Leben des Menschen bedeuten. Das Material ist aus diesem Grund auch als eine Perspektive des Pilgerns zu verstehen: Wir befinden uns noch auf dem Weg zu einem Verständnis und der Entfaltung der inhaltlichen Bedeutung von Pilgerwanderungen.

Darauf folgend macht Elisabeth Lidell konkrete Vorschläge für Pilgerwanderungen von kürzerer oder längerer Dauer. Anschließend werden 13 in sich geschlossene Andachten zu Pilgerthemen und Vorschläge für Pilgergottesdienste präsentiert. Es wird auf wichtige Bibelsprüche hingewiesen, die sich für eine Wanderung eignen, ebenso wie Beispiele für jene Pilgersprüche und Schriftstellen wiedergegeben werden, die die Konfirmandinnen und Konfirmanden sich selbst ausgesucht haben. Am Ende des Buches werden Konfirmationspredigten mit Pilgerthemen vorgestellt, und abschließend finden sich Hinweise zu wichtigen Links und zur Literatur.

Einleitung

Einleitung von Elisabeth Lidell

»Wann dürfen wir eine Pilgerwanderung machen?«, hat mich ein Konfirmand gefragt, als ich im Jahr 2000 in meinem Unterricht begeistert über meine eigenen Erfahrungen von einer Wanderung in Spanien erzählte. Ich wurde vom Enthusiasmus des Konfirmanden ergriffen und antwortete, dass wir eine örtliche Mini-Pilgerwanderung unternehmen könnten. Allerdings sollte die Teilnahme freiwillig sein und die jungen Menschen sollten einen ganzen Samstag für eine 25 Kilometer lange Wanderung einplanen. Zudem sollten sie darauf eingestellt sein, das Abendmahl im Freien zu halten sowie eine Stunde in Stille und Gebet zu wandern. Mein Erstaunen war groß, als sich 40 Konfirmandinnen und Konfirmanden anmeldeten! Sogar die Eltern lagen mir in den Ohren, auch teilnehmen zu dürfen. Ich versprach, zu einem späteren Zeitpunkt eine Wanderung für die Erwachsenen anzubieten, und nahm die Konfirmanden an einem Frühlingstag mit nach Mols Bjerge. Die Stimmung war gut, als wir uns auf den Weg machten. Mein Mann, der eine abwechslungsreiche Route mit Aufenthalt in der Kirche Agri ausgesucht hatte, ging an der Spitze und ich am Ende der Gruppe. Es machte mir Freude, meine Konfirmanden im Gänsemarsch voranschreiten zu sehen und in Stille und im Gebet über Trehøje und an Toggerbo vorbei zu einem Platz für das Abendmahl in Tinghulen zu gelangen. Wer hätte gedacht, dass 13-jährige Jugendliche eine ganze Stunde still sein können! Bei dem Gedanken daran, dass diese Wanderung wohl die erste nach-reformatorische Pilgerwanderung in Dänemark sein müsse, fühlte ich »den Flügelschlag der Geschichte«. Diese Wanderung sollte sicher nicht die letzte gewesen sein. Nach der Konfirmation stellte ein Junge fest, dass die »Pilgerwanderung das Beste am Konfirmandenunterricht« gewesen sei.

Diese erste positive Erfahrung, die ich mit Pilgerwanderungen als Teil des Konfirmandenunterrichtes gemacht habe, hat den Ausschlag dafür gegeben, dass das Pilgerwandern in den letzten fünf Jahren fester Bestandteil meines kirchlichen Unterrichts von Kindern und Jugendlichen geworden ist. Die Erfahrung hat gezeigt, dass das Pilgerwandern ein wertvolles pädagogisches Werkzeug für Konfirmanden sein kann. Das Modell kann natürlich auch von anderen Gruppen verwendet werden. In meinen Augen ist es notwendig, Kinder an eine Glaubenspraxis heranzuführen. Und zwar deshalb, weil wir uns mithilfe des Körpers erinnern: »Es war komisch, das Abendmahl in einer zwei Meter hohen Schneewehe abzuhalten«, so erinnert sich ein Junge an seine Konfirmationszeit. Wir lernen, während wir in Bewegung sind. »Und das Wort wurde Fleisch und wohnte unter uns.« (Joh 1,14) Aus diesem Grund habe ich mittlerweile den Pilgergedanken für die Jugendlichen ausgeweitet. Mein Wunsch ist es, ihnen gewisse Werkzeuge mit auf den Weg zu geben, eine Glaubenspraxis, sodass sie wissen, was man *tun* kann, wenn man ein Christ ist.

Als Lehrerin, Gruppenleiter oder Pastorin geht es darum, persönlich präsent zu sein und den Mut zu haben, aus der eigenen Lebenserfahrung zu schöpfen. Unbefangen mit seinen persönlichen Erfahrungen umzugehen, das kann zum Beispiel bedeuten, von den Abwegen und Sackgassen des eigenen Lebens zu erzählen. Authentische Lebens- und Glaubensgeschichten fördern das Gefühl von Nähe. Außerdem ist es ein Muss, *einfach* über das Große zu sprechen, sodass die Kinder und Jugendlichen die Möglichkeit bekommen, von der Botschaft des Christentums ergriffen zu werden. Mit anderen Worten: Es sollte versucht werden, die biblische Geschichte aus der Perspektive der Füße und nicht aus der des Kopfes zu erzählen.

Auf einer Wanderung entstehen gute Gespräche. Im Gepäck tragen wir nur die allernotwendigsten Dinge mit uns, wie einen Schlafsack und eine Wasserflasche. Durch diese Einfachheit kommen Gedanken und Überlegungen zum Zuge, die häufig im alltäglichen Treiben versteckt und vergessen werden: Woher komme ich, wohin gehe ich und was ist der Sinn meines Lebens in der kurzen Zeit, die mir gegeben wurde: »Das Leben des Menschen ist wie das Leben des Grases, es blüht wie die Blumen auf den Feldern; aber wenn der Wind über es weht, ist es nicht mehr dort, wo es gestanden hat, sieht man es nicht mehr.« (Psalm 103,15) Die Geschichten der Bibel helfen uns, das Leben als eine Wanderung vom Tod zum Leben zu deuten und zu verstehen.

Ein Pilger »geht hinaus in das Innere«. Die äußere, physische Wanderung und die innere, geistige Wanderung – die Sehnsucht nach Gott – gehören zusammen. Der monotone Gang der Füße wird zu einem meditativen Rhythmus, wie eine Art Klosterleben zu Fuß. Auf einer Pilgerwanderung »betet man mit den Füßen«! Der Pilger sieht hinter der inneren Landschaft die äußere: eine unsichtbare, zusätzliche Dimension hinter der Weltlichkeit dieser Welt. Vielleicht muss man sich körperlich bewegen, um mental von der Stelle zu kommen. In einer Zeit der vielen und schnellen Veränderungen, der endlosen Flut an Informationen, des hohen Tempos und der überfüllten Terminkalender steht der Pilgergedanke für einen anderen Lebensstil, in dem Zeit für Stille, zum Nachdenken, für Langsamkeit, Einfachheit und innere Ruhe zugelassen wird.

Es gibt einen Unterschied zwischen einem Touristen und einem Pilger. Die äußere Reise des Touristen geht von A nach B, horizontal. Den Pilger begleitet hingegen auch die vertikale Dimension: nach innen und nach oben. Das, was eine Wanderung zu einer Pilgerwanderung macht, ist, dass zusammen gebetet und Gottesdienst abgehalten wird. Man muss also nicht in ferne Gegenden reisen, um ein Pilger zu sein.

Dag Hammarskjöld schreibt in seinen Tagebuchaufzeichnungen *Vägmärken*[1], dass »die längste Reise die nach innen ist«! Wir müssen also mit uns selbst beginnen. Denn hier beginnt die eigentliche Pilgerreise, die auch nach innen führt. Wenn wir auf dieser Pilgerwanderung der Seele weit genug gekommen sind, dann können wir eine Verbun-

---

1. Deutsch: D. Hammarskjöld, Zeichen am Weg. Das spirituelle Tagebuch des UN-Generalsekretärs, Pattloch 2001. Schwedische Originalausgabe 1963.

denheit mit allen Menschen durch alle Zeiten hindurch und mit allen lebendigen Wesen fühlen, ja, mit allem Geschaffenen in der Natur.

Wir sind Pilger, die unter*wegs* sind. Unsere Pilgerreise ruft das Bild vom Leben als Wanderung und als Weg in uns wach. Die Taufe, die Lebensquelle, bildet den Ausgangspunkt. In der Taufe haben wir Teil an Christus. Wir sind auf seinen Tod und in seine Auferstehung (Röm 6,3–6) getauft. Wenn wir »den Löffel abgeben«, wenn unsere irdische Wanderung beendet ist, glauben wir womöglich, dass wir unser Kap Finisterre, das Ende der Welt, erreicht haben. Aber der Weg geht weiter zum »Himmlischen Jerusalem«, dem Garten des Paradieses, wo Gott alles in allem ist. Beim Abendmahl begegnen wir demselben Thema: Auf dem gesamten Lebensweg wird uns Teilhabe angeboten, eine Teilhabe an Christus und mit Christus, der den Weg für uns gegangen ist. Das Abendmahl wird uns als Reiseverpflegung gereicht, eine Nahrung, die nicht in uns selbst, sondern in Gott gründet.

Bei Pilgerwanderungen, Gebetswanderungen, Bibelwanderungen, Themenwanderungen und beim Kirchgang geht es ganz allgemein darum, nach den Wurzeln zu suchen, nach Identität und Zusammenhang. Aber es geht zugleich auch darum, einen Aufbruch zu wagen, weg vom Materialismus und der Selbstbezogenheit unserer Zeit, hin zu vollkommen anderen Werten: zu der Gemeinschaft mit Gott, untereinander und mit der Schöpfung.

Es kann eine heilende Erfahrung sein, als Pilger zu wandern, wenn man sich dabei mit seinem eigenen Lebensweg auseinandersetzt: Ist dies ein Weg zu Gott, ein Weg in seiner Nähe und unter seiner Führung? Selbst bei kürzeren Pilgerwanderungen können wertvolle Erfahrungen gesammelt werden. Sie können körperliche und seelische Veränderungen herbeiführen, den Alltag beeinflussen und den Glauben stärken.

Einleitung von Anette Foged Schultz

Das Leben ist ein Weg. Es gibt kurze Wege, lange Wege, steinige Wege, gewundene Wege, leichte und gerade Wege. Jeder Mensch muss seinen Weg gehen. In Europa und im Norden gibt es alte Pilgerwege, auf denen die Menschen in den vergangenen 1000 Jahren gewandert sind.

Die Tradition des Pilgerns ist seit dem Sommer 1999, als ich das erste Mal eine Pilgerwanderung nach Santiago de Compostela unternommen habe, eine große Inspiration für mein Leben und meine Arbeit gewesen. Es passiert etwas mit einem auf einer solch langen Wanderung. Man wird nie wieder ganz derselbe. Man bekommt etwas auf den Weg nach Hause mitgegeben.

Mir wurde ein »Ort im Geist« mitgegeben. An diesem »Ort« lässt sich noch immer die Freiheit finden, die auf den langen Tageswanderungen entstanden ist, die Stille, die von den schönen Kirchenräumen ausging, sowie der Friede, den ich im Gebet gefunden habe, und die Freude durch die Gemeinschaft.

Diesen »Ort« trage ich in mir. Er gibt mir die Kraft für den bevorstehenden Tag und den Weg, den ich hier zu Hause zu gehen habe. Ich glaube, durch diesen »Ort« die wesentlichen Bestandteile der christlichen Praxis wiedergefunden zu haben, die wir – in unserem Teil der Kirche – vergessen haben.

Ausgehend von diesen Erfahrungen, die ich durch die Wanderungen gewonnen habe, ist es mein Wunsch, an der Gestaltung der Pilgerarbeit mitzuwirken. Die Pilgerwanderung hat ihr ganz eigenes »Wesen«, und es ist wichtig, diesem eigenen Wesen treu zu bleiben. Es verhält sich nämlich mit der Pilgerwanderung genau wie mit uns Menschen. Aus uns/ihr kann so viel werden. Aber wir/sie sollte/n uns/sich am besten selbst treu bleiben. Unserem eigenen Wesen treu bleiben können wir nur, wenn das Evangelium uns begleitet – mit der Verkündung der unbedingten Liebe Gottes – als das Fundament, auf dem wir stehen und von dem aus wir emporwachsen.

»Zu teilen« ist ein wesentlicher Aspekt bei einer Pilgerwanderung. Der Pilger teilt sein Leben, seine Gedanken, seine Sehnsucht, seine Hoffnung, seinen Missmut, seinen Glauben und seinen Unglauben sowie sein tägliches Brot mit demjenigen, mit dem er gemeinsam wandert. Als Kollegin möchte ich gern die Anregungen, die ich in der Pilgertradition gefunden habe, mit denen teilen, die ebenfalls Lust haben, Pilgerwanderungen in das kirchliche Leben einzubeziehen.

Der Teil des Materials, den ich beitrage, ist eine Zusammenstellung von Erfahrungen, die ich während meiner vielen Pilgerwanderungen und meiner Arbeit mit Pilgerwanderungen in kirchlicher Regie gesammelt habe. Es handelt sich deshalb auch bei diesem Material um ein Projekt, das keinen Anspruch auf Vollständigkeit oder Abgeschlossenheit erhebt. Ich bin selbst noch »auf dem Weg«; auf dem Weg, herauszufinden, was die Pilgerwanderung an sich umfasst, was sie so anziehend macht in unserer Zeit und was die Pilgertradition im menschlichen und kirchlichen Zusammenhang vermitteln kann.

Meine Erfahrung ist, dass heutzutage viele Menschen erst über die Pilgerwanderung ihren Weg in die Kirche finden. Menschen, die sich auf der Suche befinden und sich im traditionellen Sonntagsgottesdienst der Volkskirche nicht heimisch fühlen.

Ebenso wie die Pilgerwanderung für Erwachsene ein Weg in die Kirche bedeuten kann, so kann dies auch für Konfirmandinnen und Konfirmanden der Fall sein. Die Pilgerwanderung ermöglicht ein größeres Gefühl der Präsenz, weil der Körper und die Sinne aktiv mit in den Unterrichtsraum bzw. die Kirche einbezogen werden.

Die Präsenz und die Begegnung – die Begegnung mit Gott und mit anderen Menschen – sind weitere wesentliche Bestandteile der Pilgerwanderung. Unterwegs wird dir bewusst, dass die Wanderung einen Anfang und ein Ende hat, so wie das Leben auch. Auf der Wanderung wirst du daran erinnert, dass das Leben kurz ist, und es kommen Fragen auf: Was ist wichtig und was gleichgültig? Was sollen wir mit unserem Leben anfangen? Für mich ist die Antwort auf diese Fragen, dass die Präsenz im Hier und Jetzt das Wesentliche ausmacht. Denn das Leben findet hier und jetzt auf dem Weg statt. Nicht in der Vergangenheit und auch nicht in der Zukunft. Es findet jetzt statt!

Die Kirche
Gottes Volk auf Wanderschaft

Von Elisabeth Lidell

»Wenn die Menschen nicht in die Kirche kommen, müssen wir mit dem Evangelium zu ihnen hinauskommen!«

Heutzutage tun sich viele Menschen mit dem Kirchgang schwer. Die dicken Mauern und die Rituale werden als einengende Dogmatik und sinnlose Bürokratie empfunden. Aber auf den Straßen und Gassen existiert ein riesiges Missionsfeld: Dort befinden sich all die suchenden Menschen, die sich danach sehnen, Gott näher zu kommen. Sie sind – in ihrer Sehnsucht nach Gott – vergleichbar mit einem Hirsch, der beim Anblick einer ausgetrockneten Quelle durstig wird und Wasser trinken möchte (vgl. Ps 42,2). Sehr viele Europäer experimentieren damit, ihren eigenen religiösen »Flicken-Teppich« zusammenzuflechten, und suchen Zuflucht in den östliche Philosophien und Religionen. Warum in die Ferne schweifen, wenn das Gute doch so nah liegt? Die Volkskirche, das ist unser eigener, reicher Schatz; wir müssen bloß das Familiensilber wieder herausgraben und putzen, sodass es für den Gebrauch bereitsteht: Gebet, Bibelmeditation, Retreat, seelsorgerliche Begleitung, Beichte und Pilgerwanderungen.

Wir müssen uns deshalb als Gemeinden als »lebendige Steine« verhalten und nicht hinter dicken Mauern oder steifen Ritualen verschanzen. Gottes Sohn hat sich fortwährend auf Straßen und Marktplätze, Berge und Seen begeben; auch wir müssen uns dorthin bewegen, wo die Menschen sind. So können wir unseren Mitmenschen mit dem Evangelium begegnen und darauf hoffen, dass das Wort Gottes sein Ziel nicht verfehlt und Sinn ergibt, sodass mehr Menschen Lust bekommen, in die Kirche zu gehen.

Die Geschichte, von der die Bibel erzählt, ist zeitlich betrachtet zwischen zwei Polen aufgespannt: dem Anfang und dem Ende der Welt – die Erschaffung eines neuen Himmels und einer neuen Erde, auf der Gott selbst bei den Menschen wohnt. Als Christen sind wir ein Teil eben der Wanderung, von der die biblische Geschichte über Gott und die Menschen erzählt. Die Botschaft der Bibel ist, dass Gott mit uns geht.

In der Bibel lesen wir viele Geschichten, die sich in der Natur am See, auf dem Berg, in Einöden oder im grünen Gras zutragen. Durch die Worte Gottes werden die Menschen auf Wanderungen geschickt. Die erste Wanderung haben Adam und Eva unternommen, die nach dem Sündenfall aus dem Garten Eden verstoßen wurden (vgl. 1 Mose 3). Seither wurde Abraham von Gott auf Wanderschaft geschickt, um ein neues Zuhause zu finden. Ein Land, das Gott ihm zeigen wollte. Abraham brach auf und verließ die Welt, die ihm vertraut war und Geborgenheit vermittelte. Er nahm Abschied von seinem Besitz, seinem Geschlecht und auch den Göttern seiner Väter (vgl. 1 Mose 12,2). Ebenso wird auch das Volk Israel auf Wanderschaft geschickt (vgl. 2–4 Mose). Sie brechen von dem bekannten, vertrauten, aber auch unfreien Leben in Ägypten auf – um ein neues Leben in Freiheit zu beginnen. Damals wie heute ist eine solche Wanderung durch die Wüste alles andere als ein Vergnügen. Für Israel war diese Wanderung insofern notwendig, als dass das Volk Israel dadurch lernte, sich führen zu lassen.

Das christliche Volk befindet sich stets auf Wanderschaft. Jesus bezeichnete sich selbst als: »der Weg, die Wahrheit und das Leben« (Joh 14,6). Sein Ziel war es, die freudige Botschaft allen zu überbringen, nicht zuletzt den kranken, armen, müden und ausgebrannten Menschen. Deshalb konnte er auch nicht lange an einem Ort bleiben. Sehr häufig ist im Neuen Testament das Verb »umhergehen« in Verbindung mit Jesus zu finden. Er befand sich dauernd auf einer Pilgerreise. In ihm, in seinen Taten und Worten sowie bei den gemeinschaftlichen Mahlzeiten kommt Gott selbst zu den Menschen. Jesus lebte als Obdachloser auf den Straßen, von der Hand in den Mund. »Füchse haben Höhlen und die Vögel des Himmels haben Nester; aber der Sohn des Menschen hat nichts, wo er sein Haupt hinlegt.« (Lk 9,58) Durch diese bildhafte Beschreibung wird das ganze Spannungsfeld offenbar, in das wir Menschen auf unserem Lebensweg gestellt sind: Eine Verbundenheit mit der Erde ist zwar lebensnotwendig, aber sie darf nicht dazu führen, dass wir uns in unseren Sorgen vergraben, um unsere eigene Existenz zu sichern. Auch der Kontakt zum Himmel ist wichtig, als Orientierung und Hoffnung auf ein bleibendes, höheres Ziel. Diese Ausrichtung darf sich aber wiederum nicht zu einer lebensverneinenden Himmelsehnsucht entwickeln. Jesus verstand es, beide Teile in der Waage zu halten und zusammenzuführen. Er sprach niemals nur den Kopf der Menschen an. Er berührte sie, er heilte sie und hegte Fürsorge für den Menschen in seiner Ganzheitlichkeit: Körper und Seele. Er ist zu Fuß gegangen, wenn er Kranke, Bettler und Kinder besuchte. In der Hocke sitzend hat er die Füße der Jünger gewaschen. Er war erdverbunden.

Dass Jesus Christus im Glauben der Jünger weiterlebt, zeigt sich in einer Wanderung: der Wanderung nach Emmaus (vgl. Lk 24). Lukas antwortet dort auf Fragen, die von den Aposteln gestellt werden, exemplarisch für alle anderen, die sich mit auf den Weg begaben: Zwei Jünger gehen den Weg von Jerusalem nach Emmaus, und der Auferstandene erweist sich als ihr Reisebegleiter. Indem sie zusammen wandern und miteinander sprechen, wird den Jüngern der Sinn bewusst. Die Heilige Schrift wird vom Auferstandenen zu Fuß diskutiert und ausgelegt. In Emmaus angekommen, bleibt der Auferstandene zwar für einen Augenblick sitzen, jedoch nur in der für ihn so typischen Rolle des Gastes. »Bleibe bei uns, denn es ist Abend und der Tag neigt sich dem Ende entgegen.« Doch der Auferstandene ist »einer, der vorbeigeht«, ein Pilger, ein Gast auf der Erde. Er hinterlässt brennende Herzen bei den Zurückbleibenden. Das Faszinierende an der Emmaus-Geschichte ist, dass der Gläubige auf der Wanderung die Nähe Gottes erfährt – und seine Abwesenheit in dem Augenblick, in dem er gerade dabei ist, zu begreifen und ergriffen zu werden.

Nach Jesu Tod sind die Menschen aufgebrochen – um die gute Nachricht vom Reich Gottes unter die Menschen zu bringen, in die Welt zu tragen. Soweit die Taten der Apostel rekonstruiert werden können, hielten sich die ersten Christen durch das Wandern am Leben. Sie gingen von Haus zu Haus und wurden als Gäste empfangen. Die Apostel waren die Überbringer der Botschaft, und sie haben ihren Sendungsauftrag sehr ernst genommen; belegt wird dies insbesondere durch die vielen Wanderungen und Reisen von Paulus. Viele Anhänger wurden unterwegs bekehrt, wie auch der äthiopische Kämmerer, der auf Reisen war (vgl. Apg 8,26–39). Durch die Wanderungen hat sich das Reich Gottes vergrößert. Auf diese Weise ist das christliche Volk ein Volk, das sich auf Wanderschaft befindet – von der Bibel in Bewegung versetzt. In den ersten Jahrzehnten in der Geschichte der christlichen Kirche wurde Christentum deshalb auch mit »der Weg« übersetzt (Apg 19,9.23), und die Christen sind diejenigen, »die diesem Weg angehören« (Apg 9,2). Die Kirche ist also nicht bloß etwas Festes, Stationäres, sondern sie ist ebenso »auf dem Weg«, wie »Gottes Volk auf Wanderschaft« ist.

In den stetig wachsenden Ortsgemeinden, die alsbald ihre eigenen Bischöfe erhielten, war die Missionierungsbewegung unterdessen zum Stillstand gekommen. In den ersten Jahrhunderten hatte man guten Grund, sich im wortwörtlichen Sinne zu konsolidieren, um sich vor Feinden von außen zu schützen. Mit der Anerkennung des Christentums als Staatsreligion im Jahr 324 bekam die Kirche erstmals einen territorialen Charakter. Damit wurde das Zentrum einer Glaubensbewegung verlagert, das Wanderapostolat entwickelte sich zu einer Kirche von Ansässigen.

In der Kirchengeschichte hat es immer wieder Aufbrüche gegeben. Entweder aufgrund von Verfolgung, welche die Christen zur Flucht gezwungen hat, oder weil Gläubige aufgrund innerer, seelischer Not und Unzufriedenheit über die aktuelle Kirchenstruktur zu der Erkenntnis kamen, dass das Evangelium »zu Fuß unterwegs ist«! Die Pilgerbewegung des Mittelalters kann hierzu gezählt werden, genau wie unsere Kirchentage, die stets als eine »vorläufige Bewegung«[2] angesehen wurden.

Man kann die Bewegung in Verbindung bringen mit Martin Luthers Diktum »Ekklesia semper reformanda est«, die Kirche muss ständig reformiert werden. Nur wer sich bewegt und in Bewegung bringt, kann etwas reformieren. Die lutherische Reformation begann, als Luther im Jahr 1517 seine 95 Thesen an die Kirchentür in Wittenberg schlug. Diese Liste ist bis heute eine offene Liste, denn die Kirche muss die Verbindung zu ihren Wurzeln immer wieder neu suchen und wahren und das Evangelium in veränderten Zusammenhängen verkünden. Wenn die Kirche überhaupt wieder eine lebendige Kirche werden kann, dann nur, indem wir über neue Ausdruckformen nachdenken, wie zum Beispiel Pilgerwanderungen. Denn die Menschen unserer Zeit sind mobile Menschen, eine Art Nomaden. Wir verreisen viel und richten unseren Aufenthaltsort nach unserer Arbeitsstelle. Im neuen schwedischen Kirchengesetz nimmt man diese Tatsache insofern ernst, als dass die Kirche dort als »all diejenigen, die in der Ge-

---

2. Vgl. den gleichnamigen Titel von Harald Schroeter: Kirchentag als vor-läufige Kirche, Stuttgart u. a. 1993.

meinde wohnen *und* verkehren« definiert wird. Die Kirche sollte auch ein gemeinsamer Rastplatz auf dem Weg sein, wo Nomaden mit seelischer Nahrung versorgt und die Reisenden gestärkt wieder auf den Weg geschickt werden. Wenn die Kirche heutzutage Pilger- und Wallfahrten anbietet, dann stellen diese Angebote zeitgemäße Formen des christlichen Zusammenlebens in unserer Gesellschaft dar.

Auf Pilgerwanderungen folgen wir gemeinsam dem Evangelium – dem Evangelium vom lebendigen Gott, der lebendigen, fragenden und suchenden Menschen ein Begleiter ist. Pastoren und Pastorinnen kommt in diesem Zusammenhang die Funktion von Seelsorgern zu, die den Menschen dabei behilflich sind, ihr eigenes Leben – und all die »Kreuzwege« ihres Lebens – im Lichte des Glaubens zu betrachten.

Momentan stehen die Christen Dänemarks und Deutschlands erneut vor einer Gabelung – da die Volkskirche aus ökonomischen, strukturellen und ethischen Gründen vermehrt in Frage gestellt wird. Vielleicht wird »dem wandernden Gottesvolk« erst dann mehr Spielraum von der gegenwärtigen Institution Kirche eingeräumt, wenn die ersten Kirchengebäude verkauft sind.

Die christliche Pilgerwanderung
Ein Überblick

Von Elisabeth Lidell

Wie definiert man einen Pilger? Das Wort »Pilger« ist eine Variante des lateinischen Wortes »peregrinus«, das Ausländer oder Fremder bedeutet. »Peregrinus« ist abgeleitet vom Lateinischen »per agrum«, was mit »jemand, der über das Feld geht« übersetzt werden kann, also jemand, der vorübergeht, weitergeht. Mit anderen Worten bedeutet »Pilger« demnach: ein Fremder. Mittlerweile hat sich die Bedeutung dahingehend entwickelt, dass der Begriff eine Bezeichnung für jemanden ist, der weit reist, um einen heiligen Ort aufzusuchen, dort Andacht zu halten und danach wieder nach Hause zurückzukehren. So gesehen ist das Wort in der Lage, die oben erwähnte Spannung in sich einzufangen: Der Pilger stammt von der Erde, aber bezeichnet zugleich einen geistig Reisenden, dessen Ziel der Himmel ist.

Aus dieser Perspektive heraus können wir Menschen als Fremde betrachtet werden in der kurzen Zeit, in der wir auf der Erde leben. Laut biblischer Tradition wurden Adam und Eva aus dem Paradies vertrieben, und seither hat der Mensch »im Exil« gelebt, begleitet von der Sehnsucht in seiner Brust. Wir leben in der Welt, aber sind nicht von dieser Welt. Unser Heimatort ist himmlisch. Der Kirchenvater Augustin beschreibt dies auf wunderbare Weise in einem Gebet: »Gott, wir sind nach deinem Ebenbild erschaffen worden, und unser Herz ist unruhig, bis es Ruhe findet, Gott, bei dir.« Der Himmel ist der Ursprung und das Ziel unseres Lebens.

In allen Religionen sind Pilgerwanderungen ein wichtiger Teil religiöser Praxis. Die Wallfahrt ist wahrscheinlich der religiöse Brauch, der am leichtesten innerhalb der verschiedenen Religionskulturen zu beobachten und wiederzuerkennen ist. In der Geschichte der christlichen Kirche sind Jerusalem, Rom, Santiago de Compostela und Trondheim die klassischen Pilgerziele. Muslime pilgern nach Mekka, während Hindus zum Ganges reisen, zum heiligen Fluss in Indien. Zu Jesu Zeiten ließ der Jünger sein normales Leben hinter sich, um sich Jesus auf seinen vielen und langen Wanderungen anzuschließen. Nicht als Flucht vor der Wirklichkeit, sondern als Möglichkeit, der Wirklichkeit zu begegnen.

Die erste christliche Wallfahrt, die belegt ist, hat im Jahr 326–327 stattgefunden, als Helena, die Mutter Kaiser Konstantins, eine Wallfahrt nach Jerusalem unternahm, um mit eigenen Augen die Orte zu sehen, an denen Jesus gelebt hatte. Dort fand sie mehrere heilige Gegenstände, Reliquien, die als eine Art »heißer Draht« zum Herrn angesehen wurden und die einen besonderen Kontakt nach oben ermöglichen sollten. In der katholischen Kirche wurde früh festgesetzt, dass Jesus und seine Heiligen selbst eine solche göttliche Kraft besaßen, dass diese sich in ihren Knochen oder Skeletten befindet – und dort auch nach dem Tod verbleibt. Diese Kraft sei so groß, dass sie mithilfe von Berührung auf andere übertragen werden könne oder auch dann, wenn man nur in ihre Nähe käme. Das ist der Grund dafür, dass eben die Orte, an denen Jesus oder einer der Heiligen begraben wurde, zu »heiligen Orten« geworden sind. Es muss aber auch schon vor dieser Zeit viele christliche Pilger gegeben haben, denn es gibt Belege dafür, dass im Jahre 325 auf dem ökumenischen Konzil von Nicäa unter anderem auch das Für und Wider der Pilgerwanderung diskutiert wurde. Die Gegner des Pilgerns haben damals darauf hingewiesen, dass man Gott überall begegnen kann, nicht nur in Jerusalem – außerdem lauerte auf dem Weg zu vieles, was den Menschen in Versuchung führen könne. Diese Argumente allerdings glitten an den Menschen ab: Die Pilgerwanderung war gekommen, um zu bleiben. Danach machte Helenas Wallfahrt bei den religiös Suchenden Schule, besonders bei der Oberschicht, die sich solch lange Reisen leisten konnte. Allerdings haben die Kreuzzüge den damaligen Wallfahrten wieder ein Ende bereitet. Daraufhin wurde Rom – als die Stadt, in der Petrus und Paulus gewirkt und den Märtyrertod erlitten haben – zum Pilgerziel erklärt. Im Jahr 1100 waren sowohl Jerusalem als auch Rom als Pilgerziele von Santiago de Compostela in Spanien eingeholt worden. Herbergen, Kapellen, Kirchen, Klöster und Lazarette wurden jetzt in großem Stil erbaut, um den geistigen und materiellen Bedürfnissen der Pilger entgegenzukommen.

WALLFAHRTEN IM MITTELALTER

Im Mittelalter wurde die Pilgerwanderung immer bedeutender, häufig in Form von Bußgängen, die die Vergebung der Sünden versprachen. Zeitweilig nahmen 20 bis 50 Prozent der erwachsenen Bevölkerung Europas an Wallfahrten und Wanderungen teil. Der Pilger trug damals spezielle Kleidung, einen großen Umhang, robuste Stiefel oder Schuhe, einen Rucksack, einen Hut zum Schutz vor Sonne und Regen sowie einen Wanderstab, der häufig bei einem Sendungsgottesdienst übergeben wurde. Das Pilgeremblem sicherte dem Wanderer freien Aufenthalt in Herbergen, die entlang der Pilgerwege erbaut wurden.

Der Hintergrund für das hohe Maß an Gastfreundlichkeit, das damals herrschte, waren die Worte Jesu: »Wahrlich, ich sage euch, was ihr einem dieser Geringsten nicht getan habt, habt ihr auch mir nicht getan.« (Mt 25,45) Benedikt von Nursia (480–543 n. Chr.), der Begründer des abendländischen Klosterwesens, hat diesen Gedanken in seiner Klosterregel aus dem Jahr 529 weitergeführt: »Wenn du einen Pilger empfängst, dann empfängst du Jesus!« Denn der Pilger war einer dieser »Geringsten«: eine demütige Seele.

Meistens wurden diese Reisen zu Fuß bewältigt, »mit den Pferden der Apostel«. Hatte man einen weiten Weg vor sich, konnte man auch einen Teil des Weges segeln, reiten oder fahren. Die Menschen hatten ganz unterschiedliche Gründe zu wandern.

Einige wanderten aus Abenteuerlust und um Abstand zur eigenen Familie zu bekommen. Andere hingegen wanderten, um Buße zu tun, ihre Sünden zu sühnen und um Vergebung erteilt zu bekommen oder auch, um von einer Krankheit geheilt zu werden.

In einer bestimmten Zeit innerhalb der Kirchengeschichte spielte noch ein weiterer Grund eine wichtige Rolle für das Pilgerwandern – Menschen gingen in einen sogenannten heiligen Krieg, getrieben vom Wunsch, Israel von der Herrschaft des Islams zu befreien. Die Geschichte der Kreuzfahrer (besonders in der Zeit vom 11. bis ins 13. Jahrhundert) steht für eine dunkle Epoche in unserer Tradition, welche in einer falsch verstandenen Pflichttreue für die Sache Gottes gründete. Auf diese Epoche in der Geschichte der Pilgerwanderung folgten die Wanderungen der Bettelmönche.

Franz von Assisi, der kleine, arme Mönch Gottes aus Italien, hat Europa mit seinem Graubrüderorden in Bewegung versetzt. Anfang des 13. Jahrhunderts wanderten Tausende von ergebenen Brüdern als Pilger in die ganze Welt hinaus. Man nannte sie Bettelmönche. Sie wanderten vor allem auf großen, öffentlichen Straßen und waren so für die Menschen in den Städten und Dörfern ansprechbar.

Die großen Pilgerziele des Mittelalters waren Jerusalem, Rom, Santiago de Compostela und Trondheim – Orte, die in unserer Zeit immer noch eine große Anziehungskraft auf Pilger ausüben.

Martin Luthers Auflehnung gegen den Bussgang

Der Papst hatte in einem Dekret kundgetan, dass der Aufenthalt im Fegefeuer halbiert würde, wenn man eine Wallfahrt zum Grab des Jacobus unternähme, und dass ein Pilger direkt in den Himmel käme, wenn er in Santiago de Compostela sterben würde! Schließlich kam es allerdings zu einer Entwertung des Wallfahrtsbegriffes, weil mit professionellen Pilgern Missbrauch betrieben wurde. Sie wurden dafür bezahlt, im Namen anderer zu pilgern! Im Dienst von Königin Margrethe I. standen beispielsweise ganze 44 Pilger! Martin Luther beendete diese Art von Rechtfertigung durch Taten, indem er den Fokus auf »die Rechtfertigung durch den Glauben allein« legte. Im Jahr 1519 setzte er fest, dass Wallfahrten abgeschafft werden sollten eben aufgrund des Missbrauchs, der mittlerweile in großem Ausmaß betrieben wurde. Luther sprach: »Weshalb hinterlässt man seinen eigenen Pastor, das Wort Gottes, Frau und Kinder, obwohl es notwendig und vorgeschrieben ist, bei ihnen zu bleiben, und läuft stattdessen dem Blendwerk des Teufels hinterher, was unnötig, ungewiss und schädlich ist?« Seit der Reformation ist die Pilgerwanderung daher nicht mehr als religiöse Praxis in den protestantischen Kirchen Nordeuropas gebräuchlich gewesen.

Luthers Widerstand gegen den Missbrauch des Bußgangs ist jedoch nicht direkt mit einer Abschaffung von Pilgerwanderungen gleichzusetzen. Unsere eigenen Erfahrungen haben gezeigt, dass auf einer Wanderung Mal für Mal Raum für das geschaffen wird, was laut Luthers Kleinem Katechismus das Wichtigste ist, was über einen Menschen ausgesagt werden kann: dass der Mensch sein ganzes Leben als Geschenk Gottes empfängt mit all dem, was zum Leib und zur Seele gehört, und er Gott für all das dankt: »Ich glaube, dass mich Gott geschaffen hat samt allen Kreaturen …«. Das Wichtigste im Leben ist es, zu lernen, Gott zu danken. Wenn in der Konzentration der Wanderung Gebete, Psalmengesang, das Feiern des Abendmahls und das Lesen der Bibel mit »dem Anderen« verbinden, kann es vorkommen, dass die Menschen anfangen, Gott zu loben und zu preisen, und nicht sich selbst und eigene Verdienste, und ihm für das Leben zu danken. Dann hat die Pilgerreise ihr Ziel erreicht!

Die Pietisten haben im 18. Jahrhundert Psalmen verfasst. Sie sehnten sich nach und beteten für des Pilgers Ziel – die offene Himmelpforte. Der englische Autor John Bunyan hat den Bestseller »Pilgrim's Progress«, Die Pilgerreise, geschrieben – ein Buch, das großen Einfluss auf die damalige protestantische Bevölkerung hatte. Die Himmelssehnsucht war damals sehr groß, doch das Pilgerwandern selbst nicht sonderlich verbreitet. Es ging mehr um die innere, geistige Pilgerwanderung.

Heute, fast 500 Jahre später, hat der Pilgergedanke im Bedürfnis des modernen, rastlosen Menschen nach innerer Ruhe und Stille eine Wiedergeburt erfahren. Die innere Wanderung in der Form der äußeren Wanderung.

Der Prozess
bei einer Pilgerwanderung

Von Anette Foged Schultz

Jedes Mal, wenn man sich auf eine längere Wanderung begibt, setzt ein bestimmter Prozess ein, ein erlösender Prozess. Vielleicht wird es überraschen, dass es immer der gleiche Prozess ist, der abläuft. Man sollte doch meinen, dass man mit jeder Wanderung, die man unternimmt, »weiter kommt«, besser und stärker wird.

Die Tatsache, dass man eben nicht besser darin wird, eine Wanderung durchzustehen, sagt etwas darüber aus, dass das Leben auf uns zukommt – überwältigend und unkontrollierbar. Vermutlich handelt es sich bei der Vorstellung, dass man besser darin werden würde, das Leben zu meistern, um eine Illusion. Man bewältigt beispielsweise den Todesfall eines Nahestehenden nicht dadurch automatisch besser, weil man schon einmal einen Todesfall eines Nahestehenden erlebt hat. Und die Liebe ist eine den Menschen verwandelnde und lebenserneuernde Kraft, jedes Mal, wenn man ihr begegnet – in all ihren vielen verschiedenen Formen. Das Leben und der Tod, die Freude und das Leid berühren in gleichem Maße und immer wieder, wann auch immer sie uns zuteil werden.

Die Pilgerwanderung als Abbild des Lebens

Die Pilgerwanderung kann das oben beschriebene auf treffliche Weise veranschaulichen. Wenn du dich auf den Weg begibst – auf unbekannte Pfade –, wird dir klar, wie verwundbar das Lebens ist, wie abhängig du von deinen Mitmenschen bist und welch große Rolle die Gemeinschaft spielt. Es ist von großer Bedeutung, dass man dir mit Freundlichkeit und Hilfsbereitschaft begegnet, wenn du nach einer langen Wanderung erschöpft in einem Dorf ankommst. Womöglich tut dir etwas weh, weil du deinen Körper durch das tagelange Wandern überlastet hast. Vielleicht bist du sogar voller Sorgen, weil du tagsüber auf der Wanderung mit schmerzlichen Erfahrungen aus deinem eigenen Leben konfrontiert worden bist.

Die äußere Wanderung beeinflusst die »innere Wanderung«. Während du dich physisch fortbewegst, gerät auch dein Geist in Bewegung. Durchquerst du fruchtbare Gegenden, wirst du beflügelt. Das stimmt dich heiter. Gehst du aber durch die öde Wüste, dann tritt »die Wüste in dir« an die Oberfläche.

DAS GEBET ALS DASEINSFORM

Die Pilgerwanderung führt dich auf geistige Wege, auf denen du dich womöglich noch nicht sehr oft bewegt hast. Wege, von deren Begehung du vielleicht unmittelbar nicht viel hältst. Die Wanderung ermüdet und erschöpft dich so sehr, dass du mit deiner eigenen Ohnmacht konfrontiert wirst. Im Gefühl der Ohnmacht erweist sich das Gebet als eine naheliegende Form des Daseins. Du musst um Hilfe bitten. Du musst die Hand nach den Menschen ausstrecken, die dich auf der Wanderung begleiten, und *ihn* um Hilfe bitten, und du wirst dich am Wegesrand oder auf einer Kirchenbank niedersetzen und dich im Gebet mit den Sorgen, Hoffnungen und Sehnsüchten, die du in dir trägst, an Gott wenden.

Auf meinen Wanderungen hat sich mir das Gebet – in den Tiefen seines Wesens – als Folgendes offenbart: als ein Loslassen. Ein Loslassen all dessen, dem man machtlos gegenübersteht. Ein Loslassen bei Gott: »dein Wille geschehe!« Das Gebet »Herr Jesus Christus, dein Wille geschehe« ist wichtig: Es ist ein Weg, Friede und Vertiefung im Glauben zu finden – unterwegs und im tagtäglichen Leben zu Hause.

DER WEG ZU GOTT UND ZU DIR SELBST

Die Pilgerwanderung ist eine Bewegung Richtung Gott – ein Suchen, eine Sehnsucht nach Gott, und sie ist zugleich eine Bewegung zu dir selbst. Es führt kein Weg zu dir selbst an Gott vorbei, und du kannst nicht zu Gott gelangen, ohne dich selbst mit auf den Weg zu nehmen. »Ich bin der Weg!«, sagt Jesus von sich. Der Weg zu Gott.

Der Weg zum Leben, das in der Begegnung mit Gott erneuert und verwandelt wird. Das Leben wartet dort auf dich, wo du du selbst sein kannst. Dort, wo du, um »gut genug« zu sein, nicht ständig besser sein musst, als du es bist.

Im Licht der Liebe Gottes kannst du du selbst werden. Denn Gott kann und will dich als der, der du bist, bei sich aufnehmen! Eben das ist die Botschaft des Evangeliums. Wenn du vor Gott stehst, dann fallen alle Fassaden und gekünstelten Selbstbilder von dir ab. Vor Gott stehst du nackt. Er sieht dich als der, der du im tiefsten Inneren bist.

Die Pilgerwanderung ist eine Bewegung in einen Raum der Stille und der »Ewigkeit«, in dem du entblößt vor Gott und dir selbst stehst. Du wirst diese Entblößung bewältigen, weil die Liebe »im Raum Gottes« bedingungslos und grenzenlos ist. Du kannst »dir selbst in die Augen schauen«, so wie du bist, weil Gottes barmherzige Liebe es ermöglicht. Das können wir nur darum erfahren, weil wir die Botschaft des Evangeliums gehört haben – und sie immer und immer wieder hören: die Zusage der Liebe und Hingabe, die Vergebung der Sünden.

Auf einer Wanderung findet der Pilger zu sich selbst. Man spricht auch davon, dass ein Mensch wieder zu sich kommt, wenn man ihn kräftig schüttelt, wenn er eine Zeit lang nicht »bei sich« oder »außer sich« gewesen ist. Zu sich selbst kommen ist ein Prozess, der die Aufnahme all dessen enthält, was der einzelne Mnesch in sich fasst.

Die Pilgerwanderung als Bussgang

Der Mensch ist all das, was er liebt. Der Mensch ist auch das, was er fürchtet. Und der Mensch kann nur zu sich selbst finden, wenn er sich zu seiner Schuld bekennt.

Der zentrale Gedanke, der hinter dem Verständnis von der Pilgerwanderung als Bußgang steht, ist folgender: Du tust Buße für deine Schuld und erhältst Vergebung durch die Wanderung. Das bedeutet also, dass man »seine Schuld regelrecht hinter sich lassen« kann. Aber dieser Gedanke ist nicht zu Ende gedacht. Es ist nicht möglich, dein Selbst hinter dir zu lassen. Du kannst deine Schuld nicht einfach loswerden. Du bist derjenige, der sich schuldig gemacht hat, und unabhängig davon, wie weit du auch gehst, wirst du stets der bleiben, der sich in Bezug auf andere schuldig gemacht hat – und sich somit auch gegenüber Gott schuldig gemacht hat.

Es ist sehr interessant, die Dogmen der christlichen Kirche genau zu studieren. Das Interessante daran ist zu beobachten, in welch großem Maße persönliche menschliche Erlebnisse und gelebtes Leben auf diese Dogmen Einfluss gehabt haben. Es ist wahr, dass die Pilgerwanderung ein erlösender Prozess ist – wenn sie als Bußgang verstanden wird –, doch eine Erlösung findet nicht dadurch statt, dass du »deine Schuld hinter dir lässt«, sondern indem du dich auf den Weg zu einer Aussöhnung begibst; einer Aussöhnung mit der Tatsache, dass du derjenige bist, der du bist: derjenige, der auch schuldig ist.

Wenn man die Pilgerwanderung als Bußgang versteht, ist dies meines Erachtens Ausdruck dafür, dass es uns nicht behagt, jemandem etwas schuldig zu sein. Wir möchten unsere Schuld loswerden, vor ihr weglaufen, wir versuchen, sie abzuarbeiten – wenn wir es denn können. Dies ist ein tief menschlicher Zug. Der Bußgang steht insofern für den Wunsch und die Sehnsucht danach, schuldfrei zu sein. Man wird aber nicht frei, indem man vor seiner Schuld flieht, ebensowenig wie man auf diese Weise zu sich selbst finden wird. Es ist genau umgekehrt: Man findet zu sich selbst, wenn man die Schuld annimmt. Wenn man zu sich selbst und der Welt, die einen umgibt, sagt: Ja, ich bin es! Ich bin derjenige, der schuldig ist. Das Evangelium sagt mir, dass mir vergeben wird. Ich kann also meinen Weg durchs Leben als Schuldiger, dem vergeben wurde, fortsetzen. Auf diese Weise kann ich zu mir selbst finden. Eben dies ist es, was Luther meint, wenn er davon spricht, dass der Mensch zugleich ein Sünder und ein Gerechtfertigter ist.

Der Prozess bei einer Pilgerwanderung fördert die Entwicklung »des ganzen Menschen«. Denn unterwegs – auf deiner inneren Wanderung – kann all das, was du bist und »gelebt hast«, zum Vorschein kommen, sowohl deine Freude als auch deine Liebe, deine Sehnsucht, deine Träume und deine Hoffnungen, deine Ohnmacht und deine Schuld. Das liegt daran, dass einfach Zeit und Raum dafür da ist. Auf der Wanderung musst du nichts anderes erreichen als das jeweilige Tagesziel. Es werden Freiräume geschaffen, in denen du einfach *sein* kannst. Alle Dinge, denen du tagtäglich aus dem Weg gehst, weil du funktionieren, etwas leisten und produzieren musst, bekommen Platz, Licht und Luft. Sie können sich entwickeln. Und auch du kannst dich entwickeln – zusammen mit all diesen Dingen.

Auf einer Pilgerwanderung gelangt man ans Ende der Welt und stösst an seine eigene Grenze

Außerhalb vieler großer Pilgerziele, unter anderem Santiago de Compostela und Nidaros, gibt es einen Ort, der »Finisterre« genannt wird. Das bedeutet »das Ende der Welt«. Dass es solche Orte mit diesem Namen im Zusammenhang mit den Pilgerzielen gibt, weist darauf hin, dass du auf einer Pilgerwanderung buchstäblich an deine eigene Grenze stößt. Du gerätst an das Ende deiner Welt, dorthin, wo es nicht weitergeht, dorthin, von wo aus du nicht weitergehen kannst – weder physisch noch psychisch. Genau an diesem Ort wirst du mit deiner eigenen Ohnmacht konfrontiert. Und, wie Paulus sagt, in der Ohnmacht handelt Gott: »… denn meine Kraft ist in den Schwachen mächtig« (2 Kor 12,9).

Im täglichen Leben zu Hause verhält es sich genauso. In Momenten der Ohnmacht übergeben wir uns einer Macht, die größer ist als wir selbst. Genau dann kann das Beten einsetzen und das Leben mit Gott.

Aufbruch und Wanderung einer Erneuerung des Lebens entgegen

Tagebuchaufzeichnungen von meiner Wanderung nach Santiago im Jahr 2003:
»Es ist 5.00 Uhr morgens. Ich wache im Kloster von Arzua auf, einem Dorf, das auf dem Weg nach Santiago liegt. Draußen ist es noch ganz dunkel. Das Erste, was ich höre, ist ein ohrenbetäubender Knall. Es gewittert. Ich sehe das Licht eines heftigen Blitzschlags durchs Fenster. Einen Moment überlege ich, den Tag hier im Dorf zu bleiben. Die Tageswanderung, die vor mir liegt, führt über einen bewaldeten Berg. Heißt es nicht, dass es gefährlich sei, sich bei Gewitter an so ungeschützten Orten aufzuhalten? Ich beschließe dennoch, mir die Regenkleidung überzuziehen und den Rucksack zu packen. Ich gehe in die Dunkelheit hinaus und stelle mich für einen Moment unter, um mich vor dem Regen zu schützen.

Zuerst höre ich das Geräusch von Wanderstäben, die den Boden berühren. Dann sehe ich sie kommen. Einer nach dem anderen tauchen sie aus der Dunkelheit auf – ab und zu vom Blitz am Himmel erhellt. Sie sind Pilger. Sie folgen einem Weg, dem unendlich viele andere Pilger vor ihnen seit 1000 Jahren gefolgt sind. Sie wandern auf ein gemeinsames Ziel zu. Ich habe das Gefühl, dass nichts auf dieser Welt ihre Bewegung aufhalten kann!«

Was ist wohl die zugrundeliegende Antriebskraft dieser Bewegung? Was war der Beweggrund der mittelalterlichen Pilger und was motiviert die Pilger der Gegenwart, zum selben Ziel zu wandern? Im Jahr 2005 haben etwa 75.000 Pilger aus der ganzen Welt Santiago de Compostela nach einer Wanderung über mehrere hundert Kilometer erreicht. Im Jubeljahr 2004 lag die Zahl bei 180.000. In Vadstena in Schweden wird von Tausenden von Pilgern berichtet, die jährlich zu Besuch kommen. Die Pilgerwanderung ist zu einem Weg geworden, der von den suchenden Menschen der Gegenwart gewählt wird – um zu sich selbst zu kommen und zu Gott zu kommen. Um am Leben teilzuhaben.

Die ursprüngliche Motivation der Pilgerwanderung

Seit jeher haben die Menschen ihre Heimat verlassen und sich auf Wanderungen begeben. Ganze Volksstämme sind aufgebrochen und fernen Zielen entgegengewandert. Sie waren auf der Suche nach einem Fleck Erde, an dem sie ihr eigenes Leben führen konnten. Einen Fleck Erde, der bebaut werden konnte und auf dem Wild zu Hause war, das erlegt werden konnte. Kurz gesagt: Man wanderte, weil man nach Leben suchte. Diese Suche ist es, die den Menschen zu allen Zeiten in Bewegung versetzt hat: eine Suche nach Leben. Diese Suche ist die ursprüngliche, die tiefste Motivation der Pilgerwanderung.

In der alttestamentlichen Geschichte von Abraham ergeht Gottes Wort an ihn: Geh aus deinem Vaterland und von deiner Vaterschaft und aus deines Vaters Hause in ein Land, das ich dir zeigen will! (1 Mose 12,1–2)

So ruft Gott Abraham zum Aufbruch und zur Bewegung auf. Der Gott, der Leben schenkt, möchte, dass wir es ausleben. Wir sollen nicht erstarren und an alten Mustern festhalten, sondern in Bewegung bleiben, offen bleiben für das Leben, dem wir begegnen. Gott selbst versucht, uns offen und empfänglich für das Leben zu machen. Er ist ein Gott des Aufbruchs und er schenkt uns Mut, neue und unbekannte Wege zu gehen.

Das Land als ein Bild deines Lebens

Das Land, dem Abraham entgegengeht, ist ein Bild für das Leben selbst. Ebenso wie ein Land eine Grenze hat, hat auch der Mensch eine Grenze. Grenzen müssen mit Respekt behandelt werden. Wir dürfen das Land anderer weder einnehmen noch besetzen. Respekt vor anderen Menschen zu haben bedeutet, bis »zur Grenze zu gehen« – und nicht weiter! Gleichzeitig ist es aber so, dass du dein eigenes Leben bis an die Grenze leben sollst. Du sollst dein Land »einnehmen« – Talente investieren – und das Leben zu leben wissen. Mit Freude und im Dienst Gottes und des Nächsten.

Das Land, dem Abraham entgegengeht, ist fruchtbar. Ein Land, in dem Milch und Honig fließt! So wie Abraham fruchtbaren Orten entgegenwanderte, taten es später auch die Kelten auf ihrer Suche nach Orten, an denen ein Leben möglich war. In ähnlicher Weise verlässt ein Pilger seine Heimat, wenn das Leben zu einer toten Zeit wird und die Grenzen des Lebens zu eng werden und einschnüren. Er bricht auf und geht einer Erneuerung des Lebens entgegen. Dem Leben entgegen, das Gott ihm geben will.

Ich verstehe die Pilgerwanderung vor dem Hintergrund dieser Überlegungen. Wenn ein Pilger seine Heimat verlässt und sich auf Wanderschaft zu einem bestimmten Ziel begibt, dann ist es die Sehnsucht nach einer Erneuerung des Lebens, die ihn in Bewegung versetzt. Sowohl physisch als auch geistig. Wandern kommt da zustande, wo ein Geschöpf sich auf die Suche nach seinem Schöpfer begibt.

Es ist die Sehnsucht nach Leben, die die Menschen dazu bewegt, das Bekannte und Vertraute zurückzulassen und sich auf eine Wanderung ins Unbekannte zu begeben. Dies findet seine Bestätigung darin, dass Pilgerwanderungen in allen großen Religionen als eine von vielen Ausdrucksformen für den Glauben genutzt werden. Pilgerwandern ist ein allgemein menschlicher Ausdruck für die Sehnsucht. Es ist von dem Vertrauen getragen, dass es auch möglich ist, neues Leben zu finden.

Es ist das von Gott geschaffene, unruhige Herz, das den Menschen zum Suchenden macht und ihn zum Aufbruch und zur Wanderschaft bewegt. Und jeder Mensch hat ein Gelobtes Land, dem er entgegengehen kann. Ein Land, das es in Besitz zu nehmen gilt. Ein Leben, das gelebt werden will. Der Mensch sucht das Leben, wenn er fortgeht und sich auf Wanderschaft begibt. Er ist auf der Suche nach einer Neuschöpfung des Lebens, und eine solche Neuschöpfung des Lebens entsteht in der Begegnung mit Gott, in der Begegnung mit der Liebe.

TEMPO – ZEIT UND RAUM, UM ZU SEIN

Auf einer Pilgerwanderung reduzierst du dein Tempo auf ein Minimum. Du wanderst. Setzt ein Bein vor das andere. Auf diese Weise bewegst du dich vorwärts. Langsamer geht es nicht. Und dann geschieht Folgendes: Nach einiger Zeit findest du deinen eigenen Rhythmus und dein eigenes Tempo. Du bemerkst, dass du krank wirst, wenn du den Versuch unternimmst, deinen eigenen Rhythmus und dein eigenes Tempo zu beschleunigen – du bekommst zum Beispiel Blasen an den Füßen. Diese Erkenntnis kann einem sehr nützlich werden, wenn man wieder nach Hause zurückgekehrt ist. Man hat seinen eigenen Rhythmus gefunden – und lässt sich diesen Rhythmus von nichts und niemandem mehr nehmen.

RÜCKZUG/RETREAT

Als Christen vermissen wir oft Zeit und Raum für die Vertiefung der christlichen Tradition. Es mangelt an Zeit und Raum, sich in die Frage zu vertiefen, welche Bedeutung der Glaube tagtäglich für unser Leben spielt. Es fehlen vielfach Zeit und Raum, das Gebet und die Besinnung als festen Bestandteil in unseren Alltag einzubeziehen.

Sich auf eine Wanderung zu begeben bedeutet, sich aus der einen Welt zurückzuziehen und in solchen Raum und solche Zeit einzutreten. »Retreat« nennt man dies in anderen Zusammenhängen. Mit etwas Abstand sieht man das Leben, das man lebt, klarer. Auf einer Wanderung ist Zeit und Raum für Besinnung und Gebet. Vielen fehlt dies im Alltag. Für das Aufsuchen dieser Welt gibt es im Christentum eine lange Tradition. Jesus zog hinaus in die Wüste, um dort zu beten. Die Wüstenväter haben später das Gleiche getan. So haben die Christen also die Zeiten hindurch davon gelebt, sich Zeit und Raum für Besinnung und Gebet zu nehmen.

DIE PILGERWANDERUNG ALS INITIATIONSRITUS

Als Pilger tritt man aus dem gewohnten Rahmen der Gesellschaft hinaus. Man begibt sich auf den Weg und erreicht ein Ziel. Dieses Ziel, ein besonderer, vielleicht sogar ein heiliger Ort, symbolisiert die Begegnung mit Gott und die Erneuerung des Lebens durch die Begegnung mit ihm.

Auf der Wanderung wird der Pilger zu einem anderen, als er zu Hause ist. Pastoren, LKW-Fahrer, Krankenschwestern und Arbeitslose – allesamt mit T-Shirts, kurzen Hosen und Wanderstiefeln bekleidet und mit Rucksäcken ausgestattet – sind einander vollkommen gleich, wenn sie sich mit dem gemeinsamen Ziel vor Augen unterwegs treffen.

Der Pilger ist wie ein »niemand« auf seiner Wanderung. Er ist ein Pilger – losgelöst von normalen Zeit- und Raumvorstellungen. Er hat sich als einer auf den Weg begeben und wird als ein anderer heimkehren, in höherem Maße mit sich selbst identisch, jenseits seiner Rollen und Aufgaben des Alltags. Er wird auf eine neue und tiefergehende Weise mit Gott, seinem Schöpfer, verbunden sein – und mit sich selbst.

Der Prozess bei einer Pilgerwanderung ist mit dem Prozess bei einem Initiationsritus vergleichbar.[3] Der Pilger tritt in einen liminalen Raum ein, in einen Raum und eine Zeit zwischen zwei Welten, von woher er sich die Kraft für die Rückkehr zur Welt holt – erneuert und verwandelt. Die gleiche Situation ist in hohem Maße von Bedeutung für junge Menschen im Teenager-Alter. Sie bewegen sich von einer Welt – der der Kindheit – in eine andere Welt – die der Erwachsenen.

Übertragung des bei einer Pilgerwanderung stattfindenden Prozesses auf eine Unterrichtseinheit im Konfirmandenunterricht

Welchen Vorteil hat es, die Erfahrungen, die bei Pilgerwanderungen gemacht wurden, in den Konfirmandenunterricht einzubeziehen? Die Antwort auf diese Frage ist dieselbe wie die Antwort auf die Frage, warum ich davon überzeugt bin, dass wir als Kirche Freude daran haben werden, dass das Pilgerwandern zu einem Teil des Kirchenlebens wird: In der heutigen Zeit fehlen uns Zeit und Raum für Besinnung. Zeit und Raum, um »zu sein«. Die Menschen stehen in der Regel sehr unter Druck. Stress und Erschöpfung sind zwei Anzeichen dafür, dass irgendetwas nicht in Ordnung ist.

Man kann die Pilgerbewegung als eine Art Widerstandsbewegung verstehen. Es geht dabei um den Widerstand, den Protest gegen die materialistische Tendenz dieser Zeit. Ein Widerstand gegen den unmenschlichen Druck, unter dem die Menschen in unserer Zeit stehen. Ein Druck, der uns unmenschlich macht. Es ist keine Zeit da, um sich vernünftig um die Alten, Kinder oder die, die Probleme haben, zu kümmern. Außerdem lechzt jeder Einzelne danach, Zeit zu haben, um einfach nur zu sein.

---

3. Diese These entwickeln V. Turner u. a., Image and Pilgrimage in Christian Culture, Columbia, 1978.

Wie wir zusammen
mit unseren Kindern und Jugendlichen wandern

Von Anette Foged Schultz

Innerhalb einer Unterrichtseinheit können viele Aspekte des Pilgerwanderns nicht bis ins Detail behandelt und erlebt werden, denn die Zeit ist begrenzt und die Wanderungen müssen relativ kurz gehalten werden. Hinzu kommt, dass hier Kinder und Jugendliche im Mittelpunkt stehen, was bedeutet, dass zusätzlich eine gewisse Auswahl getroffen werden muss. Dennoch kann es von Bedeutung sein, den Gedanken in seine Überlegungen einzubeziehen, dass Pilgerwanderungen den Menschen an seine eigene Grenze führen, an die Grenze dessen, was er erträgt, wie weit er gehen und wie viel er in sich aufnehmen kann. So verstanden, steht auch die Last des Rucksackes sinnbildlich für die Last des Lebens. Die Grenze dessen, wie weit der Mensch entlang eines Weges gehen kann, beispielsweise an einem Tag auf dem Weg zu irgendeinem Dorf in Spanien, kann zu einem klaren Abbild dessen werden, dass es begrenzt ist, wie weit der Mensch im Leben gehen kann, im Verhältnis zu sich selbst und im Verhältnis zu anderen.

Der Rucksack und die Last des Lebens

Von Kindesbeinen an werden uns viele Dinge mit auf den »Lebensweg« gegeben. Von unseren Eltern bekommen wir Werte und Normen mit, die uns den Rest unseres Lebens begleiten. Vielleicht gelingt es uns – unterwegs – von einigem Abstand zu nehmen und sich eigene zu schaffen. Vielleicht finden wir neue Werte. Trotzdem tragen wir die starken Eindrücke unserer Kindheit mit uns in unserem Rucksack.

Auch andere Dinge tragen wir mit uns: Erlebnisse, die wir gehabt haben, Erinnerungen an fröhliche Zeiten mit der Familie und mit Freunden, aber auch an schwere Zeiten und bedrückende Ereignisse. Auch sie befinden sich im Rucksack. Und während man wandert, wird man möglicherweise auf die Last, die man mit sich trägt, aufmerksam. Darauf, dass man vielleicht zu viel zu tragen hat und dass es womöglich Zeit ist, aufzuräumen. Wenn man mehrere Wochen unterwegs ist – vielleicht sogar mehrere Monate –, will man hin und wieder alles, was man im Rucksack mit sich trägt, auf dem Boden ausleeren. Dann wird man Dinge aussortieren, die man nicht mehr braucht. »Bringt es etwas, dies auf meiner Wanderung weiter mit mir herumzuschleppen?« Genauso verhält es sich auch mit Normen und Werten, Hoffnungen, Träumen und Lebenseinstellungen. Man fragt sich selbst: Was ist das hier eigentlich? Woher habe ich das? Und hat es einen Wert? Oder hindert es mich unterwegs daran, voller Lebensenergie und Freude zu sein?

Mit Kindern kann man eine kleine Übung machen, bei der sie das zeichnen oder mit Worten beschreiben, was sie in ihrem Rucksack tragen, Gutes wie Schlechtes. Man kann die Aufgabe erweitern. Gibt es vielleicht jetzt schon etwas, das sie gerne aussortieren wollen, oder etwas Neues, das sie mit sich auf den Weg nehmen möchten?

Schwierigkeiten haben, den Weg zu finden, und sich verlaufen

Wenn man als Pilger wandert, kann man in schwierige Situationen kommen. Man hat Probleme, den Weg zu finden. Man muss erkennen, dass man sich verlaufen hat, und vielleicht sogar zurückgehen. Das erfordert Mut und die nötige Stärke, um aus der jeweiligen Situation heraus und wieder voranzukommen. So kann es auch im wirklichen Leben gehen. Denn man kann sich auch in Bezug auf die Dinge, die man möchte und die man tut, verlaufen und auf Abwege geraten. Manchmal sieht man keinen Ausweg, zum Beispiel in der Beziehung zu einem anderen Menschen, oder keinen Ausweg für sich selbst im eigenen Leben. Es kann Phasen geben, in denen wir erfahren, dass wir nicht mithalten können und dass wir zu etwas nicht fähig sind. Manchmal können wir die Aufgaben, die wir tun müssen, nicht bewältigen. Das nennen wir dann Stress oder Ausgebranntsein. Das Pilgerwandern zeigt uns auf einleuchtende und klare Weise, wie das Leben an sich ist. Es zeigt uns all die Wege, Abwege und Auswege des Lebens.

Mit diesen Dingen kennen sich Kinder und Jugendliche gut aus. Sie wissen, was Freude und Leid bedeuten. Sie kennen hoffnungslose Situationen von zu Hause, vom Schulhof oder aus der Welt, die sie umgibt. Sie wissen, wie es ist, wenn man nicht weiß, wie es im Leben weitergehen soll. Sie kennen auch das Gefühl von Ohnmacht und sie wissen, was geschehen muss, damit die Hoffnung wieder aufkeimt. Kinder und Jugendliche haben oft schon früh schwere Lasten zu tragen. Für viele ist Hoffnungslosigkeit bereits in der 7.–8. Klasse, wenn wir das erste Mal auf sie treffen, ein ständiger Begleiter. Deswegen wird all das, was ich oben erwähnt habe – und was die Kinder auf einer Pilgerwanderung erleben –, auch einen Zugang zu ihrer jeweiligen Situation liefern können.

Man muss dann sehr aufmerksam und präsent auf der Wanderung sein und ihnen behilflich sein, das Erlebnis, bis an die Grenze zu stoßen, durchzustehen. Als Kinder brauchen sie Unterstützung, um solche Situationen zu meistern. Deshalb ist es erforderlich, dass noch andere Erwachsene dabei sind – für eine Gruppe von 15–20 Kindern müssen es mindestens zwei Erwachsene sein –, die dafür verantwortlich sind, einen Tag als Begleiter der Kinder dabei zu sein, wenn man eine Tageswanderung veranstaltet. Es ist eine Möglichkeit, jedes Kind zu ermuntern, einen Erwachsenen aus seiner näheren Umgebung auszusuchen, der es in die Kirche begleitet. Er könnte sich auch einen Tag freihalten, um es auf einer Tageswanderung zu begleiten. Wenn sich kein Erwachsener anbietet, kann versucht werden, jemanden aus der Gemeinde zu finden. Vielleicht findet sich dort eine Person, die Energie und Lust hat, sich für die Konfirmandinnen und Konfirmanden der Gemeinde zu engagieren.

All diese Überlegungen spielen eine Rolle, wenn man mit Kindern und Jugendlichen wandern möchte. Man kann nicht einfach eine Schar Kinder auf eine Wanderung mitnehmen und sagen: Es gehört dazu, dass sie sich verlaufen. Es ist ein Teil des Lebens, mit der Erfahrung zu leben: Ich kann nicht mithalten! – Wir müssen sie wieder heil nach Hause bringen. Sie dürfen nicht einfach verschwinden und sie dürfen sich nicht verlaufen. Dafür sind wir verantwortlich. Es macht allerdings nichts, wenn sie an ihre Grenzen stoßen. An die Grenzen dessen, wie weit sie gehen können und wie viel sie tragen können. Und an die Grenze dessen, wie viel sinnvoll ist, mit sich herumzuschleppen – auf der Wanderung – und im Leben.

FORMEN DER WANDERUNG

Man kann zwischen verschiedenen Formen des gemeinsamen Wanderns wählen. Wichtig dabei bist, dass die zeitlichen Einschnitte, d. h. wann wir was tun, deutlich werden. Man kann mithilfe einer Pause oder einer Station darauf hinweisen, dass von jetzt an zwei und zwei zusammen gehen oder dass von nun an in Stille gewandert wird usw.

• Jeder für sich
Damit niemand unterwegs verloren geht, muss ein Gruppenleiter/Erwachsener an der Spitze und einer am Ende gehen. Man kann im »Gänsemarsch« gehen, d. h. in einer Reihe mit etwas Abstand zwischen jedem Wanderer. Diese Gruppenaufstellung ist sinnvoll, wenn man eine Strecke in Stille gehen will.

• Zwei und zwei
Man kann auch paarweise, also zu zweit wandern. Das bietet sich an, wenn man den Konfirmanden ein Thema mit auf den Weg gibt, das sie miteinander besprechen sollen. Sie sollen sich z. B. gegenseitig erzählen, wovor sie am meisten Angst haben, worauf sie sich freuen, oder sie können einander schildern, wie sie sich ihr Leben in zehn Jahren vorstellen, usw. Nach einer solchen Strecke zu zweit kann man sie wieder einzeln weitergehen lassen und jeden Einzelnen dann ein Gebet für sich und seine Zukunft formulieren lassen, oder auch ein Gebet für eine Person, die ihnen viel bedeutet. Dieses Gebet kann aufgeschrieben werden. Als Abschluss wird dann eine Andacht gehalten, in der alle Gebete vorgetragen werden.

• Sie laufen lassen
Eine dritte Möglichkeit ist, die Gruppe in einer Schar wandern zu lassen, sodass sie einfach loslaufen und über alle möglichen Dinge zwischen Himmel und Erde sprechen können. Man kann sich als Pastor/Unterrichtender dann unter die Gruppe mischen, denn es wird immer ein paar Kinder oder Jugendliche geben, die sich einem anschließen möchten und sich über etwas austauschen wollen. Das ist eine Art Seelsorge: »das gegenseitige Abnehmen der Last« auf dem Weg.

Praktische Tipps
zum Wandern

Von Elisabeth Lidell und Marcus A. Friedrich

Zusammenstellung der Route

In Dänemark gibt es ein sehr großes Netzwerk an Pfaden, Wegen und Naturcamping-plätzen, über das man vielerorts hilfreiche Informationen bekommen kann.

Der »Friluftsråd« hat das Buch »Übernachtung im Freien« herausgegeben. Es enthält sowohl wertvolle Tipps zur Planung von Touren als auch Beschreibungen jedes einzelnen der 750 Zelt- und Naturplätze in Dänemark. Auf einem Drittel der Zeltplätze hat man die Möglichkeit, in so genannten *sheltern* zu übernachten, sodass man die Zelte zu Hause lassen kann. Es kostet maximal 15 Kronen pro Übernachtung. An einigen Stellen kann man sogar umsonst übernachten. Karten erhält man in Bibliotheken oder im Internet.

Hat man den Mut zu einer längeren Wanderung, bietet es sich an, den »Hærvej« (= Ochsenweg) zu erforschen. Der »Hærvej« zieht sich durch Jütland. Er besteht nicht nur aus einem einzigen Weg, sondern bildet ein Netzwerk aus vielen kleineren Wegen, auf denen man auch Einblicke in die Geschichte Dänemarks erhalten kann: Die Jellingesteine, unter Denkmalschutz stehende Hügel- und Hünengräber und alte Kirchen. Gleichzeitig gelangt man durch einige der schönsten Landschaften Jütlands wie Dollerup Bakker, Randbøl Hede und Gudenåens Kilde. Es gibt die Möglichkeit, in Zusammenarbeit mit dem Pilgerzentrum in Viborg eine Pilgerwanderung für Konfirmanden auf dem »Hærvej« zu veranstalten, entweder als mehrstündige Wanderung oder auch als Tageswanderung. Außerdem ist es möglich, in Herbergen bzw. auf Bauernhöfen entlang des »Hærvej« zu übernachten, auf der Strecke zwischen Viborg und der deutschen Grenze (ca. 290 km).

»Die dänische Klosterroute« wird die über 1000 km lange Wanderroute genannt, die durch ganz Dänemark führt mit den Themen Kirche, Kultur, Geschichte und Natur. Diese Route beginnt in Helsingør und endet in Sæby/Frederikshavn. Von Seeland aus führt diese Route über Fünen durch Nordschleswig bis nach Ribe und Jelling und weiter nach Søhøjlandet, Viborg, Himmerland, Hanherred und Vendsyssel. Diese Route verbindet mehr als 20 Orte miteinander, in denen im Mittelalter Klöster gebaut wurden. Zwischen den Klosterorten liegt das Hauptaugenmerk auf Kirchen und kulturellen Sehenswürdigkeiten. So weit es geht, erfolgt die Tour auf kleinen Wegen und Pfaden durch eines der schönsten und eigentümlichsten Naturgebiete Dänemarks. Unterwegs folgt die Route auch Teilen eines Pfadverlaufs, die durch andere Wanderwege bereits markiert sind, wie z. B. der europäische Fernwanderweg über Seeland, der Gendarmstien an der Flensburger Förde entlang, der Hærvej, Träkstien und der neue Nordsøsti. Die Klosterroute ist sowohl für normale Kultur-Touristen ausgelegt als auch für moderne Pilgerwanderer, die kulturelle und Naturerlebnisse mit der Möglichkeit zum Nachdenken und geistiger Besinnung verbinden möchten. In den letzten Jahren sind mehrere Wanderführer zu dieser Route herausgekommen.

Hilfreiche Internetadressen hinsichtlich der dänischen Natur- und Wanderpfade

www.haervej.dk – Homepage mit Informationen zum Hærvej

www.pilgrimsvandring.dk – Hier findet man eine Übersicht über aktuelle Wanderungen in Dänemark, an denen man teilnehmen kann. Außerdem erhält man Hinweise zum Pilgern aus verschiedenen Gegenden in Dänemark.

www.dvl.dk – Der dänische Wanderverband bietet auf seiner Homepage Wanderungen an, die von Naturführern geleitet werden. Als Unterrichtender bekommt man hier also im wortwörtlichen Sinne die Möglichkeit, selbst sicher geleitet zu werden, um danach seine eigene Gruppe anzuführen.

www.skovognatur.dk – Hier kann man alle dänischen, öffentlich zugänglichen Naturpfade finden. Man kann außerdem für genau jene Gebiete, in denen man wandern möchte, Karten bestellen.

www.friluftskortet.dk – Dort finden sich Übersichtskarten über alle Teile des Landes mit Angaben zu Wander-, Fahrrad- und Reitrouten, einfachen Übernachtungsmöglichkeiten und Sehenswürdigkeiten. Außerdem besteht die Möglichkeit, sich das Tourenfaltblatt der Wald- und Naturverwaltung auszudrucken.

www.klosterruten.dk – Die Klosterroute erstreckt sich über 1000 km von Seeland über Fünen bis Jütland.

www.spor.dk – Mithilfe von »Spor i Landskabet« bekommt man die Möglichkeit, Dänemarks Hintergarten – Natur und Kulturlandschaft – zu erleben, den man normalerweise nicht erleben kann. Die »Spuren« sind gekennzeichnete Trampelpfade, die sich auf privatem Grund befinden. Dort kann man die Natur aus nächster Nähe genießen. Zu jeder »Spur« kann ein Faltblatt bestellt oder heruntergeladen werden, das eine Beschreibung der Route und der Dinge liefert, die man sich unterwegs ansehen kann.

Nordfriesische Pilgerwege: Christian-Jensen-Kolleg, Breklum, Pastorin Jutta Weiß

Nordelbischer Ökumenischer Pilgerweg; Gemeindedienst der Nordelbischen Kirche, Königstraße 54, 22767 Hamburg, 040 30620-1204; u.dorner@gemeindedienst-nek. de

Hauptkirche St. Jakobi, Pilgerkirche, Pastor Bernd Lohse; lohse@jakobus.de

Pilgerwege Nordelbisches Männerforum; Volker Karl Lindenberg, Gartenstraße 20, 24103 Kiel

Lauenburgischer Pilgerweg; Uwe Brunken, Zum alten Elbeufer 92 b, 21039 Börnsen; ubrunken@arcor.de

Der Jakobusweg der Heiligen Birgitta von Schweden; Ökumenischer Pilgerweg Mecklenburg-Vorpommern – Stralsund – Güstrow – Schwerin – Lüneburg; www.pilger-zentrum-kloster-tempzin.de; magdalene.anders@googlemail.com

Ökumenische Gruppenpilgerwege Mecklenburg-Vorpommern; Magdalene und Joachim Anders, An der Klosterkirche 3, 19412 Tempzin, 038483/28329; wpiatkowski@ web.de

Der Baltisch-Mitteldeutsche Jakobsweg; Rostock – Parchim – Bad Wilsnack; Wilhelm Reichel, Hansenstraße 7, 18237 Güstrow; reichel.gue@freenet.de

Mitteldeutscher Klosterpfad Christfried Boelter; Zinzendorfplatz 3, 99192 Neudietendorf; christfried.boelter@ekmd.de

Niedersächsischer Ökumenischer Pilgerweg; Christa Duesberg, Kleine Breite 62, Wolfenbüttel; christa.duesberg@gmx.de

Jakobusweg Lüneburger Heide; Frank Farthmann, Am Sandberg 2, 29614 Soltau; pilger@jakobusweg-lueneburger-heide.de

Hermannsburger Pilgerwege; Ernst-Heiko Peix, Museumsstraße 4, 29320 Hermannsburg; Ernst.Heiko.Peix@t-online.de

Pilgerweg Loccum-Volkenroda; Susann Röwer; roewer@kirchliche-dienste.de

Ökumenischer Pilgerweg »via regia« Görlitz – Vacha; www.oekumenischer-pilgerweg.de

Pilgern im Pott; Monika Hirsch, Eva-Maria Ranft; monica-hirsch-reinshagen@ebwwest. de

Hessischer Ökumenischer Pilgerweg; Dorothea Hillringshäuser, Markgrafenstraße 14, 60487 Frankfurt/M.; dorothea.hillringshaeuser@zentrum-verkuendigung.de

Kommunität Imshausen; Tannenhof, 36179 Bebra; 06622/7363; komm.imshausen@ web.de

Jakobsweg von der Fulda an den Main; Fredy Henning, Nordring 19, 63527 Rodenbach; henning@ekkw.de

Elisabethpfad e.V.; Berhard Dietrich, Paul-Martin-Clotz; www.elisabethpfad.de

Deutsche St. Jakobus Gesellschaft; Christoph Kühn; ch.khn@yahoo.de

Franziskusweg zum Sonnengesang; Gerald Jaschke; jaschke-fze@t-online.de

OFFIZIELLE BESTIMMUNGEN ZUM WANDERN IN DÄNEMARK

- Bei einer Gruppe von mehr als 20 Teilnehmern muss eine Erlaubnis der Grundbesitzer für das Betreten des Waldes eingeholt werden.
- Die Grundbesitzer müssen kontaktiert werden, um sicherzustellen, dass im entsprechenden Gebiet nicht gejagt wird.
- Wenn man mit einer größeren Gruppe unterwegs ist, muss die Polizei über die Route informiert werden.
- Will man einen öffentlich angekündigten Gottesdienst im Freien abhalten, muss spätestens 14 Tage vorher eine Erlaubnis der Umwelt- und Technikabteilung der Gemeinde eingeholt werden.

DIE LÄNGE DER STRECKE

Die Länge der Strecke muss vor dem Hintergrund des Temperaments und der physischen Leistungsfähigkeit der Teilnehmer ermessen werden. Wenn man mit jüngeren Kindern unterwegs ist, geht man langsamer. Man kann von 3 km/Stunde ausgehen. Das normale Wandertempo mit Konfirmanden beträgt bis zu 4 km/Stunde. Bei einem Marschtempo mit agilen Pfadfindern ist es möglich, 5 km/Stunde zu gehen.

Wichtig ist, die Durchführung der Wanderung nicht vom Wetter abhängig zu machen – denn selbst bei Regen oder Wind kann man schöne Erlebnisse haben. Die Erfahrung, eine Wanderung unter Seufzen und Stöhnen durchgehalten zu haben, ist erbaulicher und lohnender als die Erinnerung daran, aufgegeben zu haben.

Man kann bei der Planung der Streckenlänge von den Faustregeln der folgenden Liste ausgehen:

1 km – 15 Min.
4 km – 1 Stunde
8 km – ein paar Stunden wandern
15 km – einen halben Tag wandern
25 km – einen ganzen Tag wandern
50 km – zwei Tage wandern

Pilgerwanderungen zu Kirchen –
mit und ohne Begleitung eines Pastors/einer Pastorin

Die Planung einer Wanderroute kann an heiligen Stätten, Thingstätten, Kirchenruinen oder mittelalterlichen Kirchen ausgerichtet werden. Eine andere Möglichkeit ist es, die Strecke entlang eines landschaftlich schönen Gebietes in abwechslungsreichem Gelände zu wählen. Die Gemeindekirche kann außerdem als Ausgangspunkt für eine zirkuläre oder lineare Strecke dienen. Auf einer zirkulären Wanderung, einer Rundwanderung, bei der man an der gleichen Stelle ankommt, von der man losgegangen ist, benötigt man meist kein Begleitauto. Auf einer linearen Wanderung, bei der man nicht wieder beim Ausgangspunkt zu Hause ankommt, muss man entweder einen Bus mieten oder eine Abholung mit Privatautos organisieren. Man kann natürlich auch eine Heimfahrt mit öffentlichen Verkehrsmitteln in die Pilgerwanderung mit einbeziehen, sodass diese auf dem Heimweg die letzte Station vor der Gemeindekirche, der Endstation, ist.

- Man kann die Pilgerwanderung damit eröffnen – und abschließen –, von den örtlichen Pastoren bzw. Pastorinnen gesegnet zu werden.
- Findet die Wanderung ohne Pastor bzw. Pastorin statt, ist es von Vorteil, herauszufinden, ob es Gottesdienste oder Veranstaltungen einer Gemeinde gibt, an denen man teilnehmen kann. Man kann allerdings auch schon im Voraus bei einem Pastor bzw. einer Pastorin anrufen und fragen, ob er bzw. sie einen Pilgergottesdienst abhalten würde.
- Wenn man unterwegs Kirchenbauten besucht, ist es wichtig, vorher abzusichern, dass die Kirchen geöffnet haben. Vielleicht hat der ortsansässige Pastor sogar Lust, etwas über die Kirche zu erzählen und eine Andacht zu halten, vielleicht sogar mit Abendmahl. Falls der betreffende Pastor nach einer Vorlage für die Liturgie fragt, kann man ihm vor Beginn der Pilgerwanderung eine solche zukommen lassen, hierfür können z. B. die Vorschläge für Gottesdienste auf Seite 199ff. dieses Buches als Ausgangspunkt dienen.

Der Pilgerstab

Der individuell zugeschnittene Pilgerstab
Der perfekte Pilgerstab ist individuell zugeschnitten und muss vom Boden bis hinauf zum Mund des Besitzers reichen.

Empfohlen wird ein Durchmesser von 3 cm. Die stets saftigen Zweige des Haselbaums eignen sich am besten. Einen Besenstiel kann man in keinem Fall benutzen, denn der ist zu hart zum Schnitzen und zu glatt zum Festhalten.

Man kann sich seinen Pilgerstab auch selber suchen. Es ist aber nicht erlaubt, in privaten oder staatlichen Wäldern auf die Suche nach einem Klassensatz Pilgerstäbe zu gehen, indem man Zweige abholzt oder sammelt. Um Holz aus dem Wald nehmen zu können, muss man sich in jedem einzelnen Fall entweder mit dem Privatbesitzer, dem zuständigen Revierförster oder den Verantwortlichen des Staatswaldes in Verbindung setzen. Dort muss man sich erkundigen, ob es überhaupt möglich ist, eine Erlaubnis zu bekommen, eine solche Menge Holz zu sammeln, die man für die nötige Anzahl an Wanderstäben braucht. Man könnte auch die Friedhofsangestellten fragen, ob sie einem dabei behilflich sein können, geeignete Stäbe zu suchen. Schließlich bietet auch noch der eigene Garten oder der von Bekannten eine Möglichkeit, um die passenden Stäbe zu finden.

Ausschmückung von Pilgerstäben

Mithilfe eines Messers kann der Pilgerstab verziert werden: Es können Symbole für oder Anfangsbuchstaben der Namen von Menschen, die einen auf dem Lebensweg unterstützen und unterstützt haben, hineingeschnitzt werden, christliche Symbole (Kreuze, Herzen, Sterne, Fische) und schöne Muster, die man sich selbst ausdenkt.

Zwölf Lektionen
über die Lebenswanderung des Menschen

Von Anette Foged Schultz

Anmeldung der Konfirmandinnen und Konfirmanden

Bei der Anmeldung der Konfirmandinnen und Konfirmanden sitze ich jedem Konfirmanden und jeder Konfirmandin und deren Eltern gegenüber. Diese Begegnung bietet mir die Gelegenheit, mit den Konfirmandinnen und Konfirmanden und ihren Eltern über den Unterricht zu sprechen, und dabei stelle ich ihnen meine Überlegungen vor, die Lebenswanderung oder Pilgerwanderung zum Hauptthema zu machen.

Während eines solchen Gesprächs zeige ich den Konfirmanden verschiedene Dinge, die symbolisch für eine Wanderung stehen, wie den Wanderstab und den Rucksack. Dann sage ich:»Wenn ich dich nun frage, was du aus deiner Kindheit mit dir in deinem Rucksack trägst, was würdest du dann antworten?« Einige wissen sofort, worauf ich hinaus will. Sie sind in der Lage, gute Ereignisse und Werte aufzuzählen. Andere wiederum verstehen den Vergleich nicht sofort:»Ich habe doch gar keinen Rucksack dabei. Ich komme ja gerade auch nicht aus der Schule!« Wenn ich dann deutlich mache, wofür der Vergleich steht, dann berichten die Jugendlichen sowohl von Verhältnissen, die ihnen Probleme bereitet haben, als auch von schönen, aufbauenden Erlebnissen. Solche Gespräche sind zeitaufwändig, wenn ungefähr 30 bis 40 Konfirmanden zur Anmeldung erscheinen. Aber es lohnt sich gerade bei großen Konfirmandengruppen, wenn ich bereits zu Beginn zu jedem einzelnen Konfirmanden einen persönlichen Kontakt herstellen kann. Durch diese Gespräche erfahre ich zum Beispiel, dass einer der Konfirmanden einen Elternteil bei einem Unfall verloren hat. Von einem anderen bekomme ich zu wissen, dass er nicht lesen kann. Ein anderer wird in der Schule gemobbt. Eine Konfirmandin ist sehr an Politik interessiert und spricht seit vielen Jahren ein Abendgebet. Ich stelle mich als eine Pastorin vor, mit der man über all diese Dinge offen reden kann, und ich sage ihnen, dass es mir am Herzen liegt, dass wir eine schöne Zeit miteinander verbringen werden. Ich setze allerdings voraus, dass die Konfirmanden freiwillig zum Unterricht kommen, und erwarte, dass jeder sich in motivierter Weise beteiligt.

Nach der Anmeldung bleibt der Eindruck in mir zurück, dass ich all meine 38 Konfirmanden gesehen und gehört habe. Und ich weiß, dass sie mich gesehen und gehört haben. Das schafft eine Grundlage für gegenseitigen Respekt. Das ist unumgänglich, wenn der Unterricht vom Dialog getragen werden soll. Alle sollen teilhaben. Die wichtigen Zeiten der Stille werden so möglich. Ich nehme die Jugendlichen ernst und hole sie dort ab, wo sie stehen. Auch sie nehmen mich ernst und ich freue mich darauf, sie zu sehen und mit ihnen zu tun zu haben.

WANN IST ES SINNVOLL, DAS THEMA PILGERN IN DEN KONFIRMANDENUNTERRICHT EINZUBEZIEHEN?

Meine Erfahrung hat gezeigt, dass der beste Zeitpunkt, das Thema der Lebenswanderung in den Unterricht einzubeziehen, in der zweiten Hälfte des Konfirmandenunterrichts liegt. Dann, wenn die Konfirmanden mit den Berichten der Evangelien über Jesus Christus vertraut sind. Ich habe auch ausprobiert, den Konfirmandenunterricht mit dem Thema Pilgerwanderung zu beginnen. Dies kann sich jedoch als schwierig erweisen, weil die meisten Kinder in der Regel nicht mit den Berichten über Jesu Leben vertraut sind. Wenn nicht genug Zeit da sein sollte, um das ganze Evangelium durchzunehmen, kann man dies eventuell mithilfe des Comics *Menneskesønnen* (= *Menschensohn*) von Peter Madsen (www.petermadsen.info; the son of man) oder mit dem animierten Trickfilm »Der Mann der tausend Wunder« vom ARD-Studio Hamburg nachholen.

VORSTELLUNG DES PÄDAGOGISCHEN PRINZIPS: WENIGER IST MEHR!

Ich habe viele Jahre gebraucht, um den Mut zu finden, jene Schlichtheit, die ich durch Pilgerwanderungen erfahren habe, als grundlegendes Modell für meinen Konfirmandenunterricht zu übernehmen. Unsere akademische Tradition legt uns nah, so viel Stoff wie möglich durchzunehmen. Man glaubt, dass dies sinnvoll sei. Die Konfirmanden sollen die Bibel kennen, sollen ein Wissen von der Geschichte des Christentums besitzen, sollen das Glaubensbekenntnis auswendig können und mit dem Gottesdienst vertraut sein, sollten von Paulus und Luther gehört haben und sich Gedanken über Leben und Tod, Sünde und Schuld sowie über die Einteilung des Kirchenjahres gemacht haben. Das ist eine gewaltige Menge an Wissen und alles kann sowohl wichtig als auch angebracht sein. Ich zweifle allerdings daran, dass die Jugendlichen all diese Dinge in einer solch komprimierten Weise in sich aufnehmen können, wie ich es früher einmal an sie herangetragen habe.

Die Pilgerwanderung als Ausgangspunkt für den Unterricht zu wählen bedeutet, all das in die Unterrichtssituation mit einzubeziehen, wozu die Pilgerwanderung uns einlädt: Einfachheit, Stille, Präsenz, Bewegung, die Möglichkeit für Besinnung und Gebet. Der Unterrichtende kann dabei schnell das Gefühl bekommen, dass »dies zu einfach ist, um für den Unterricht gut genug zu sein!«. Wenn ich mir aber die Präsenz, das Engagement im Gespräch, die Energie und Ernsthaftigkeit, die mir im Unterrichtsraum der Konfirmanden begegnen, vor Augen halte, dann bin ich davon überzeugt, dass meine Konfirmanden mehr von einem Unterricht haben, der Schlichtheit voraussetzt, als von meinem vorherigen Unterricht, in dem ich versucht habe, so viel Stoff wie möglich durchzunehmen.

Die folgenden zwölf Lektionen wurden in Hinblick darauf erarbeitet, die Konfirmandinnen und Konfirmanden mittels der Pilgerwanderung als einer alten christlichen Tradition mit dem Christentum vertraut zu machen. So wie Jesus und seither auch die Wüstenväter – sowie viele andere auf unterschiedliche Weise – sich aus der Welt zurückgezogen haben, um sich ins Gebet zu vertiefen, so ist auch die Pilgerwanderung eine Form des »Sich-Zurückziehens aus der Welt für eine Zeit«, um erneuert und gestärkt zu den Aufgaben zurückzukehren, die das Lebens uns stellt.

Der Unterricht ist also eine Übung in Einfachheit, Stille, Präsenz und Besinnung – sowohl für den Unterrichtenden als auch für die Konfirmanden. In einer Zeit, die in jeglicher Form in eine entgegengesetzte Richtung zieht hin zu mehr Aktivität, Effektivität, Leistung und Produktivität, ist dies eine schwierige Übung.

Auch wenn es auf den ersten Blick so aussehen könnte, so ist die Pilgerwanderung also nicht eine weitere unter vielen anderen kirchlichen Aktivitäten! Eine Pilgerwanderung ist nicht etwas, was du tust, sondern etwas, was du bist. Du bist auf Wanderschaft – mit Gott und deinen Mitmenschen – durch das Leben von der Geburt bis zum Tod.

Die Konfirmanden sind verschieden und die Konfirmandengruppen sind verschieden. Auch Pastoren und Unterrichtende sind verschieden. Die Situation, die im Konfirmandenunterricht entsteht, ist vom Zusammenspiel zwischen Konfirmanden und Unterrichtenden abhängig. Während ein Thema mit etwas Glück in der einen Gruppe so behandelt werden kann, wie man es ursprünglich geplant hat, muss dies bei der nächsten Gruppe keineswegs wieder der Fall sein. Deshalb muss man – als Unterrichtender – ein Auge darauf haben, was zwischendurch im Unterricht passiert. Das hört sich vielleicht schwierig an, doch es geht dabei um nichts anderes, als die Stimmung und die Konfirmanden selbst im jeweiligen Moment wahrzunehmen und sie dort abzuholen, wo sie stehen. Dort, wo sie stehen – von da aus beginnen wir.

Wenn man beispielsweise mit der 1. Lektion beginnt, die Konfirmanden aber offensichtlich nicht mitmachen, wenn ihre Körpersprache verrät, dass sie sich langweilen oder überhaupt nicht anbeißen, dann muss man einen Schritt zurück machen und sich möglicherweise anders ausdrücken oder ein Beispiel aus ihrer Lebenswelt hinzuziehen. Es empfiehlt sich, den Unterricht mit einer Frage einzuleiten, anstatt lange Reden über das Thema des Tages zu halten. Jedenfalls habe ich es einmal so erlebt, als ich den Unterricht einleiten wollte und sagte: »Das Leben ist eine Wanderung. Es hat einen Anfang und ein Ende.« Bereits beim dritten Satz fiel mir auf, dass die Konfirmanden nicht aufpassten. Man muss es andersherum machen und stattdessen fragen: »Was würdest du tun, wenn du erfahren würdest, dass dir nur noch eine Woche zu leben bleibt?« Wenn das eigene Leben der Konfirmandinnen und Konfirmanden den Ausgangspunkt für den Unterricht bildet, dann machen sie sofort mit.

Zum Gebrauch der Lektionen in anderen Kinder- und Jugendgruppen und im Religionsunterricht

Die zwölf Lektionen sind im Hinblick auf den Konfirmandenunterricht geschrieben worden. Das Material richtet sich vornehmlich an Konfirmandinnen und Konfirmanden, kann jedoch in den meisten Fällen – problemlos – sowohl für andere Kinder- und Jugendgruppen, zum Beispiel Minikonfirmanden im KU4 und Pfadfinder, als auch für Erwachsene umgestaltet werden.

Denn es werden Themen behandelt, die sich grundlegend mit der menschlichen Existenz auseinandersetzen und darum sowohl für Kinder und Jugendliche als auch Erwachsene verständlich sind.

Bei einigen Lektionen ist es erforderlich, sich auf die Suche nach anderen als den vorgeschlagenen Beispielen oder Fragen zu begeben, sodass der Einstieg für die Altersgruppe, die man unterrichtet, angemessen ist.

Aufbau und Inhalt des Lehrplans

Überblick über die zwölf thematischen Einheiten

Der Lehrplan erstreckt sich über zwölf Lektionen – also jeweils 2 mal 45 Minuten – ohne Pause. Die integrierten Wanderungen ersetzen die Pausen. Auf den Wanderungen können wir uns bewegen und frische Luft bekommen.

Jeder Lektion liegt ein eigenes Thema zu Grunde. Man kann natürlich auch einzelne Themen herausnehmen und stattdessen andere einfügen – oder sich entscheiden, eine längere Wanderung zu machen. Jede Lektion und ihr jeweiliges Thema sind mit ein oder zwei Bibeltexten verbunden. Die Themen und Schriftstellen werden im Folgenden aufgelistet:

1. Lektion: Die Lebenswanderung von der Geburt bis zum Tod – die Taufe
   Ps 139 – Die Gegenwart Gottes
2. Lektion: Gefährten – Menschen, die einen auf der Wanderung begleiten
   Lk 24,13–35 – Die Emmauserzählung – Gott geht mit dir.
   Mt 25,31–46 – Du begegnest Gott in deinen Mitmenschen.
3. Lektion: Aufbruch – Auf dem Weg in die große, weite Welt hinaus
   1 Mose 12,1–2 – Abrahams Aufbruch weg vom Bekannten und Vertrauten
   2 Mose 13,21–22 – Die Wanderung der Israeliten von der Sklaverei in die Freiheit
4. Lektion: Heilige Stätten und Begegnungen auf Wanderungen
   Lk 19,1–10 – Zachäus – Heilige Stätten entstehen in der Begegnung mit Gott.
5. Lektion: Die Zeichnung von der Lebenswanderung
   Mt 25,14–30 – Das Gleichnis von den anvertrauten Talenten – Wir sollen das Leben, das Gott uns gibt, zu leben wissen.

6. Lektion: An seine eigenen Grenzen stoßen und dort sich selbst und Gott begegnen

Lk 15,11–32 – Der verlorene Sohn – Bankrott gehen, in sich gehen und von Gott umarmt werden.

7. Lektion: Gebet

Lk 22,39–46 – Jesus im Garten Gethsemane – Seinen Willen und sein Leben in Gottes Hand legen.

Lk 1,28–38 – Mariä Verkündigung – Seinen Willen und sein Leben in Gottes Hand legen.

8. Lektion: Die innere und die äußere Wanderung

Mt 4,1–11 – Jesu Versuchung in der Wüste – Von der Versuchung, sich dem Bösen zu überlassen und an das Böse zu glauben.

9. Lektion: Mission

Apg 9,1–31 – Paulus auf dem Weg nach Damaskus – Gott sendet die Menschen mit dem Evangelium zueinander.

Mt 28,16–20 – Der Missionsbefehl – Jesus sendet uns hinaus in die Welt.

10. Lektion: Jesu Wanderung

Lk 22–24 – Nacherzählung der Ostergeschichte

11. Lektion: Heimkehr

Joh 14,1–4 – Jesus hält einen Platz für uns bereit. Wir sind in Gottes Hand im Leben und im Tod.

Apk 21,1–5 – Das neue Jerusalem – Wie es sein wird, wenn das Reich Gottes in seiner ganzen Pracht entsteht.

12. Lektion: Im Leben weiterwandern

Lk 10,25–37 – Der barmherzige Samariter – Verschiedene Arten, durch das Leben zu wandern.

Aufbau der Lektionen

Jeder Lektion liegt ein eigenes Thema zugrunde, dessen Umsetzung am besten auf individuelle Weise erfolgt. Im Lehrplan sind Ratschläge, Überlegungen und pädagogische Zugänge zu jeder Lektion nach den unten angegebenen Punkten sortiert aufgelistet. Diese Punkte verleihen den Lektionsabläufen ihre Struktur und sind mit wenigen Ausnahmen in jeder Lektion enthalten:

- Vorbereitung
- Betrachtungen zum Thema des Tages
- Sinnbild vom St. Jakobswegs
- Einleitende Andacht
- Gespräch über das Thema des Tages
- Einstieg
- Fragen
- Überlegungen der Konfirmanden

- Zusammenfassung des Gesprächs
- Bibeltexte
- Vorschläge für Erzählungen, Märchen oder Geschichten
- Wanderung im Gebet und im Nachdenken
- Stationen
- Die Zeichnung von der Lebenswanderung der Konfirmanden
- Der Pilgerstab
- Abschließende Andacht

Man muss nicht unbedingt alle Punkte der Reihe nach akribisch abarbeiten. Bei einer relativ freien Gestaltung empfiehlt es sich allerdings, ein festes Ritual für den Beginn und das Ende des Unterrichts festzulegen Es ist möglich, sowohl Bibeltexte als auch Erzählungen und andere Aspekte, die unterwegs auftauchen, in den Dialog mit den Konfirmandinnen und Konfirmanden einzubeziehen. Einige Aspekte kann man auch ausführlicher behandeln. Andere wiederum können wegfallen, wenn sich zwischendurch weitere Aspekte auftun, die man für wichtiger erachtet.

ALLGEMEINE EINFÜHRUNG IN DIE BESTANDTEILE DES LEHRPLANS

▶ VORBEREITUNG

Dieser Punkt behandelt die praktischen Dinge vorweg: ein Merkzettel, der daran erinnert, was man vor Durchführung der Lektion erledigen muss:
- Mit dem Küster vereinbaren, dass man die Kirche für den Unterricht benötigt.
- Das Abendmahl muss vorbereitet werden.
- Es müssen Kerzen beim Taufbecken aufgestellt werden.
- Die Bibeltexte des Tages müssen für eine Mini-Wanderung kopiert werden, es sei denn, die Jugendlichen schaffen sich eine Taschenbibel an.

Ausstattung des Unterrichtsraums der Konfirmanden
Es empfiehlt sich, vor Beginn der 1. Lektion folgende Dinge anzuschaffen, die man in so gut wie jeder Unterrichtsstunde gebrauchen wird:
- Messer im Klassensatz
- Kehrschaufel und Besen
- Pflaster
- Scheren im Klassensatz
- Bleistifte im Klassensatz
- Klebestifte
- Radiergummis
- Gute Malfarben/Filzstifte
- Pappe im A3-Format für alle Konfirmanden

- Verschiedene Materialien, um die Zeichnung von der Lebenswanderung auszu-schmücken, wie Glanzpapier, verschiedenfarbige Pappe, Lametta, Pailletten, En-gel und andere Motive in Glanzpapier, Sterne und Herzen sowie eine von den Illustrationen her abwechslungsreiche Auswahl an Zeitschriften, Illustrierten und Zeitungen, aus denen die Konfirmanden etwas ausschneiden können.

Eine Bibel und eine Mappe für lose Blätter
Außerdem empfiehlt es sich – gleich zu Unterrichtsbeginn –, jedem Konfirmanden eine Bibel zu schenken. Sie werden sie in jeder Lektion für die Arbeit mit dem Bibeltext des Tages gebrauchen können und so gleich zu Anfang lernen, sich in ihrer eigenen Bibel zurechtzufinden. Sie benötigen außerdem ein Gesangbuch, es sei denn, man arbeitet mit einem Klassensatz. Im Gesangbuch können sie das Glaubensbekenntnis und das Vaterunser finden und einen Überblick über die Texte des Kirchenjahres und den Aufbau des Gottesdienstes bekommen. Darüber hinaus sollen sie sich eine Mappe anschaffen, in die sie alle losen Blätter, die sie im Laufe des Unterrichts ausgehändigt bekommen oder selbst beschriften, einheften können. Mehr Material wird nicht be-nötigt. Auch im Hinblick auf das Material bleiben wir bei der Devise der Schlicht-heit.

Wenn die Kirche weit vom Unterrichtsraum der Konfirmanden entfernt ist, besteht die Möglichkeit, den Unterricht ab und zu in der Kirche stattfinden zu lassen und von dort aus die Wanderungen zu beginnen. Wenn die Kirche sich in unmittelbarer Nähe befindet, kann man in jeder Doppelstunde kürzere Wanderungen vom Unterrichtsraum zur Kirche unternehmen.

Mach dir eine konkrete Vorstellung von jeder Lektion
Es ist ratsam, sich vor Durchführung der jeweiligen Lektion eine konkrete Vorstellung davon zu machen, was in den kommenden Stunden stattfinden soll. Dazu gehört, alle praktischen Fragen zu klären und sich die einzelnen didaktischen Kniffe vor Augen zu halten. Außerdem sollte man sein Repertoire an Beispielen, Fragen, kleinen Erzählun-gen noch einmal in Gedanken durchgehen und die biblische Geschichte so umgestalten können, dass man sie aus einer Teenagerperspektive und mit einer Portion Lokalkolo-rit nacherzählen kann. Auch die Wanderung selbst sollte vorher in Gedanken einmal durchgespielt werden.

▶ BETRACHTUNGEN ZUM THEMA DES TAGES

Unter dem Punkt »Betrachtungen zum Thema des Tages« finden sich Überlegungen und Inputs zur Themeneinheit, die für das Gespräch mit den Konfirmanden genutzt werden können. Es ist allerdings darauf zu achten, dass diese Gedanken nur als Anre-gung für den Unterrichtenden zu verstehen sind. Mit ihrer Hilfe soll versucht werden, dem Unterrichtenden ein Gefühl für das »innerste Wesen« der Pilgerwanderung zu vermitteln, sodass die Pilgerwanderung nicht bloß als eine weitere Aktivität im Konfirmandenunterricht angesehen wird, sondern dass sie tatsächlich einen Raum für Besinnung und Präsenz schafft.

Die Betrachtungen zu den Themen des Tages erfordern eine Umformulierung, wenn sie den Konfirmanden vorgelegt werden sollen. Bei dieser Umformulierung sollte man seinen eigenen Sprachstil benutzen und solche bildhaften Vergleiche wählen, zu denen man eine Verbindung hat. Man sollte sich eventuell selbst auf eine Pilgerwanderung begeben, wenn sich die Gelegenheit bietet, um am eigenen Leib zu erfahren, in welcher Weise eine Wanderung den Menschen beeinflusst.

Betrachtungen zu einem Thema können zum Beispiel folgende sein: Was bewirkt die Pilgerwanderung im Menschen? Welche Gemeinsamkeiten bestehen zwischen der Wanderung und dem Leben?

▶ SINNBILD VOM ST. JAKOBSWEG – FÜR DEN LEHRER/DIE LEHRERIN

Die Sinnbilder sind kleine, in Worten gezeichnete Bilder jener Eindrücke, die ich auf meiner ersten Wanderung nach Santiago de Compostela im Jahr 1999 von Menschen und Begegnungen gewonnen habe. Sie richten sich an den Unterrichtenden und sind als Einstimmung und als Anregung für den Unterricht gedacht.

Auf einer Pilgerwanderung werden dem Wanderer die Grundbedingungen der menschlichen Existenz bewusst. Du erkennst, dass du im Grunde allein bist und dass das Leben verwundbar und man ausgesetzt ist. Du erfährst, dass du in hohem Maße von der Gemeinschaft mit anderen Menschen und mit Gott abhängig bist. Die Angst und die Furcht, die dich daran hindern, verschiedene Wege im Leben einzuschlagen (vgl. das Gleichnis von den vergrabenen Talenten), werden dir auf der Wanderung sehr bewusst. So wie auch der Mut, der durch den Glauben entsteht, sich dir deutlich zeigt. Der Mut, der dich dazu bewegt, dich ins Leben hinaus zu begeben trotz all der Gefahren, die auf dich warten.

Es ist jene Bewusstwerdung der Grundbedingungen des Lebens, die ich dem Unterrichtenden mithilfe der Sinnbilder vom Jakobsweg vermitteln möchte: jenem Unterrichtenden, der sich, wenn er unterrichtet, wahrscheinlich auf bekannten, heimischen und vertrauten Wegen befindet, auf denen man sowohl die Furcht als auch den Mut schnell vergessen kann – und damit auch das Gebet und den Glauben vergisst.

Einige der Sinnbilder können vielleicht in Verbindung mit Pilgerandachten oder Gottesdiensten genutzt werden. Sie könnten auch in einer Nacherzählung an die Konfirmanden weitergegeben werden. Gewisse Sinnbilder werden als Erzählstoff zum Vorlesen vorgeschlagen.

Jedes Sinnbild ist mit einem bestimmten Ort auf dem Weg nach Santiago verknüpft, z. B. Larasoana – *An der Grenze des Lebens.*

► EINLEITENDE ANDACHT

Die einleitende Andacht bringt Sammlung und Ruhe in die Gruppe und signalisiert, dass wir jetzt beginnen. Die Kinder brauchen etwas Zeit, bis sich dieses Ritual in ihnen festigt. Ich schlage vor, die Andacht so einfach wie möglich und mit hohem Wiedererkennungswert zu gestalten. Es werden zwei alttestamentarische Psalmen zur Option gestellt (Psalm 139 oder Psalm 23), die jedes Mal für die Lesung im Wechsel genutzt werden. Bei der Konfirmation selbst können die Konfirmanden und der Pastor, die Pastorin die alttestamentarischen Psalmen auswendig vortragen. Einer der Psalmen, die Lesung im Wechsel und das Vaterunser sind immer Teil der einleitenden Andacht.

Ich schlage vor, das Auswendiglernen und die Behandlung des Glaubensbekenntnisses unter Berücksichtigung der Schlichtheit in jene Phase des Konfirmandenunterrichts zu legen, in der das Thema nicht »Pilgerwanderung« ist.

► GESPRÄCH ÜBER DAS THEMA DES TAGES

Es ist von Vorteil, die meisten Lektionen so einzuleiten, dass den Konfirmanden eine oder mehrere Fragen gestellt werden. Fragen eröffnen den Dialog und laden die Konfirmanden dazu ein, selbst mitzudenken. Wenn man Fragen stellt, dann erfordert es Zeit und Raum, die Konfirmanden ihre eigenen Gedanken zum Thema darstellen zu lassen. Zu allen zwölf Lektionen sind Vorschläge für Gesprächsfragen angegeben worden, die durch weitere Fragen ergänzt werden können, die der Unterrichtende für angebracht hält. Man sollte dabei darauf achten, die Schamgefühle der Konfirmanden nicht zu verletzen, wenn die Fragen in Gruppen behandelt werden, in denen die Jugendlichen einander noch nicht so gut kennen. In Gruppen, bei denen es dem Unterrichtenden nicht gelingt, die – unten genannte – notwendige Geborgenheit und Vertrautheit zwischen den Konfirmanden herzustellen, kann es erforderlich sein, eher mit Formen der Erzählung als mittels solch direkter Fragen zur Lebenserfahrung der Konfirmanden zu arbeiten. Man könnte dann einleitend anstatt der Fragen die vorgeschlagene Bibelstelle als Ausgangspunkt nehmen. In dem Abschnitt, in dem die Betrachtungen zum Thema für den Unterrichtenden ausgebreitet werden, finden sich Elemente, die sich zum Nacherzählen eignen.

Der Unterrichtsraum der Konfirmanden – ein vertrauter Raum wird geschaffen
Die Voraussetzung dafür, dass ein Dialog entstehen kann, ist, dass ein »vertrauter Raum« im Unterrichtsraum geschaffen wird. Dies kann sich als schwierig erweisen, aber es ist erforderlich. Es sollte so sein, dass alle sagen können sollten, was sie denken und meinen, ohne dass andere zu kichern anfangen oder sich über andere lustig machen. Beim ersten Kichern – oder sogar schon vorher – ist es ratsam, dass der Unterrichtende dies anspricht und klarstellt, dass »wir uns hier so nicht verhalten! Hier soll jeder frei seine Gedanken äußern können«. Denn das freie Äußern der eigenen Gedanken wird das Interessanteste für alle im Verlauf des Unterrichts sein. Außerdem ist es störend und

macht einen ganz konfus, wenn einige in der Ecke sitzen und flüstern, während ein anderer Konfirmand oder der Pastor, die Pastorin zu formulieren versucht, was er in Bezug auf einen bestimmten Zusammenhang denkt. Die meisten Konfirmanden können dies verstehen, vor allem dann, wenn man sie bittet, sich vorzustellen, wie sie sich selbst in einer solchen Situation fühlen würden. Der Kontakt untereinander ist das Entscheidende; dass alle gesehen, gehört und ernst genommen werden. Das betrifft auch diejenigen, denen es schwerfällt, sich angemessen zu verhalten, und die fortwährend den Unterricht stören. Wenn Konfirmanden dies häufiger tun, dann ist es Anlass dafür, sich nach dem Unterricht mit ihnen zusammenzusetzen und darüber zu sprechen. In Form eines Dialogs, in dem man deutlich macht, dass man den Konfirmanden ernst nimmt und dasselbe auch von ihm/ihr erwartet.

Die Überlegungen der Konfirmanden

Die Beispiele des Materials setzen sich zusammen aus Gesprächen mit der Konfirmandengruppe eines Jahrgangs. Ich habe die Erlaubnis der Konfirmanden bekommen, Auszüge von Unterrichtsgesprächen und Gedankenexperimenten für das Material nutzen zu dürfen. Aufgrund der Schweigepflicht habe ich sie jedoch umformuliert oder in andere Situationen eingebettet. Diese Beispiele können vom Unterrichtenden als ausgedachte Beispiele oder als Ausgangspunkt für die Fragen an die Konfirmandinnen und Konfirmanden genutzt werden.

▶ Bibeltext

An jede Lektion sind ein oder zwei Bibeltexte geknüpft, die in Bezug auf das jeweilige Thema des Tages ausgelegt werden. Im Allgemeinen versuche ich als Einleitung, den Text in einen gegenwärtigen und örtlichen Zusammenhang zu übertragen: »Wie wäre es, wenn dies an einer Kreuzung hier in der Stadt passieren würde? Und wie wäre es, wenn es einer von euch wäre, der dies erleben würde?« Danach kann auf verschiedene Weise mit den Texten gearbeitet werden; zu meinen Vorschlägen zählen Gruppenarbeit, Rollenspiele und gemeinsames Lesen.

▶ Vorschläge für Erzählungen, Märchen oder Geschichten

Erzählungen haben die eigentümliche Kraft, Bilder entstehen zu lassen und eine Reflexion in Gang zu setzen. Für einige Konfirmandengruppen können sie daher eingängiger sein als Unterrichtsgespräche. Die Gemeindepastorin und Literatin Lone Olsen hat für die meisten Lektionen Vorschläge für Geschichten oder Märchen beigesteuert, die zusätzlich der Entfaltung des Themas dienlich sein können. Wenn man ein Konfirmanden- oder Pfadfinderwochenende zu einem bestimmten Thema veranstalten möchte, kann man dafür in der Literaturliste auch Hinweise zu guten Geschichten finden, die man am Lagerfeuer oder bei einer Wanderung auf einem Rastplatz erzählen kann.

▶ Wanderung im Gebet und im Nachdenken

Vorschläge zu kurzen Wanderungen mit eingeplanten Stationen werden hier als ein Teil einer Doppelstunde vorgestellt. Es wird ein gemeinsamer Ausgangspunkt für das Nachdenken auf den Wanderungen jeder Lektion gewählt. Zum Beispiel:

Alle Konfirmanden werden dazu aufgefordert, an einen Menschen zu denken, der ihnen etwas bedeutet oder um den sie sich vielleicht Sorgen machen. In Gedanken an diesen Menschen gehen wir dann gemeinsam zur Kirche und legen das Leben jenes Menschen in die Hand Gottes. In Stille und Gebet für ihn oder sie.

Stationen

Unter diesem Punkt findet man Vorschläge für die Gestaltung der Stationen, von denen aus die Themenwanderung der Lektion geplant werden soll. Liegt die Kirche zu weit vom Unterrichtsraum der Konfirmanden entfernt, dann kann man sich ein näherliegendes Andachtsziel suchen. Man kann von vornherein einen Andachtsort festlegen, zum Beispiel auf einer Wiese, einem Hügel, in einem Wald, in einem Garten oder in einem der vielen schönen Hinterhöfe oder Parks in den Städten. Der Ort kann dabei gekennzeichnet werden, indem man als Unterrichtender zwei Wanderstäbe wie ein Kreuz formt – den Stab hat man ja bei sich, wenn man sich auf den Weg begibt – und den Ort auf diese Weise markiert.

▶ Die Zeichnung von der Lebenswanderung der Konfirmanden

Die fünfte Lektion liefert den Einstieg in die Arbeit mit einem selbst gestalteten Bild von der Wanderung des Lebens. Mit dieser Zeichnung soll sich jeder Konfirmand im Unterrichtsverlauf beschäftigen. Man kann sich natürlich auch dazu entschließen, den Einstieg in die Arbeit mit der Zeichnung der Lebenswanderung an früherer Stelle des Unterrichtsverlaufs vorzunehmen. Die Zeichnung von der Lebenswanderung jedes einzelnen Konfirmanden wird über mehrere Lektionen illustrativ gestaltet. Der Ausgangspunkt für diese Arbeit ist in jeder Lektion die Visualisierung. Man kann sich aussuchen, ob man Situationen aus der Vergangenheit, der Gegenwart oder auch der Zukunft visualisieren möchte.

Visualisierungsmethode

Vor der Vorstellungsübung, bei der die Konfirmandinnen und Konfirmanden sich in Gedanken eine Begebenheit aus der Vergangenheit oder in der Zukunft vorstellen, bittet man die Konfirmanden, sich bequem auf ihren Stuhl zu setzen.

Wenn im Unterrichtsraum viel Platz ist – oder wenn man sich in der Kirche befindet –, können sich die Konfirmandinnen und Konfirmanden auch (auf Decken) auf den Boden oder auf die Kirchenbänke legen. Bei mir ist nicht viel Platz im Unterrichtsraum, sodass die Visualisierungen im Sitzen stattfinden müssen. Der Vorteil daran ist, dass keine Unruhe durch Umräumen entsteht.

Die Konfirmanden legen alles, was sie in den Händen haben, von sich. Der Pastor bittet sie dann, die Augen zu schließen, tief zu atmen und sich bequem hinzusetzen.

Wenn Ruhe eingekehrt ist und alle bequem sitzen, kann die Visualisierung beginnen: »Stelle dir den Tag deiner Taufe vor. Du musst dir alle Beteiligten 13–14 Jahre jünger vorstellen. Stelle dir deine Mutter vor usw.« Der Leitende hilft nun jedem dabei, vor seinem inneren Auge ein Bild von der Situation in der Kirche, von der Familie, der Taufe usw. entstehen zu lassen, indem er folgende Vorstellungen anregt: Stelle dir deine große Schwester und deine Großeltern vor. Jetzt hält deine Mutter dich über das Taufbecken und der Pastor sagt: »Ich taufe dich im Namen des Vaters, des Sohnes und des Heiligen Geistes.« Während er diese Worte spricht, gießt er drei Hände voll von Wasser über deinen Kopf, usw.

Die Visualisierung sollte behutsam abgeschlossen werden. Der Pastor bzw. die Pastorin sagt: »Jetzt ziehen wir uns aus der Welt der Vorstellungen zurück. Alle atmen tief ein und aus. Und nun öffnen wir alle wieder die Augen.«

Die Visualisierung kann sich auf folgende Ereignisse konzentrieren:
- Der Tag deiner Taufe
- Eine wichtige Begebenheit in der Vergangenheit, die Veränderungen herbeigeführt hat
- Die Gegenwart – Was beschäftigt dich im Moment? Was ist dir wichtig?
- Zukunft: »Stell dir vor, wie du dich selbst in 15 Jahren siehst.«
- Gott und die spirituelle Seite des Lebens. Wie spüre und erfahre ich die Gegenwart Gottes und die Abwesenheit Gottes?
- Höhepunkte im Leben – Versuch dich an einen solchen zu erinnern
- Tiefen, Schattentäler und dunkle Zeiten im Leben – Versuch dich an eine solche Situation zu erinnern
- Wünsche
- Träume: »Stell dir vor, einer deiner Träume sei Wirklichkeit geworden!«
- Wovor hast du im Leben am meisten Angst?

Die Konfirmanden können auch selbst Vorschläge für die übergeordneten Ereignisse machen, mit denen sich dann alle im weiteren Verlauf beschäftigen können.

Es erfordert eine gewisse Reife, einen solchen Rückblick vorzunehmen. Über das Dasein zu reflektieren, ist nicht jedermanns Sache. Deshalb ist es wichtig, die Beschäftigung mit der eigenen Biographie als etwas zu betrachten, was für einige gewinnbringend ist, während andere sich eher zögerlich verhalten werden und viele Stellen auf ihrem Blatt nicht ausfüllen werden. Es sollte den Jugendlichen vermittelt werden, dass ihre Zeichnungen ebenso verschieden sein werden, wie auch die Konfirmandinnen und Konfirmanden untereinander verschieden sind.

Und das ist auch gut so! Es steht jedem frei, sein eigenes Bild zu erschaffen, so wie er/sie es gestalten möchte.

Die Arbeit mit der Zeichnung von der Lebenswanderung sollte auf fünf bis sechs

Lektionen verteilt werden bzw. auf so viele Lektionen, wie es nun einmal dauert, bis die Konfirmanden in der jeweiligen Gruppe die Zeichnungen fertiggestellt haben.

▶ Der Wanderstab

Der Wanderstab ist ein pädagogisches Werkzeug. Er ist ein Symbol für den Halt, den die Konfirmandinnen und Konfirmanden in ihrem Leben bekommen, und für die unsichtbare Gegenwart Gottes in der Welt der Jugendlichen. Jeder Konfirmand muss einen Stab besitzen. Während des Unterrichtsverlaufs kann man den Stab hin und wieder hervorholen und mithilfe von Messern Symbole in das Holz schnitzen.

Durch diese praktische Arbeit bekommen die Konfirmanden eine Pause von der ganzen Denktätigkeit. Ihre Aufmerksamkeit richtet sich auf den wertvollen Halt, der ihnen im Leben zuteil wird. Wenn es an jenem Halt fehlt, dann wird die Aufmerksamkeit auf das gerichtet, was der Einzelne vermisst.

Die Arbeit mit dem Wanderstab sollte ebenfalls auf fünf bis sechs Lektionen verteilt werden bzw. auf die Anzahl Lektionen, die nötig sind, um die Stäbe fertigzustellen.

Auf Seite 42 sind im Übrigen konkrete Ratschläge zur Ausschmückung von Wanderstäben angeführt.

▶ Abschliessende Andacht

Jede Lektion wird mit einer Andacht abgeschlossen: »Wir gehen nun von hier in die Welt hinaus. Geht in Frieden!« Das Gebet der Heiligen Birgitta, »Herr, zeige mir deinen Weg und gib mir den Mut, ihn zu gehen!« wird zwischenzeitlich auswendig gelernt und kann dann gemeinschaftlich gebetet werden. Es können auch verschiedene irische Segenswünsche, Segensgebete aus Iona oder Gebete aus Taizé und ein zusätzliches Lied verwendet werden, wenn man eine sangesfreudige Gruppe hat. Vorschläge für Gebete finden sich in einigen der Andachts- und Gebetsbücher, die im Literaturverzeichnis angegeben sind.

Den Konfirmanden wird der Segen zugesprochen, bevor sie nach Hause gehen.

▶ Eigene Notizen:

1. Lektion
Lebenswanderung von der Geburt bis zum Tod – Taufe

► VORBEREITUNG

- Das feste Inventar muss bereitstehen (siehe Seite 48f.).
- Den Konfirmanden werden Mappen ausgeteilt.
- Der Psalm 139 oder Psalm 23 wird auf einem Blatt im A5-Format zur Andacht in die Kirche mitgebracht. Diese Psalmen sollen von der 2. Lektion an in den Mappen der Konfirmanden aufbewahrt werden und als Kopie bei der einleitenden Andacht genutzt werden.
- Mit dem Organisten vereinbaren, dass er ebenfalls anwesend sein wird, sodass wir gemeinsam mit den Konfirmanden die Melodie des irischen Segnungsliedes einüben können.
- Pappe für Namensschilder
- Malfarben oder Filzstifte
- Sägen und Messer in Klassensätzen
- Eventuell verschiedenfarbiges Seidenband oder Leder für die Griffe der Wanderstäbe
- Bücher mit Bildern von christlichen Symbolen, falls die Konfirmanden Symbole in ihren Wanderstab hineinschnitzen wollen.
- Alle Konfirmanden wurden bei der Anmeldung gebeten, einen Stab mitzubringen. Gelegentlich passiert es, dass der eine oder andere ohne Stab erscheint. Für solche Fälle sollte man einige Stäbe in Reserve haben.

► BETRACHTUNGEN ZUM THEMA LEBENSWANDERUNG
VON DER GEBURT BIS ZUM TOD – TAUFE

Auf einer Pilgerwanderung, die ihren zeitlichen und räumlichen Anfang an dem einen und ihr Ende an einem anderen Ort hat, entsteht im Geist eine Vorstellung des menschlichen Lebens als einer Geraden, die einen Anfang und ein Ende hat. Die aktuelle Wanderung soll als Abbild für das Leben von der Geburt bis zum Tod stehen. Man muss es wahrscheinlich selbst erlebt haben, um dies wirklich zu verstehen. Erfahren kann man es, indem man einen ganzen Tag wandert und dabei den Anfang des eigenen Lebens mit dem Anfangspunkt der Wanderung verknüpft und das Ende seines Lebens mit dem Ziel.

Auf einer sechswöchigen Wanderung von der französisch-spanischen Grenze bis nach Santiago de Compostela und Finisterre an der spanischen Nordwestküste ist der Anfang insofern schwer, als dass man den Weg, die Umgebung, die Art, sich auf dem »camino« zu benehmen, usw. nicht kennt. Der erste Teil einer Pilgerwanderung ist mit der Kindheit vergleichbar, die erste Zeit im Leben des Menschen, in der das Kind laufen lernt und im wortwörtlichen Sinne lernt, sich in der Welt zu benehmen und »das Leben zu begehen«.

Die darauf folgende Strecke kann mit der Jugend verglichen werden, in der man immer noch lernen muss, sich in der Welt zu orientieren und seinen Weg zu finden. Man wächst in einer Gesellschaft auf, die auf gewissen Werten und Normen basiert, und man muss lernen, zu diesen Werten und Normen Stellung zu beziehen. In vergleichbarer Weise müssen auch Pilger erst lernen, sich auf dem ersten Teil der Wanderung zu orientieren. Auf dem Weg entsteht zwischen den Menschen, die zu einem bestimmten Zeitpunkt eine gemeinsame Strecke gehen, eine Gemeinschaft. Es ist faszinierend zu beobachten, dass »auf dem Weg« eine Gesellschaft erschaffen wird, die von den Menschen, die einander begleiten, mit Normen, Regeln und Werten ausgestattet wird. Genau wie zu Hause.

Das Leben in der Mitte – im mittleren Alter – ist durch Vertrautheit mit dem Leben gekennzeichnet. Man kennt den Weg. Vielleicht sogar ein bisschen zu gut. Man gerät womöglich in einen Leerlauf und vergisst dabei, wie ausgesetzt und verletzlich das Leben im Grunde ist.

Das Alter, das für den Abschied von dieser Welt und den Tod steht, versinnbildlicht die letzte Phase der Pilgerwanderung. In den letzten Tagen wandert der Pilger in Wehmut und in Dankbarkeit für all das, was ihm der Weg gegeben hat – oder vielleicht wandert er auch in Bitterkeit und Wut, weil der Weg ihm nicht das gegeben hat, was er erwartet und erhofft hatte. Ob nun in Freude oder in Bitterkeit: Es ist die Zeit des Abschieds. Man muss sich von denen verabschieden, mit denen man gemeinsam gewandert ist. Man geht nach Hause!

Diese Vorstellung des Lebens, in der sich Anfang und Ende deutlich abzeichnen, macht eine der Grundbedingungen der menschlichen Existenz deutlich: Du lebst nicht ein zweites Mal. Du lebst jetzt. Es ist das Leben im Hier und Jetzt, zu dem du Stellung beziehen musst. Natürlich kannst du dich an einen anderen Ort träumen. Aber während du dies tust, verschwendest du dein Leben im Hier und Jetzt. Dein Leben ist kurz. Du wirst zu einem Zeitpunkt sterben, der dir nicht bekannt ist. Was willst du mit deinem Leben anfangen – während du am Leben bist? Was ist dir wichtig? Und was ist wesentlich? Wofür möchtest du auf keinen Fall Zeit verschwenden?

Auf einer Pilgerwanderung gibt es Berge, die man überwinden muss; Widerstand, Furcht und schwierige Verhältnisse, mit denen man kämpfen muss. Es gibt auch schöne Strecken, die sich in ihrer ganzen Schönheit und Fruchtbarkeit vor einem ausbreiten. Die Natur mit ihren überwältigenden Kräften. Die Natur ist da – die Bäume, die Berge, das Meer – all das hat schon unendlich lange Zeit existiert, bevor du entstanden bist. Und es wird unendlich lange Zeit nach deinem Tod weiter existieren. Die Natur – das Leben an sich – ruft die Demut ins Gedächtnis. So wie auch Begegnungen mit Menschen auf dem Weg Demut hervorrufen können.

All das Gute wird dir gegeben: Begleiter auf dem Weg, deine alten Eltern zu Hause, dein Ehepartner oder Freund, dein guter Freund. All das Gute, das diese Menschen dir mit auf den Weg gegeben haben – auch das ruft Demut und Dankbarkeit hervor. Ebenso wie auch das Leid des Weges, die ganze Grausamkeit der Welt oder der Schmerz, die dir ein Nahestehender oder andere zugefügt haben, dich hin und wieder dazu bringen, nach dem Sinn des Ganzen zu fragen; dich fragen lassen, ob das Leben des Lebens wert sei. So schön und groß das Leben ist, so grausam und ungeheuer schwer ist es auch. Eine Konfirmandin stellte einmal in diesem Zusammenhang die Frage, warum wir denn weiter mit dem Leben kämpfen müssten – einem Leben, das für sie nicht einfach war –, wenn die Bibel doch vom Frieden, dem Licht und der Liebe bei Gott – nach dem Tod – berichtet.

Albert Camus beschreibt einen allgemein menschlichen Gedanken und den Kampf mit dem Leben, wenn er in einem seiner Bücher, dem Mythos von Sisyphus, einleitend bemerkt, dass es nur ein wirklich ernsthaftes philosophisches Problem gibt: den Selbstmord. Auszumachen, ob das Leben lebenswert sei oder nicht, würde bedeuten, die grundlegende Frage der Philosophie und somit auch die eines jeden Menschen im Leben zu beantworten.

Auf diese Frage – und die Spuren von Antworten – kann der Mensch auf einer Pilgerwanderung stoßen, weil die Grundbedingungen des Lebens – auf dem Weg dort – sich deutlich vor einem abzeichnen. Und die Worte der Taufe: »Fürchte dich nicht, denn ich bin bei dir alle Tage bis an der Welt Ende!« begleiten den Christen vom Anfang bis zum Ende.

▶ Sinnbild vom St. Jakobsweg

Azura – Der Weg

Mit dem Weg ist es wie mit dem Leben
Manche Tage lässt sie verstreichen
nur um sie hinter sich zu bringen
An manchen Tagen ist sie präsent
voller Freude

An anderen Tagen
ist es das Leid aus der Vergangenheit
oder die Sorgen über die Zukunft
die den Weg bestimmen

Es ist nicht das Ziel Santiago
das entscheidend ist
Es ist der Weg selbst
Anwesend zu sein auf dem Weg
mit Körper, Geist und allen Sinnen
wenn sie ihn geht

Als würde das Leben dem Ende zugehen
so intensiv nimmt sie die letzten Tage wahr
Farben, Gerüche
Menschen, denen sie begegnet
Berührung
sie ist präsent in jedem einzelnen Moment

Sie erreicht das Ende des Weges
in tiefer Dankbarkeit für alles
was ihr hier gegeben wurde
traurig und wehmütig
dass es nun vorbei ist

Mit dem Weg ist es wie mit dem Leben

▶ Einleitende Andacht

In der ersten Lektion wird nicht mit einer Andacht begonnen, sondern mit einer Begrüßung und gegenseitigen Vorstellung, bei der wir uns erzählen, wer wir sind und woher wir kommen.

Man kann sich überlegen, ob man bei der Begrüßung und der Verabschiedung nach jeder Lektion jedem einzelnen Konfirmanden die Hand gibt. Durch diese Geste bekommen die Konfirmandinnen und Konfirmanden das Gefühl, dass sie beachtet worden sind.

Einstieg

Eine kleine Zeichnung der Lebenswanderung kann an die Tafel gemalt werden, um den Gedanken, den es damit auf sich hat, zu veranschaulichen.

Die Vorstellung des Menschen als eines »Wanderers«, der auf der Wanderung des Lebens von der Geburt bis zum Tod gelangt, wird verdeutlicht. Die Wanderung ist ein Sinnbild für das Leben des Menschen. Sie hat – wie das Leben – einen Anfang und ein Ende. Das Sinnbild schärft den Blick dafür, dass das Leben kurz ist. Der Tod ist nah. Dieser Gedanke erhöht die Präsenz im Hier und Jetzt. Auf einer Wanderung kann es »Berge geben, die bestiegen werden müssen«, Schwierigkeiten, die überwunden werden müssen. Das Leben kann – in bestimmten Zeiten – wie eine Wanderung durch fruchtbare Täler sein, in denen ein beschütztes und gutes Leben möglich ist. Es kann aber auch Wüsten geben, durch die man hindurch muss. Das sind dann Zeiten, in denen alles unüberwindlich erscheint. In denen man die Orientierung verliert, so wie es einem auch in der Wüste passieren kann. Es gibt Strecken im Dasein, die schwer zu beschreiten sind. Auf anderen Strecken geht man mit frohem Gemüt und leicht gesinnt. Und schließlich gibt es Irrwege und Umwege.

Man kann sich ein Beispiel ausdenken – oder die Biographie einer authentischen, nicht namhaft gemachten Person wiedergeben, die die vielen Kurven und verschiedenen Niveaus des Lebensweges veranschaulicht.

Dabei sollen die Konfirmandinnen und Konfirmanden mit eigenen Gedanken beitragen können und Vorschläge dafür machen, inwiefern die Vorstellungen vom »Weg des Lebens« die Wirklichkeit widerspiegeln können.

Fragen

Welche Bedeutung haben folgende Fragen ganz konkret und was könnte das Symbol des Weges für das Leben des Menschen bedeuten?

- Geradeaus gehen und den rechten Weg gehen.
- Was ist eine Wüstenwanderung?
- Wie fühlt es sich an, an eine Weggabelung zu kommen?
- Was bedeutet es, auf einen Irrweg zu geraten?
- Was bedeutet es, an eine T-Kreuzung zu kommen?
- Wenn du noch eine Woche zu leben hättest, was würdest du dann aus deinem Leben machen?
- Womit würdest du in der letzten Woche deines Lebens auf keinen Fall deine Zeit verbringen?

Die Überlegungen der Konfirmanden

Die Antwort der Konfirmanden ist, dass das Abschiednehmen – sich zu verabschieden und zu bedanken – wichtig ist. Einer der Konfirmanden erzählt mir später – auf dem

Weg nach Hause von der Wanderung des Tages –, dass er jemanden kennt, der an seinem Geburtstag, als alle versammelt waren, plötzlich gestorben sei. Er sei ganz einfach draußen im Garten umgefallen, und es sei furchtbar gewesen, nicht Abschied von ihm nehmen zu können! So zeigt sich, dass die einleitenden Fragen bei dem Einzelnen Gedanken in Bewegung setzen, die vielleicht nicht unmittelbar zum Ausdruck gebracht werden, aber die Aufmerksamkeit und Präsenz im Unterrichtsraum fördern.

Mit denen zusammen zu sein, die einem viel bedeuten, wird als dasjenige genannt, was wichtig ist, wenn es um den Gedanken daran geht, nur noch kurze Zeit zum Leben übrig zu haben. Vielleicht möchte man auch etwas tun, von dem man schon immer geträumt hat. Das ist es, was die Konfirmanden in einer solchen – im Gedankenexperiment – abgemessenen Zeit tun würden. Ein anderer bringt zur Sprache, dass die Tatsache, zu wissen, dass man sterben muss, einem Mut zum Leben verleiht: Mut, Dinge zu tun, die man sich sonst nicht zugetraut hätte. Paradoxerweise ist es ja auch genau so. Wenn man mit dem Tod konfrontiert wird, erschreckt es einen entweder zu Tode – oder man findet den Mut, im Hier und Jetzt zu leben.

▶ Psalm 139: Gottes Gegenwart

Dieser Bibeltext veranschaulicht die Gegenwart Gottes im Leben und im Tod. Es ist die Rede davon, dass wir Menschen von Gott gekannt werden; dass Gott jedem Einzelnen von uns so nahe ist, dass er unsere Gedanken kennt und weiß, was wir sagen wollen – noch bevor wir selbst die Worte ausgesprochen haben. Gott ist uns immer nah – im Leben und im Tod –, selbst wenn wir seine Nähe nicht spüren.

Da dieser Text fester Bestandteil der einleitenden Andacht ist, kann der Unterrichtende hin und wieder auf diesen Text zu sprechen kommen. Man kann zum Beispiel nachfragen, ob die Jugendlichen zwischendurch etwas Neues heraushören.

▶ Vorschläge für Erzählungen, Märchen oder Geschichten

- Antoine de Saint-Exupéry: *Der kleine Prinz.*
- Göran Tunström: *Ørkenbrevet.* Roman, der sich zur Nacherzählung gut eignet (liegt nicht in deutscher Übersetzung vor).
- Selma Lagerlöf: *Wunderbare Reise des kleinen Nils Holgersson mit den Wildgänsen.* Zur Nacherzählung geeignet.
- H. C. Andersens Märchen *Die Schnecke und die Rosenhecke.*

▸ Wanderung im Gebet und im Nachdenken über den Menschen im Leben, der dir am meisten bedeutet

Stationen

1. Station – Draußen vor dem Unterrichtsraum der Konfirmanden

- Wir gehen mit Jacken bekleidet nach draußen, halten den Stab in der Hand und stellen uns in einem Kreis auf.
- Präsentation des Wanderstabes als Sinnbild für den Halt im Leben des Menschen. »Der Stab steht für deine Mutter und deinen Vater, deine Freunde und Gott.«
- Frage: Welcher Mensch gibt dir in deinem Leben am meisten Halt?
- Der Unterrichtende schlägt vor, dass jeder Konfirmand für sich an einen Menschen denkt, den er gern hat, der ihm sehr wichtig ist und von dem er sich wünscht, dass Gott auf ihn Acht gibt.
- Auf dem Weg zur Kirche gehen wir in Stille und im »Gänsemarsch« mit diesem Menschen in unseren Gedanken.

2. Station – In der Kirche beim Taufbecken

- Wir stellen uns mit unseren Wanderstäben in einem Kreis um das Taufbecken herum.
- In Gedanken und im Gebet legen wir unser eigenes Leben und das Leben jenes Menschen in die Hand Gottes. Wir vertrauen ihn/sie Gott an. So wie auch wir Gott bei unserer Taufe anvertraut wurden.
- Frage: Gibt es unter den Konfirmanden jemanden, der nicht getauft wurde? Wenn das der Fall ist, wird hervorgehoben, dass dies nicht bedeutet, dass jene nicht auch in der Hand Gottes sind. Es bedeutet nur, dass sie noch nicht – beim Taufbecken – erfahren haben, dass sie es sind.
- Hier – beim Taufbecken – hat eure Lebenswanderung begonnen. Hier erfährt jeder Mensch aus dem Evangelium, dass Gott mit dir geht, unabhängig davon, wie dein Leben und deine Wege waren und sein werden. Gott kennt all deine Wege. Er ist dir immer nah! Nichts Menschliches ist Gott fremd.
- Wir sprechen über die Taufe und ihre Bedeutung. Jeder Konfirmand, jede Konfirmandin wird vom Pastor bekreuzigt – oder sie können sich gegenseitig bekreuzigen. »Das Zeichen des Kreuzes vor deinem Gesicht hat die Bedeutung, dass du mit deinem Verstand, deinen Gedanken Gott zugehörst. Das Zeichen des Kreuzes vor deiner Brust bedeutet, dass du mit deinem Herzen/deinem Gefühl Gott zugehörst. Du bist also als ganzer Mensch Gottes Kind!«
- Bei der Taufe habt ihr dieses Zeichen erhalten, das ihr jetzt – unsichtbar – mit euch tragt. Die Worte des Taufrituals: »Ich bin bei euch alle Tage bis an der Welt Ende!« werden jedem beim Taufbecken zugesprochen. Gott geht unsichtbar an unserer Seite!
- Wir stehen immer noch im Kreis.

- Jetzt überlegen wir einen Augenblick in Stille, wie wir die Gegenwart Gottes auf dem Weg durch das Leben wahrnehmen können. Frage: Was ist, wenn wir sie nicht spüren können, wenn man sich von Gott verlassen fühlt? Die Antwort ist, dass er an deiner Seite ist, auch wenn du die Gegenwart Gottes nicht spüren kannst. Das behauptet das Evangelium und daran können wir uns festhalten, wenn wir ängstlich sind und uns verlassen fühlen von Gott und von jedermann.
- Der Pastor erzählt eine Geschichte von der Gegenwart Gottes auf der Lebenswanderung des Menschen, zum Beispiel folgenden kurzen Bericht: Es war einmal ein Mann, der starb und nach Hause zu Gott kam. Dann saß er dort – zusammen mit Gott – und blickte auf sein Leben zurück. Es sah aus wie zwei Paar Fußspuren: die Fußspuren Gottes und die des Mannes nebeneinander. Daraufhin entdeckte der Mann Strecken, auf denen nur ein Paar Fußspuren zu sehen war, und er erinnerte sich an eine Zeit in seinem Leben, in der er es sehr schwer hatte. Er fragte Gott vorwurfsvoll: »Warum hast du mich damals verlassen, als das Leben am schwersten war?« Und Gott erwiderte: »Ich habe dich nicht verlassen – ich habe dich getragen!«
- Andacht beim Taufbecken. Psalm 139 wird als Kopie ausgeteilt, die später in die Mappe einsortiert werden soll. Wir lesen den Psalm 139 aus dem Alten Testament im Wechsel. Dieser Psalm ist fester Bestandteil bei all unseren Treffen, normalerweise in der einleitenden Andacht.
- Wir schließen damit ab – immer noch mit unseren Wanderstäben in einem Kreis stehend –, indem wir das irische Segenslied »Möge die Straße uns zusammenführen« gemeinsam singen. Der Psalm wird als Kopie an die Konfirmanden verteilt, die dann später auch in den Mappen abgeheftet werden soll. Der Organist bringt uns die neue Melodie bei.
- Bevor wir aus der Kirche auf den Friedhof gehen, kann der Unterrichtende darauf hinweisen, dass wir uns jetzt auf den Friedhof begeben und dort Menschen begegnen könnten, die gerade jemanden verloren haben und die Grabstelle in Trauer besuchen. Auf diese wollen wir Rücksicht nehmen, indem wir uns auf dem Friedhof ruhig verhalten.

3. Station – Grabsteine auf dem Friedhof
- Auf dem Friedhof gehen wir zu einem willkürlich gewählten Grabstein. Wir lesen auf dem Grabstein, wie lang die Lebenswanderung des Menschen gewesen ist. Wurde er oder sie auf diesem Weg von jemandem begleitet? Oder musste er/sie allein wandern? Kennen die Konfirmanden jemanden, der auf dem Friedhof begraben liegt? Wenn das der Fall ist, hätte dann jemand Lust, uns auf die Lebenswanderung des Großvaters oder der Großmutter mitzunehmen, indem er uns in der nächsten Lektion etwas von ihrem Leben erzählt?
- Wir wandern zum Unterrichtsraum der Konfirmanden zurück. Die Konfirmanden gehen in einer Schar und sie dürfen sich unterhalten. So bekommen sie unterwegs eine kleine Pause.

▶ Der Wanderstab

- Für Tipps zur Pflege von Wanderstäben siehe Seite 41f.
- Jeder Konfirmand bekommt ein Messer und eine Einführung in den Gebrauch dieses Messers. Man muss darauf achten, beim Schnitzen genügend Abstand zwischen sich zu haben, und man sollte sich an die Regel halten, immer nur von sich weg zu schnitzen.
- Zu Anfang können die Konfirmanden ein Zeichen in den Stab ritzen, sodass sie ihren eigenen Stab beim nächsten Mal wiedererkennen können. Wenn Zeit genug da ist, kann jeder für sich darüber nachdenken, wer ihnen am meisten Halt im Leben gibt. Für diesen Menschen sollen sie sich dann ein Symbol ausdenken.
- Die Arbeit mit dem Wanderstab findet drinnen statt. Nach der Lektion muss daher gefegt und aufgeräumt werden.

▶ Abschliessende Andacht

Das Gebet der Heiligen Birgitta: »Herr, zeige mir deinen Weg und gib mir den Mut, ihn zu gehen!«

Segen
Man kann jedem Einzelnen die Hand geben, um sich zu verabschieden und sich für den Tag zu bedanken.

▶ Eigene Notizen:

2. Lektion
Gefährten – Menschen, die einen auf der Wanderung begleiten

▶ BETRACHTUNGEN ZUM THEMA GEFÄHRTEN – MENSCHEN, DIE EINEN AUF DER WANDERUNG BEGLEITEN

Ein Pilger ist ein Mensch, der sich auf eine Wanderung zu einer heiligen Stätte begibt. Man kann zum Beispiel nach Jerusalem wandern. Das ist ein heiliger Ort für Christen, weil Jesus dort gestorben ist und begraben wurde. Man kann auch nach Santiago wandern, wo einer der Jünger Jesu – nämlich Jakobus – beerdigt wurde. Oder man wandert nach Rom, wo ein weiterer Jünger Jesu – Petrus – begraben liegt.

Auf einer Wanderung trifft man auf Gefährten, wird von Menschen begleitet, so wie es auch zu Hause Menschen gibt, mit denen man gemeinsam durchs Leben geht. Diese Menschen haben großen Einfluss darauf, wie die eigene Wanderung durch das Leben werden wird. Ganz verschiedene Menschen können Gefährten sein, wie etwa die Eltern, Geschwister, Freunde, Ehepartner, Tagesmütter, Erzieher in Kindergärten, Lehrer, der eigene Pastor, Ärzte – und auch jener Mensch, dem du zufällig auf deinem Weg begegnest – und der einen vielleicht nur für kurze Zeit begleitet. Selbst eine kurze, zeitweilige Begegnung kann eine entscheidende Bedeutung für das Leben eines Menschen haben.

▶ SINNBILD VOM ST. JAKOBSWEG

Ronchevalles – Die Angst vor dem Unbekannten

An dem Tag, an dem sie ihre Wanderung beginnt
liegt der Nebel wie ein Schleier über den Pyrenäen

Es regnet
es ist kalt und öde

Sie wandert bergauf und immer weiter bergauf
ist auf eine Strecke geraten
die sich im Unendlichen zu verlieren scheint
nur ein schmaler, undeutlicher Pfad
durch grüne Schluchten und dunkle Wälder

Sie fragt sich immer wieder
ist sie auf dem rechten Weg?

Die Angst vor all dem Unbekannten
das vor ihr liegt
bemächtigt sich ihrer

Sie friert und ist durchnässt

Eine undeutliche Gestalt taucht aus dem Nebel auf
ein Hirte mit seinem Hund
er schaut sie an und geht schweigend weiter

Jetzt fürchtet sie sich

Dann kommt er
ein großer rotwangiger Franzose
mit Rucksack und Wanderstab

Er geht mit großen, energischen Schritten an ihr vorbei

Sie spricht ihn an, als er vorbeigeht
er reagiert nicht

Määäh – ruft sie

Er hält an
dreht sich um und lächelt

Sie sprechen nicht dieselbe Sprache
aber sie gehen den Weg gemeinsam
vom Ibanetapass in den Pyrenäen

▶ EINLEITENDE ANDACHT

Lied: Ich möcht', dass einer mit mir geht (EG 209)
Lesung im Wechsel – Psalm 139 (die Konfirmanden haben den Text als Kopie ausge-
händigt bekommen)
Vaterunser

▶ GESPRÄCH ÜBER DAS THEMA GEFÄHRTEN

Einstieg
Wenn man sich auf eine Wanderung begibt, dann begegnet man auf dem Weg Menschen, die zu Gefährten werden. So ist es auch im Leben. Auch hier sind wir von Gefährten umgeben. Menschen, mit denen wir das Leben teilen.

- Jeder von euch möchte jetzt bitte an einen Menschen denken, der euch viel bedeutet. – Die Konfirmandinnen und Konfirmanden schreiben den jeweiligen Namen auf ein kleines Stück Goldpapier. (Sie können es zusammenfalten und in ihre Hosentasche stecken, wenn sie den Unterrichtsraum verlassen.)
- Wie würde das Leben sein, wenn jener Mensch nicht Teil eures Lebens wäre?
- Was macht es für einen Unterschied, dass eben jener Mensch zu eurem Leben gehört?

Die Überlegungen der Konfirmanden

Wir sitzen zusammen und jeder denkt für sich an den oder die wichtigsten Menschen in seinem Leben; an jene, die unsere Gefährten sind. Einer der Konfirmanden ruft spontan in die Runde: »Für mich ist mein Opa der wichtigste Mensch!« Als Pastorin weiß ich, dass sein Opa vor einem Jahr bei einem Unfall ums Leben gekommen ist.

Vor dem Hintergrund dieser Reaktion sprechen wir darüber, wie man eine solche Situation positiv sehen kann. Wie es möglich ist, sich darüber zu freuen, einen Gefährten gehabt zu haben, mit dem man viel teilen konnte. Jemand gehabt zu haben, mit dem man schöne Zeiten verbracht hat und den man jetzt vermisst. Wir sprechen außerdem darüber, auf welche Weise neue Menschen zu Gefährten werden; Menschen, die einem genauso viel oder sogar noch mehr bedeuten werden. Und wir sprechen darüber, dass niemand ersetzt werden kann, dass wir alle einzigartig sind und dass, selbst wenn ein neuer Gefährte hinzukommen wird, der einem genauso viel – oder noch mehr – bedeutet als der Opa, dieser dennoch kein Ersatz für den Verstorbenen sein kann. Ein anderer Konfirmand erzählt von seiner »Leih-Oma«, die sich um ihn kümmert, weil er zu seiner richtigen Oma keinen Kontakt hat.

Zusammenfassung des Gesprächs

Mit einem Gefährten kann man das Leben teilen. Man kann sowohl leichte als auch schwere Wege gemeinsam mit ihm gehen. Vielleicht wird er einen Teil der Last tragen, die wir in unserem Rucksack mit uns tragen, indem er etwas von dem trägt, was zu schwer für uns ist, und uns so eine Zeit lang entlastet, sodass unsere Wanderung uns leichter fällt.

Es wird an das tägliche Leben zu Hause angeknüpft: Was bedeutet es, hier im Alltag einen Gefährten zu haben? Wie können wir hier einander helfen, die Last des anderen mitzutragen? Indem wir einander zuhören und unsere Sorgen, unsere Freude, Hoffnungen und Träume miteinander teilen.

Wenn wir allein gehen, müssen wir das Leben selbst meistern. Das ist nicht unmöglich! Aber es macht einen großen Unterschied für unsere Lebenswanderung, wenn wir mit anderen zusammen gehen.

Einen oder mehrere Gefährten auf einer Pilgerwanderung und auch zu Hause im wirklichen Leben zu haben, das macht die Reise zu einer ganz anderen. Jemanden zu haben, mit dem man gemeinsam geht, kann alle Schwierigkeiten des Lebens aufwiegen.

Hin und wieder kommt es vor, dass wir einen Gefährten verlieren. Vielleicht stirbt jemand, vielleicht lässt man sich scheiden oder man hat sich mit jemandem zerstritten und kann sich nicht wieder versöhnen. Vielleicht ist man auch in ein anderes Land gezogen oder einfach nur in einen anderen Teil des Landes. Wenn dies geschieht, müssen wir eine Zeit lang allein wandern, ohne den Gefährten, den wir verloren haben.

▶ Bibeltext Lk 24,13–35 Die Emmauserzählung – Gott geht mit dir

Der Text veranschaulicht, dass Gott uns auf dem Weg durchs Leben unsichtbar – in der Form eines Gefährten – begleitet.

Der Text wird vorgelesen. Die Konfirmanden folgen mit im Neuen Testament, das sie vor sich haben. Es wird davon erzählt, wie die Jünger Jesu – nach Jesu Tod – auf ihrer Wanderung sich selbst überlassen waren, es dann aber geschah, dass er zu ihnen kam und sie auf dem Weg nach Emmaus begleitete. Allerdings erkannten sie ihn nicht sofort wieder. Erst als er das Brot brach, wurde ihnen klar, wen sie vor sich hatten.

So wie Jesus mit den Jüngern auf ihrem Weg nach Emmaus wanderte, so wandert er auch jetzt unsichtbar an unserer Seite. Manchmal kommt er in Gestalt eines anderen Menschen zu uns, in der Gestalt eines Gefährten. Gott schickt uns zueinander, lässt uns einander begleiten auf dem Weg durchs Leben.

▶ Bibeltext Mt 25,31–46 Du begegnest Gott in deinen Mitmenschen

Dieser Text führt vor Augen, dass wir Gott dann begegnen, wenn wir es am wenigsten erwarten; in unseren geringsten Brüdern. Der Unterrichtende liest den Text vor, während die Konfirmandinnen und Konfirmanden in der Bibel mitlesen. Beim Vorlesen wird deutlich, dass wir Gott in unseren Gefährten und Mitmenschen begegnen.

Gruppenarbeit
Die Konfirmandinnen und Konfirmanden werden in Vierer-Gruppen aufgeteilt und gebeten, den Text nachzuerzählen. Wir sprechen darüber, wie wir uns selbst und die Menschen, denen wir auf unserer Lebenswanderung begegnen, vor dem Hintergrund dieser beiden Texte sehen.

Gesprächsfragen zu Lk 24,13–35 und Mt 25,31–46
- Wen hat Gott dir geschickt?
- Zu welchen Menschen wurdest du von Gott geschickt?
- Überlege und nenne vielleicht einige deiner Gefährten.

Die folgenden Geschichten veranschaulichen die Thematik, die hinter der Botschaft des Bibeltextes steht: die Botschaft davon, dass wir Gott in unserem Mitmenschen begegnen, weshalb wir ihn als Gottes heilige Schöpfung ansehen dürfen.

Die Geschichte von der Frau, die Gott zum Mittagessen erwartete

Es war einmal ein Mann, der fand, dass seine Frau die beste Köchin der ganzen Welt war. Eines Tages, als er sie wieder sehr gelobt hatte, fügte er hinzu, dass es nun angebracht sei, Gott zum Mittagessen einzuladen, sodass auch er sich an ihrer Kochkunst erfreuen könne. Sie beteten also zu Gott und luden ihn zum Mittagessen am darauf folgenden Sonntag ein. Die Frau hatte nun viel Arbeit mit den Vorbereitungen, und als der Sonntag kam, saßen sie in ihren besten Kleidern am reich gedeckten Tisch und warteten.

Plötzlich klopfte es an der Tür und sie liefen hin, um aufzumachen. Draußen stand ein schmutziger Bettler und bat höflich um etwas zu essen, da er sehr hungrig war.

»Glaubst du im Ernst, dass wir dich mit deinen dreckigen Händen an das Essen lassen, für das wir eine ganze Woche gebraucht haben, um es für den Herrn vorzubereiten?«, schimpfte der Mann und jagte den Bettler fort. Dann setzten sie sich wieder und warteten, aber es kam niemand mehr an diesem Tag. »Vielleicht war Gott das Essen nicht gut genug?«, sagte der Mann zu seiner Frau. »Wenn wir uns nur ein bisschen mehr Mühe geben, dann kommt er vielleicht das nächste Mal.« Und dann beteten sie und baten darum, dass ihr Wunsch am nächsten Sonntag in Erfüllung gehe. Die Frau hatte in der ganzen nächsten Woche sehr viel Arbeit damit, das Haus in Ordnung zu bringen und die schmackhaftesten Speisen herzubereiten. Als es Sonntag wurde, zogen sie erneut ihre besten Kleider an und warteten. Doch stellt euch vor, es passierte dasselbe wie am Sonntag zuvor. Der Einzige, der auftauchte, war der schmutzige Bettler, den sie umgehend fortjagten, damit er nicht verhindere, dass Gott kam. »Wir haben uns wohl nicht so gut vorbereitet, wie wir es hätten sollen«, sagte der Mann. »Aber ich weiß, dass dein Essen gut genug ist, um den Herrn selbst zu erfreuen. Lass es uns ein drittes Mal versuchen und alles tun, was in unserer Macht steht, um es so schön wie möglich zu machen.« Und dann falteten sie ihre Hände und beteten zu Gott, sie am nächsten Sonntag zu besuchen.

Sie wünschten sich so sehr, dass Gott zu ihnen zum Mittagessen kommt, dass die Frau in der ganzen darauf folgenden Woche alle erdenklichen Vorbereitungen traf und der Mann ihr half, so gut es nur ging. Es wurde gescheuert und geschrubbt, gebraten und gekocht, gebacken und geschmort. Und als der Sonntag endlich kam, blitzte und blinkte das Haus wie neu. Und es roch so wunderbar nach all den guten Speisen. Dann setzten sich die Frau und der Mann an den Tisch und warteten in ihrer frisch gebügelten Festtagskleidung. Schließlich klopfte es an der Tür und sie liefen hin, um aufzumachen. Aber es war wieder nur der schmutzige Bettler, der dort stand und ihnen die Hände entgegenstreckte. Der Hausherr wurde wütend und drohte dem Bettler, sofort zu verschwinden. Doch dieser antwortete: »Jetzt habt ihr mich drei Mal zum Essen eingeladen, aber drei Mal habt ihr mich fortgejagt. Darum werdet ihr mich nie wieder sehen.« Er verschwand, und der Mann und die Frau verstanden endlich, wer es war, den sie fortgejagt hatten.

Die Geschichte von dem Mann, der Gott um Hilfe bat
Es hatte eine Überschwemmung gegeben und die ganze Gemeinde war von Wasser überflutet. Jensen saß oben auf dem Dach seines Hauses, während die Wassermassen vorüberflossen und der Wasserstand anstieg. Dann kam sein Nachbar in einem Ruderboot vorbei und rief: »Komm mit!« »Nein, danke«, antwortete Jensen, »ich vertraue auf Gott!«

Das Wasser stieg an und bald reichte Jensen das Wasser bis zum Bauchnabel. Dann kam ein Schnellboot vorbei und ein Mann schrie: »Beeil dich, komm mit!« »Nein, danke«, antwortete Jensen, »ich vertraue auf Gott!«

Zum Schluss saß Jensen oben auf seinem Schornstein und das Wasser reichte ihm bis zum Hals. Dann kam ein Helikopter vorbei, von dem eine Strickleiter zu Jensen heruntergeworfen wurde. Aber er wollte immer noch nicht mitkommen. »Ich vertraue auf Gott!«, rief er dem Piloten zu.

Das Wasser stieg weiter, und Jensen ertrank. Im Himmel angekommen, öffnete er seine Augen. Jetzt war der Augenblick gekommen, um seine berechtigte Klage an die höchste Stelle zu richten. »Herr«, sagte er, »ich habe dir vertraut; warum hast du mir nicht geholfen?« »Menschenskind«, erwiderte der Herr, »was willst du eigentlich? Ich habe dir sowohl ein Ruderboot, ein Schnellboot als auch einen Helikopter geschickt!«

Aus dem Tagebuch eines Wanderers – Begegnung mit einem Fremden
Im November des Jahres 2001 – früh am Morgen, als es noch dunkel war – begann meine Wanderung nach Vadstena von einem kleinen schwedischen Dorf aus, dessen Name mir nicht mehr einfällt. Ich konnte den Weg, der mich aus dem Dorf führen sollte, nicht finden. In der Morgendämmerung entdeckte ich einen Mann, der allein auf der Straße stand und in ein Schaufenster starrte. Ich ging zu ihm hinüber, um ihn nach dem Weg zum Pilgerpfad nach Vadstena zu fragen. Es freute ihn sehr, dass ich mich an ihn wandte, und er wollte mir unbedingt behilflich sein. Er fing an zu erklären und nachzufragen und die Situation wurde immer unangenehmer für mich. Ich stand in der Dämmerung allein in einem Dorf, das ich nicht kannte, zusammen mit einem fremden Mann, der einen sehr merkwürdigen Eindruck auf mich machte. Ich verabschiedete und bedankte mich und machte mich auf den Weg, doch er ging hinter mir her und hörte nicht auf zu reden. Er muss fast den gleichen Weg gehen – sagte er. Und so gingen wir den Weg gemeinsam aus dem Dorf hinaus.

Unterwegs fing er an, von seinem Leben zu erzählen. Er kam eigentlich aus Halmstad, wo er auf einer Werft gearbeitet hatte. Dann aber war er krank geworden und aus diesem Grund nach Vadstena gezogen. Hier lag die psychiatrische Klinik, in der er 20 Jahre lang Patient gewesen war! Mittlerweile war die Klinik geschlossen worden und er war in dieses Dorf hinausgezogen, in dem er jetzt wohnte. Er redete ununterbrochen, aber als wir ungefähr eine Viertelstunde gemeinsam gegangen waren, hielt er plötzlich an. Jetzt musste er einen anderen Weg einschlagen! Er gab mir die Hand, um sich zu verabschieden: »Danke!« – sagte er. »Das ist es, was dem Leben Sinn gibt: miteinander zu teilen! Und jetzt muss ich in die Kirche, um ein wenig geistliche Nahrung zu bekommen!« Dort trennten sich unsere Wege. Wir sind nur ein ganz kleines Stück miteinander gewandert. Dennoch bedeutete es dem Mann viel, dass er an diesem Tag mit jemandem ein Stück seines Weges gehen konnte. Überrascht setzte ich meine Wanderung fort. Plötzlich hörte ich jemanden rufen und drehte mich um. Da stand der fremde Mann auf dem Weg, der hoch zur Kirche führte, und winkte mir sehr fröhlich mit beiden Armen zum Abschied zu.

Aus dem Tagebuch eines Wanderers – die Begegnung mit Mike
Vor einigen Jahren habe ich den Zug nach St. Jean de Port in Frankreich genommen, um von dort aus nach Santiago de Compostela in Spanien zu gehen. Eine Wanderung von etwa 800 Kilometern. Ich erinnere mich, dass der erste Teil der Wanderung sehr einsam war. Ich hatte oft Angst: Angst davor, allein zu gehen; Angst davor, unterwegs krank zu werden – und somit hilflos –, und Angst davor, dass ich mein Ziel gar nicht erreichen würde. Aber nach ein paar Wochen war ich anderen Menschen begegnet, die den gleichen Weg gingen wie ich. Wir trafen uns am Abend und aßen zusammen. Wir übernachteten in denselben Klöstern und gingen hin und wieder ein Stück zusammen im Laufe des Tages. So entstand eine Gemeinschaft auf dem Weg nach Santiago, die dazu beitrug, dass dieser Teil des Weges, auf dem ich diesen anderen Pilgern begegnet war, in einem ganz anderen Licht erscheint als der erste Teil des Weges, den ich allein beschritten habe.

Da gab es zum Beispiel den Iren, Mike. Ich begegnete ihm eines Morgens in Santo Domingo la Calzada. Mike wollte mich gern begleiten. Er fühlte sich am besten, wenn er mit jemanden zusammen ging. Auf ähnliche Weise taten sich auch häufig die mittelalterlichen Pilger zusammen und begleiteten einander. Es war vernünftig und ließ ein Gefühl der Geborgenheit entstehen, nicht allein entlang der langen und öden Wege gehen zu müssen.

Ich sagte Mike, dass ich am liebsten allein gehen würde. Ich brauchte meine Ruhe und Zeit zum Nachdenken. Er akzeptierte mein Verlangen nach Einsamkeit, erzählte mir aber, dass ich Acht geben solle, wenn ich nach Rabanal käme – ein Dorf, das 300– 400 km voraus lag. Von da an sollte ich mit jemandem gemeinsam weitergehen!

Er hatte nämlich gehört, dass das Dorf, nachdem es über viele Jahre völlig ausgestorben war, jetzt von wilden, herrenlosen Hunden bewohnt wurde. Davon gibt es in Spanien viele. Zu Hause in Irland hatte Mike einen Film über den Pilgerweg nach Santiago gesehen, in dem gezeigt wurde, wie die wilden Hunde in Rabanal die vorübergehenden Pilger angriffen. Wenn ich also nach Rabanal käme, dann sollte ich dafür sorgen, dass ich mit jemandem zusammen ginge, sagte er.

Auf Grund seiner Warnung fürchtete ich auf meinem weiteren Weg die Wanderung durch Rabanal. In weiter Zukunft lag etwas, was mir jetzt Angst machte. Ich setzte meinen Weg fort und verbrachte viel Zeit damit, mir darüber Sorgen zu machen, wie ich es anstellen sollte, durch die Stadt mit den vielen Hunden zu gelangen. Ich dachte sogar darüber nach, diese Strecke mit einem Bus zu fahren, so sehr fürchtete ich mich!

An dem Vormittag, als ich – einige Wochen später – Rabanal durchquerte, erwies sich dieser Ort als die romantischste kleine spanische Dorfidylle mit Geranien in allen Blumenkästen. Der einzige Hund, dem ich begegnete, war ein großer, dicker Labrador-Mischling, der schwer und träge auf einer Treppe lag und in der Sonne schlief.

Es war ebenfalls Mike, den ich eines Tages in den Pyrenäen wieder traf und der mich fragte: »Hast du die Wölfe schon heulen hören?« Ich dachte: »Der Mann ist verrückt geworden!« Aber es zeigte sich, dass er Recht hatte! Es gibt Wölfe in den Pyrenäen! Das fand ich allerdings erst später heraus. Hätte ich das gewusst, als ich mich von zu Hause auf den Weg gemacht hatte, wäre ich wohl nie losgefahren. Die Angst vor den Gefahren, die auf den fremden und öden Wegen lauern, hätte mich nicht abreisen lassen.

Wir können nie wissen, was die Zukunft bringt und wohin die Wege uns führen. Das, wovor wir Angst haben, erweist sich häufig als weniger gefährlich als gedacht. Dann liegen in der Zukunft aber auch Gefahren, von denen wir uns noch nicht einmal eine Vorstellung machen können und vor denen wir uns in keiner Weise schützen können. Uns bleibt nichts anderes übrig, als uns ins Leben hineinzustürzen und darauf zu hoffen, dass wir lebend hindurchkommen. Unterwegs können wir nur an jenem Glauben festhalten, dass Gott uns nah ist, unabhängig davon, was uns auf unserem Weg begegnet.

Mike hätte unterwegs beinahe aufgegeben. Es gab vieles, mit dem er zu kämpfen hatte: riesige Blasen, die das Laufen schwer machten, und Durchfall, der ihn erschöpfte. Aber das Schlimmste waren wohl die Gedanken, die auf den langen und monotonen Tageswanderungen nicht unter Kontrolle zu bekommen waren. Was er zu Hause mit harter Arbeit und dem Rhythmus des Alltags in Schach halten konnte, ließ sich nun nicht mehr verdrängen und »unter dem Deckel halten«. Es trat jetzt an die Oberfläche. Die Schlichtheit der Pilgerwanderung, die Stille, die Eintönigkeit und der Mangel an Aktivität – machten seinen Geist für all das empfänglich, was er mit sich an unlösbaren Problemen herumtrug: Verhältnisse, mit denen er nicht leben konnte, und Leid und Schmerzen, von denen er sich nicht befreien konnte. Als er mit seinem Leben, wie es nun einmal war, konfrontiert wurde, gab er auf. Er wollte nach Hause fahren. Eines Abends im Kloster in Castrojeriz packte er seinen Rucksack. Bereit, den »camino« zu verlassen, um früh am nächsten Morgen nach Hause nach Irland zurückzukehren. Regina – eine Pilgerin aus Brasilien – sah, dass er eine schwierige Zeit durchmachte. Als er sich auf sein Bett gelegt hatte, um zu schlafen, ging sie zu ihm hinüber und zog ihm die Socken aus. Sie reinigte seine Füße und massierte sie mit Eukalyptusöl ein. Ihre Fürsorge war von entscheidender Bedeutung. Am nächsten Morgen stand Mike auf und setzte seine Wanderung fort. Es braucht einfach einen Funken Wärme, Verständnis und Liebe, damit ein Mensch den Mut wiederfindet, um seine Lebenswanderung fortzusetzen.

Es ergab sich, dass ich Mike einige Wochen begleitete. Ich werde ihn nie vergessen und auch nicht das, was ich mit ihm teilen durfte. Ich werde nie vergessen, wie er kämpfte, seinen Weg zu finden – und um den Mut, weiterzugehen, auch wenn es so aussah, als würde es gar keinen Ausweg geben.

Der Weg, den wir gehen, bekommt Farbe, Inhalt und Richtung durch unsere Gefährten. So ist es auch zu Hause!

- H. C. Andersens Märchen *Die Schneekönigin.*
- Martin A. Hansen: *Høstgildet*, eine Novelle aus *Manden fra jorden, 15 noveller* (liegt nicht in deutscher Übersetzung vor).

▶ Wanderung im Gebet und im Nachdenken über das Thema: Der Gefährte als eine Art Seelsorger

Stationen

1. Station – Der Unterrichtsraum der Konfirmanden
Der Unterrichtende stellt den Begriff »Seelsorge« vor. Er sagt, dass es »Fürsorge für die Seele« bedeutet, also Fürsorge für andere Menschen. Fürsorge für andere Menschen zu hegen kann viele Gestalten annehmen. Eine Möglichkeit ist, miteinander zu sprechen und einander zuzuhören; einander von Dingen zu erzählen, die schwierig sind oder die man mag. Während man einander etwas anvertraut, das einem am Herzen liegt, geht man ein Stück des Weges zusammen. Das kann man zum Beispiel gut mit einer Freundin machen: ihr anvertrauen, dass man sich verliebt hat; ihr anvertrauen, dass man traurig ist; ihr anvertrauen, dass man sich vor etwas fürchtet oder dass man schwere Gedanken mit sich herumträgt. Seelsorge, die Fürsorge für die Seelen anderer, ist ein wichtiger Bestandteil einer Pilgerwanderung oder einer Lebenswanderung. Man begleitet einen anderen Menschen auf einem Stück des Weges, teilt sein Leben und seine Geschichte mit ihm und lässt ihn unterwegs »sich selbst« erzählen und für sich selbst sichtbar werden.

»Sich selbst zu erzählen«, für sich selbst sichtbar zu werden und auf diese Weise einander die Last abzunehmen – im Lichte des Evangeliums –, das ist christliche Seelsorge.

Es ist die vornehmste Aufgabe des christlichen Seelsorgers, die Weite des Evangeliums in sich zu tragen und auf diese Weise zu versuchen, den Schmerz, die Scham, die Sorge oder Angst eines anderen Menschen in sich aufzunehmen.

Wir gehen nun in Zweiergruppen zur Kirche. Auf dem Weg dorthin versuchen wir, einen kleinen Teil von uns selbst dem Gefährten anzuvertrauen.

2. Station – Die Kirche
- In der Kirche versammeln wir uns im Kreis. Das Gebet, das wir nun sprechen, soll einen Dank enthalten für all die Begleitung, die wir im Leben erfahren haben. Einen Dank an alle unsere Gefährten, die wir in unseren Eltern, Freunden und Geschwistern haben.

- Das Vaterunser wird gemeinsam gesprochen.
- Wir gehen zum Unterrichtsraum der Konfirmanden zurück.

▸ DER WANDERSTAB

Die Konfirmanden haben ihre Wanderstäbe beim letzten Mal im Unterrichtsraum zurückgelassen. Wir sprechen darüber, dass der Wanderstab ein Symbol ist für all die Menschen, die uns auf unserem Weg begleiten, und für Gott. Es wird weiter daran gearbeitet, Symbole in den Stab zu schnitzen, die für unsere Gefährten stehen.

▸ ABSCHLIESSENDE ANDACHT

Gebet:
> Wenn die Sonne am höchsten steht,
> oder der Mond und die Sterne
> die Dunkelheit durchdringen,
> mein Haus wird immer offen stehen.
> Es wird niemandem verschlossen sein,
> damit es nicht für Christus selbst verschlossen ist.
> Sowohl reich und vornehm
> als arm und verlumpt
> wird meine Küche empfangen.
> Ich werde mich nie weigern, mein Essen zu teilen,
> damit Marias Sohn diesen Ort nicht hungrig verlässt.

Segen
Man verabschiedet sich und bedankt sich dabei für den Tag.

▸ EIGENE NOTIZEN:

3. Lektion
Aufbruch – Auf dem Weg in die große, weite Welt hinaus

► VORBEREITUNG

- Einen ehemaligen Konfirmanden einladen
- Es soll eine große Kerze im Taufbecken platziert werden
- Teelichter für jeden Konfirmanden in der Kirche
- Streichhölzer

► BETRACHTUNGEN ZUM THEMA AUFBRUCH –
AUF DEM WEG IN DIE GROSSE, WEITE WELT HINAUS

Man kann die Pilgerwanderung als eine Art Übergangsritus verstehen – ein Initiationsritus – ebenso wie auch die Konfirmation als Ritual angesehen werden kann, das die Jugendlichen von der Kindheit hinüber ins Erwachsenenleben führt. So ist es zumindest früher gewesen. Bevor man konfirmiert wurde, war man ein Kind. Als Konfirmationsgeschenk bekam man ein Paar neue Holzschuhe und schöne Kleider, und am Tag nach der Konfirmation wurde man ausgesandt, um zu arbeiten. Damit ist man in die Reihe der Erwachsenen übergetreten. Ich glaube, dass davon heute noch in vielen Konfirmationsreden gesprochen wird, auch wenn die Wirklichkeit heutzutage ganz anders aussieht.

Es geht hier also um den Übergang von einem Zustand in einen anderen. Diesen Punkt markiert die Konfirmation, und diesen Prozess können Pilgerwanderungen in Gang bringen. Man wird zu jemand anderem. Man wird in einem höheren Maß mit sich selbst identisch.

Die Gemeinsamkeiten, die die Pilgerwanderung mit der Konfirmation verbindet, kann man zur Hilfe nehmen und Gedanken zum Thema Aufbruch einbeziehen: sich auf neue Wege zu begeben, seinen eigenen Weg zu suchen, zu wachsen und Kraft zu gewinnen, um man selbst zu werden und wieder nach Hause zurückzukehren. Auf diese Weise kann man das Bewusstsein der Konfirmandinnen und Konfirmanden dafür schärfen, was eigentlich mit ihnen geschieht in eben dieser Phase ihres Lebens.

Und wieder wird jedem Einzelnen zugesprochen: »Habt keine Angst! Ich bin mit euch auf allen euren Wegen – bis ans Ende der Welt!«

Gemeinsamkeiten zwischen einem Pilger und einem Konfirmanden
Was ist ein Pilger? Ein Pilger ist ein Mensch, der das Bekannte und Vertraute hinter sich lässt und sich auf neue Wege begibt, um neues Lebens zu finden: eine Erneuerung des Lebens, das er führt. Er findet den Mut, aufzubrechen und loszuwandern in der Ge-

wissheit, dass Gott mit ihm geht. Er stößt an seine eigenen Grenzen und lernt zu beten. Er begegnet Gott und sich selbst und kehrt erneuert und verwandelt in seine Heimat zurück.

Ein Pilger kann man sein, auch ohne jemals die Wanderstiefel anzuziehen. Als Konfirmand befindet man sich auch auf dem Weg – auf dem Weg, erwachsen zu werden. Der Konfirmand verlässt das Land der Kindheit und geht der Welt der Erwachsenen entgegen. Und Gott geht mit. Der Konfirmand durchquert eine Art Niemandsland. Er ist weder ein Kind, noch ist er erwachsen; er ist jung.

Man kann die Konfirmanden dazu auffordern, Beispiele dafür zu nennen, sowohl ein Kind als auch ein Erwachsener zu sein – und gleichzeitig keines von beiden zu sein! Zum Beispiel muss man immer früh ins Bett, weil man noch ein Kind ist. Hingegen fordern Eltern und Lehrer ein, dass man sich wie ein Erwachsener benehmen soll, obwohl man es noch nicht ist.

Bei einer Pilgerwanderung legt der Pilger seine Alltagkleidung ab wie auch seine Arbeit, seinen Status und seine Familie. Er zieht sich Wanderkleidung und Stiefel an und begibt sich mit einem Rucksack auf den Weg. Auf der Wanderung begegnet er anderen Pilgern. Sie sind ihm bis zur Verwechslung ähnlich. Niemand kann ihnen ansehen, was für Menschen sie zu Hause sind. Vielleicht ist einer von ihnen arbeitslos, ein anderer Lastwagenfahrer, ein Dritter Pastor und eine Vierte Hausfrau. Auf der Wanderung aber sind sie einander gleich. Sie sind »niemand«. Sie sind Pilger. Auf einer Wanderung betritt der Pilger ein Niemandsland, einen liminalen Raum. Es ist ein Raum, in dem er nicht mehr der ist, der er vorher war, und noch nicht ganz der ist, der er werden wird.

Die Konfirmanden sind Jugendliche, die noch viel Wachsen und Werden vor sich haben. Sie wissen kaum, wer sie selbst sind – abgesehen davon, dass sie die Kinder ihrer Eltern sind und die Brüder und Schwestern ihrer Geschwister. Die meisten Jugendlichen in diesem Alter definieren sich in erster Linie über ihre Familienzugehörigkeit. Nur in vorsichtigen Schritten versuchen sie sich von den familiären Beziehungen abzugrenzen. Bald müssen sie ernsthaft aufbrechen, auf den Weg zu einem Leben, zu dem sie mit ihren Hoffnungen und Träumen Stellung beziehen müssen. Dazu gehört auch die Angst. Bereits jetzt, wenn wir im Konfirmandenunterricht auf sie treffen, sind Ansätze einer Einstellung zum Leben, zu anderen Menschen und zu sich selbst vorhanden. Was wahrscheinlich noch nicht vorhanden ist, ist eine Verwurzelung in der christlichen Tradition. Das ist es, was wir Pastoren versuchen können, ihnen mit auf den Weg zu geben.

In diese Lektion, die vom Aufbruch und von der Wanderung in die weite Welt handelt, kann man das Märchen vom Prinzen einbeziehen, der in die Welt hinauszieht, den Drachen tötet und so die Prinzessin und das halbe Königreich bekommt. Dieses Märchen soll sinnbildhaft für den Aufbruch des Pilgers vom Bekannten und Gewohnten stehen. Die Prinzessin und das halbe Königreich sollen dabei als Symbol für das Leben stehen, an dem der Pilger teilhaben kann, wenn er seine inneren Drachen und Dämonen besiegt. Wenn er sie mithilfe seines Glaubens besiegt und den Mut hat, sich auf unbekannte Wege zu begeben, nimmt er von Neuem am Leben teil (vgl. Lars Lilholts

Drag ud og slå drager ihjel. De bor indeni dig selv! = Zieh hinaus und töte Drachen. Sie befinden sich in dir selbst!).

Das Märchen ist in der christlichen Überlieferung der Sage von St. Georg und dem Drachen wiederzufinden. Es regt zum Nachdenken an, weil es sich hierbei um eine Erzählvariante handelt, bei der die Entsagung im Mittelpunkt steht. Georg verzichtet auf die Belohnung, auf die Prinzessin und das Königreich. Man mag sich fragen, wem St. Georgs Entsagung etwas nützt.

Gott allein soll die Ehre zuteil werden! Das ist der Grund für die Entsagung. Darauf könnte man erwidern: »Ja, natürlich soll Gott die Ehre zuteil werden, denn er ist es, der alles Leben gibt.« Aber damit ist doch nicht gemeint, dass der Mensch dem Leben entsagen soll und dass der Mensch ein Mönchsleben führen soll. Wem würde das etwas nützen? In jedem Fall nicht der Prinzessin und dem alternden König, denn sie brauchen einen Erben! Und was sollte es Gott nützen, dass Georg dem Leben entsagt, das Gott erschafft und gibt.

Es gibt eine so blässliche, blutleere und freudlose Tendenz in unserer christlichen Tradition, die nichts mit dem wirklichen Leben zu tun hat. Es fragt sich, ob sie berechtigt ist. Ist sie in Christus selbst begründet? Steht sie nicht vielmehr im Widerspruch zur Inkarnation, zur Heiligung und Segnung des irdischen Menschenlebens?

Man kann Ritter Georg verdächtigen, dem Leben entsagt zu haben, weil er Angst davor hat, Schuld auf sich zu nehmen. Dadurch entzieht er sich aber dem Leben selbst. Er weiß nämlich, dass es ein Ding der Unmöglichkeit ist, ohne Schuld durchs Leben zu kommen. Wenn man in das Leben eintritt als aktiver Teilnehmer, dann wird man unumgänglich von der Schuld begleitet. Der Prinz wäre zumindest der Prinzessin zu Dank verpflichtet, denn sie ist die Ursache für das Glück in seinem Leben gewesen!

Doch auf diese Weise – durch den Verzicht auf die Prinzessin und das Königreich – kann er weiter als ein Held durch die Welt ziehen, der frei und schuldlos ist. Und jedes Mal, wenn er eine seiner Heldentaten vollbringt, werden andere ihm zu Dank verpflichtet sein und so in seiner Schuld (und in der Schuld seines Gottes) stehen.

In dem Volksmärchen *De to brødre* = Die beiden Brüder (Aus *Der var engang. Heks og Havmand – Trold og Troldmand* = Es war einmal. Hexe und Nix – Troll und Zauberer, Volksmärchen, nacherzählt von Fritz Haack, Forlaget Sesam, 1997) erschlägt der Held den siebenköpfigen Drachen, bekommt die Prinzessin und wird zugleich zum zweiten König über das ganze Königreich ernannt.

Der Unterschied in den Lebenshaltungen in der christlichen St.-Georgs-Sage und im Volksmärchen kann zum Nachdenken anregen.

▶ Sinnbild vom St. Jakobsweg

Villadangos del Paramo – auf unbekannten Wegen

Nach einiger Zeit wird sie vertraut
mit Dingen, die sie früher verunsichert haben

77

Sie ist nun vertraut mit den Wegen
mit den Wanderungen am frühen Morgen
den Menschen
den Klöstern
der Natur
der Sprache
den kleinen, armen Dörfern
den großen Städten und ihren Kathedralen
all dies gibt ihr das Gefühl von Geborgenheit

Es ist kurz davor, dass es langweilig wird
Eines Morgens schlafwandelt sie fast
sie muss einfach nur diese Etappe überstehen

Dann verläuft sie sich

Die Wege stimmen nicht mehr mit denen
auf der Karte überein

Die Dörfer befinden sich nicht dort, wo sie sein sollten

Die Landschaft ist öde
es ist kein Mensch auszumachen
in meilenweitem Umkreis

Die Unsicherheit und die Angst
machen sich auf der Stelle breit

In einem kleinen Dorf macht sie eine Pause
trinkt eine Tasse Kaffee

Zwei junge Männer
ein Deutscher und ein Portugiese
kommen herein
sie pilgern nach Santiago

Sie begleitet sie von da aus

Sie singen ihr Psalmen vor
auf Deutsch und Portugiesisch

Pilgerpsalmen

Sie singt »Befiehl du deine Wege«

Sie sprechen über
das Leben
den Tod
die Liebe
und über Gott

Als es Abend wird
finden sie zusammen eine Stelle zum Übernachten

Die Wege stimmen immer noch nicht
mit denen auf der Karte überein

Das macht nichts

► Einleitende Andacht

Lieder: EG 361 *Befiehl du deine Wege*, GESG 224 *Mögen sich die Wege vor deinen Füßen ebnen*
Lesung im Wechsel – Psalm 139
Vaterunser

► Gespräch zum Thema Aufbruch und der Weg in die grosse, weite Welt hinaus

Einstieg
1. Besuch eines ehemaligen Konfirmanden
Man kann einen der Älteren aus der Gemeinde dazu einladen, den Konfirmandenunterricht zu besuchen, um davon zu erzählen, wie es vor 60–70 Jahren gewesen ist, Konfirmand zu sein. Es sollte sich dabei um jemanden handeln, der am Tag nach seiner Konfirmation in die Reihe der Erwachsenen eintreten musste, indem er z. B. zum Arbeiten ausgesandt wurde usw.

2. Individuelle Auseinandersetzung mit dem Thema Identität, d. h. mit der Frage danach, wer ich bin und zu wem ich werde.
  • Den Konfirmanden wird ein DIN-A4-Blatt ausgeteilt. Dieses falten sie und bekommen dann folgende Frage gestellt: Wer bin ich? Es wird ihnen Zeit gegeben, um über die Frage nachzudenken und sie zu beantworten.
  • Wenn sie damit fertig sind, setzen wir uns in einen Kreis und jeder erzählt, was er geschrieben hat. Wenn sie nicht alles, was sie über sich selbst niedergeschrieben haben, mit den anderen teilen möchten, können auch nur Teile davon vor-

getragen werden. Die Pastorin kann den Anfang machen: Ich bin 46 Jahre. Ich bin die Mutter von Johan. Ich bin die Tochter meiner Eltern. Ich bin Pastorin in Kværndrup. Ich glaube an … / Ich mag … / Ich hoffe … usw.

- Für die nächste Aufgabe wird das Blatt umgedreht, und nun soll folgende Frage beantwortet werden: Wer werde ich in 15 Jahren sein?
- Nachdem einige Zeit für die Beantwortung vergangen ist, kommen wir wieder in einem Kreis zusammen. Die Pastorin macht erneut den Anfang, von sich selbst zu erzählen: In 15 Jahren bin ich 60 – ein schockierender Gedanke! Vielleicht leben meine Eltern dann nicht mehr. Womöglich bin ich dann auch nicht mehr als Pastorin tätig. Es ist schwer, die Zukunft vorauszusehen. Vermutlich ist es für die Konfirmanden leichter. Denn sie haben einen Traum davon, was sie gern sein wollen, wo sie sein wollen und wo sie hinwollen. Das ganze Leben liegt noch vor ihnen.

Fragen
- Wer bin ich?
- Wer werde ich in 15 Jahren sein?
- Das Thema Aufbruch steht hierbei im Mittelpunkt: Habt ihr schon Erfahrungen mit Brüchen / Aufbrüchen gemacht?
- Könnt ihr euch den Tag vorstellen, an dem ihr all eure Sachen gepackt habt und euer Vater den Anhänger ans Auto hängt, um euch zu eurem ersten eigenen Zimmer oder der ersten eigenen Wohnung zu bringen?

Die Überlegungen der Konfirmanden
Das Gespräch wird von jenem Aufbruch handeln, vor dem die Konfirmanden stehen. Womöglich kommt vielen diese Thematik noch unwirklich vor. Für die meisten wird es noch vier bis acht Jahre dauern, bis sie ausziehen. Wenn das der Fall sein sollte, könnte man über die Arten von Aufbrüchen sprechen, die keine physischen sind. In der Weise, dass man rein physisch noch zu Hause wohnen bleibt, aber mit seinen Gedanken, seinem Verstand und seinen Gefühlen von dem, was gewesen ist, aufbricht – zu etwas Neuem, das erst entstehen wird.

Ein Beispiel: Mehr als sechs Jahre ist ein Junge in der Schule geärgert worden. In der siebten Klasse beschließt er mit seinen Eltern, dass er die Schule wechseln soll. In dieser neuen Schule wird er von Lehrern und Schülern mit anderen Augen gesehen. Durch ihre Sicht wird er zu »einem anderen«. Er verhält sich anders und lässt seine ehemalige Rolle als der, der außen vor ist und geärgert wird, hinter sich.

Man kann auch folgendes Beispiel erzählen: Ein Mann hat mehrere Jahre im Gefängnis gesessen und sieht sich selbst als »Insassen« oder »Gefangenen«. Dann wird er freigelassen und sucht sich eine Wohnung in der Stadt. Er kann nun das Bild, das er von sich selbst hat, aufbrechen – er wird ein anderer, er ist frei.

Die Konfirmanden sind in der Lage, sich eine Vorstellung von dem Tag zu machen, an dem sie von zu Hause ausziehen. Manche werden sich bei dieser Auseinandersetzung womöglich auch Gedanken über einen Schulwechsel machen. Ganz allgemein ist hier vom Aufbruch die Rede. Ein Konfirmand fragt mich, die Pastorin, ob ich nicht auch umziehen wolle. Vielleicht aus der Gemeinde wegziehen, denn hier passiere ja nichts Großartiges. Daraufhin zähle ich die Vorteile von Kværndrup auf und stelle fest, dass es vieles gibt, was mir gefällt. Dazu gehören die Sicherheit, die ein Ort, den man gut kennt, einem gibt, und die Freunde, die man mit der Zeit bekommt. Es ist nicht leicht, etwas zu verlassen, was man gut kennt und mit dem man vertraut ist. Dann gibt es natürlich auch die Nachteile, und einer davon ist beispielsweise, dass die Menschen nicht besonders oft in die Kirche gehen.

Indem wir über uns selbst und eine bekannte Situation sprechen, gelangen wir zum Thema Aufbruch und all der Unsicherheit, die damit verbunden ist. Wir reden aber auch über die Gefahr, die entsteht, wenn man bleibt, weil die Angst vor Neuem und Unbekanntem einen zurückgehalten hat. All dies gehört zur Pilgerthematik. Pilger zu sein bedeutet, den Mut zu haben, Bekanntes und Vertrautes hinter sich zu lassen und sich auf der Suche nach neuem Leben auf neue, unbekannte Wege zu begeben.

Ein Junge erzählt, dass er die Schule gewechselt hat. Er kann sich lebhaft in die Situation hineinversetzen. Einige sprechen davon, dass sie die Schule wechseln möchten. Es geht ihnen in der Schule, auf die sie jetzt gehen, nicht besonders gut.

Wenn man ein Pilger ist, dann ist man aufgebrochen und auf dem Weg in neue Verhältnisse. Man hat nicht mehr die Möglichkeit, sich über alte, bekannte Verhältnisse zu definieren. Wenn ich mein Amt in Kværndrup niederlegen würde, wer wäre ich dann, wenn ich nicht mehr »die Pastorin in Kværndrup« wäre? Für eine Zeit würde ich wohl jemand sein, der auf dem Weg zu etwas Neuem wäre.

▶ Bibelstelle 1 Mose 12,1–2 Abrahams Aufbruch weg vom Bekannten und Vertrauten

Diese Textstelle veranschaulicht, dass Gott einen Menschen dazu aufrufen kann, aufzubrechen und sich auf unbekannte Wege zu begeben, um nach neuem Leben zu suchen: ein Leben, das Gott in jedem Augenblick neu erschafft.

In einem der ersten Kapitel der Bibel wird von Abraham erzählt, der aus seinem Land und von seinen Freunden geht, um zu einem Land zu wandern, das Gott ihm zeigen will.

Abraham vernimmt im Aufruf zum Aufbruch Gottes Stimme, die ihn gerufen hat. Gott ruft ihn auf, all das ihm Vertraute hinter sich zu lassen und sich auf den Weg zu einem neuen Ort zu begeben. Das Land, das Gott Abraham zeigen will, ist ein fruchtbarer Ort – ein Land, in dem Milch und Honig fließt –, das heißt ein Land, in dem ein Leben möglich ist.

Ein Pilger bricht von seiner Heimat auf, wenn es dort zu eng wird, das heißt, wenn die Verhältnisse dort zu einengend werden und das Leben tot und unbeweglich wird. Dann wird es Zeit, neue Wege einzuschlagen und »neues Land für sich einzunehmen«. Es ist hier wieder nicht unbedingt die Rede davon, sich die Wanderstiefel anzuziehen und sich physisch auf eine Wanderung zu begeben, sondern es kann sich um einen Aufbruch handeln hinsichtlich der bestehenden Normen, die die Entfaltung des Lebens einschränken.

Der Konfirmand bricht von seinem Zuhause auf, wenn das Reich der Kindheit zum Reich der Erwachsenen ausgeweitet werden soll.

Es geht darum, den Mut zu finden, aufzubrechen und mit den bestehenden Normen zu brechen, die der Entfaltung des Lebens im Weg stehen; um den Mut, sich von dem Gedanken zu befreien, was die anderen denken. Die Nachricht des Evangeliums, die an jeden Einzelnen von uns gerichtet ist, sagt uns, woher wir diesen Mut nehmen können: Du bist als der geliebt, der du bist! Und wir können Mut aus dem Vertrauen schöpfen, dass wir nie uns selbst überlassen sind, sondern dass Gott mit uns geht auf all unseren Wegen. Ja, er zeigt uns den Weg, ebenso wie er den Israeliten den Weg auf ihrer Wanderung durch die Wüste zum Gelobten Land gezeigt hat.

▸ Bibelstelle 2 Mose 13,21–22 Die Wanderung der Israeliten von der Sklaverei in die Freiheit

Die Textstelle veranschaulicht den Willen Gottes, den Menschen von einem Leben in Sklaverei zu einem Leben in Freiheit zu führen.

Gespräch

In einem Gespräch mit den Konfirmandinnen und Konfirmanden wird dargestellt, dass Gott, so wie er den Israeliten den Weg durch die Wüste von der Sklaverei in die Freiheit gezeigt hat, auch uns den Weg zum Leben weist – durch den Bericht von Jesus Christus. Es gibt so viele Dinge, die der Entfaltung des Lebens im Wege stehen, weil wir ihnen unterworfen sind. Dazu zählen vor allem Vorurteile und überholte, gesellschaftliche Normen und unsere eigene Angst.

Die Barmherzigkeit, Liebe und Vergebung, die im Leben Jesu zum Vorschein kommt, soll unser Wegweiser für das Leben sein. (Siehe Lektion 10, Seite 132)

▸ Vorschläge für Erzählungen, Märchen oder Geschichten

Die unwürdige Greisin

In *Die unwürdige Greisin*, einer Kalendergeschichte von Bertolt Brecht, werden ein Aufbruch und eine Auseinandersetzung mit Normen und Werten veranschaulicht. Die Geschichte handelt von einer 72-jährigen Frau, die sich ihr ganzes Leben hindurch für andere aufgeopfert hat. Trotz geringer Mittel hat sie eine große Kinderschar großgezogen und ohne fremde Hilfe einen großen Haushalt geführt. Sie hat drei Mal am Tag für viele Personen Essen gekocht, während sie selbst in der Küche die Reste gegessen hat.

Nach und nach haben die Kinder geheiratet oder sind ins Ausland gezogen. Im Alter von 72 Jahren wird sie Witwe, und beinahe im selben Augenblick beginnt sie, ein neues Leben zu führen – nach Ansicht ihrer Kinder ein schamloses und unwürdiges Leben. Sie ist ganz allein in ihrem großen Haus wohnen geblieben, ohne sich um ihren jüngsten Sohn zu scheren, der in seiner Geburtsstadt als Buchdrucker mit seiner großen Familie in einer kleinen Wohnung lebt und sich sehnlichst wünscht, mit seiner Familie in das Haus der Mutter zu ziehen und sich das Haus mit ihr zu teilen. Sie geht ihren alten Bekannten aus dem Weg. Ihre Mahlzeiten nimmt sie im Gasthof ein, sie trinkt Wein und spielt Karten mit fragwürdigen Personen, hat Umgang mit arbeitslosen Kellnerinnen und Handwerkergesellen. An Sommermorgenden, wenn das Wetter gut ist, kann es ihr einfallen, um drei Uhr früh aufzustehen und einen Spaziergang in den leeren Straßen der kleinen Stadt zu machen, um die Stille zu erleben. Sie hält sich häufig bei einem Flickschuster auf, der als versoffen gilt. Als ihr ältester Sohn zu Besuch kommt, lässt sie ihn im Hotel übernachten, und als er sie darum bittet, ihn auf den Friedhof zu begleiten, um nach dem Grab des Vaters zu schauen, sagt sie: »Geh du lieber allein. Es ist die dritte Grabstätte in der elften Reihe. Ich habe einen Termin.« Und dann geht sie zum Flickschuster, wo immer gute Stimmung herrscht und ein jeder willkommen ist. Sie stirbt sehr plötzlich an einem Nachmittag, als sie in ihrem Sessel sitzt. Sie hatte an diesem Abend mit einer älteren, kränklichen Frau ins Kino gehen wollen, einer Behinderten, die von den anderen als ein wenig verrückt angesehen wird. Sie haben viel Zeit miteinander verbracht. Diese ist bei ihr zu Besuch, als sie stirbt.

Im ersten Abschnitt ihres Lebens lebt diese »unwürdige Greisin« in Übereinstimmung mit dem, was die anderen als angemessen empfinden. Sie erfüllt die Erwartungen, wäscht deren Kleider, stopft deren Socken, knapst und knausert, um ihnen mit Geld aushelfen zu können. Sie macht ihr ganzes Leben zu einer Aufopferung. Als sie dann Witwe wird, beginnt sie damit, ihr Leben danach auszurichten, was ihr selbst Spaß macht.

Die Sage von St. Georg

Georgius wurde zu Zeiten Kaiser Diokletians in Kappadokien in Kleinasien geboren. Mit 17 Jahren wird er Kavalleriesoldat. Seine Geschicklichkeit im Waffengebrauch und seine Kraft waren bald in aller Munde und er wurde wegen seine Tapferkeit, Furchtlosigkeit und vorbildlichen Tugenden berühmt.

Auf seinen Reisen kommt er weit herum. Eines Tages kommt er in die kleine Stadt Salem in Lykien, die sich weit draußen an der Mittelmeerküste befindet. Bei Salem haust ein schreckliches Ungeheuer, ein gefräßiger Drache. Viele Männer hatten versucht, ihn zu erlegen, aber ohne Glück. Aus diesem Grund hatte man mit dem Drachen eine Übereinkunft getroffen, dass er das Land beschützen solle und im Gegenzug dafür zwei Schafe am Tag bekommen würde. Mit der Zeit waren jedoch keine Schafe mehr übrig, und darauf verlangte der Drache stattdessen einen Menschen. Auch diese Bitte konnte man ihm nicht ausschlagen, sodass jeden Tag einer der Dorfbewohner ausgelost wird und sich zum Drachen begeben muss.

An dem Tag, als Georgius nach Salem kommt, ist das Los auf die Tochter des Königs gefallen. Die Verzweiflung im Land ist groß, und da tut der König kund, dass der, der

gegen den Drachen kämpfen und ihn töten würde, die Prinzessin und das halbe König-
reiche bekommt. Aber niemand meldet sich.

Die Prinzessin sitzt bereits am See in der Nähe eines Sumpfes außerhalb der Stadt,
dort, wo der Drache sich aufhält, als Ritter Georgius reitend an ihr vorbeikommt. Er
bemerkt die junge Frau und fragt, warum sie so traurig aussieht. Sie berichtet ihm,
welches Schicksal ihr bevorsteht, und er beschließt, gegen den Drachen zu kämpfen.

Nach einem heftigen Kampf, in dem der Drache Feuer und üblen Geruch aus seinen
Nüstern und seinem Mund speit, was Georgius beinahe das Leben gekostet hätte, erlegt
er den Drachen; aber als der König ihm die ausgesetzte Belohnung anbietet, lehnt er ab.
Gott allein gebührt die Ehre, sagt er, denn ohne Gottes Hilfe hätte er es nicht geschafft,
das Tier zu töten. Die Sage endet also damit, dass er davonreitet – ohne die Prinzessin
und das halbe Königreich anzunehmen.

Titelvorschläge:
- Paulo Coelho: *Der Alchimist.*
- J. L. K. Grimm: *Von einem, der auszog, das Fürchten zu lernen.*
- Ingrid Schrøder-Hansen: Nacherzählung vom 2. Buch Mose 3 *Gud åbenbarer sig for Moses i tornebusken* (liegt nicht in deutscher Übersetzung vor).
- Martin Buber: *Wo stehen wir heute?*
- Arthur Krasilnikoff: Übersetzung des illustrierten Buches *Sankt Georg und der Drache.*

▶ Wanderung im Gebet und im Nachdenken über den bevorstehenden Aufbruch der Konfirmandinnen und Konfirmanden und ihre
Wanderung hinaus in die Welt

Stationen

1. Station – Im Unterrichtsraum der Konfirmanden
- Wir machen uns bereit zum Losgehen in Jacken und mit Pilgerstäben.
- Jeder Konfirmand setzt sich einen Augenblick in Stille hin und stellt sich seinen Weg hinaus in die Welt vor: Stellt euch vor, es ist der Tag, an dem ihr einen Mö-belwagen bestellt habt. Eure Sachen sind gepackt, weil ihr von zu Hause weggehen wollt. Oder stellt euch vor, ihr habt euren Rucksack gepackt und macht eine Weltreise. Wie fühlt ihr euch bei diesem Gedanken?
- Nach einer kurzen Weile des Überlegens gehen wir zusammen – in Stille – in die Kirche. Jedes Mal, wenn wir uns auf eine Wanderung begeben, nehmen wir un-seren Wanderstab mit. Wir haben ihn immer bei uns als ein Symbol dafür, dass Gott mit uns geht und unterwegs unsere Stütze sein wird.

2. Station – Die Kirche

- Wir bilden einen Kreis und stehen einen Moment still und sind in Gedanken bei unseren Gebeten. Wir beten dafür, dass Gott uns den Weg weisen wird und bei uns ist auf dem Weg hinaus in die Welt.
- Im Taufbecken ist eine große Kerze platziert. An dieser Kerze entzünden die Konfirmandinnen und Konfirmanden ihre Kerzen und tragen sie zum Altar hinauf. Dort stellen sie die Kerzen in einer langen Reihe auf.
- Wenn alle Kerzen auf dem Altar stehen und alle Gebete für die Zukunft der Konfirmanden an Gott herangetragen worden sind, bilden wir einen Kreis mit den Wanderstäben und beten das Vaterunser zusammen.
- Wir gehen zum Unterrichtsraum zurück. Die Konfirmanden dürfen jetzt einfach losgehen und sich dabei unterhalten.

▶ Die Zeichnung von der Lebenswanderung – die Zukunft

Diese Lektion bietet einen Einstieg in die Überlegungen, wie die Zukunft aussehen wird, und dient als Grundlage für die fünfte Lektion, in der mit der Zeichnung von der Lebenswanderung begonnen wird.

▶ Abschliessende Andacht

Gebet:

Mögen die Regentropfen sanft auf deine Augenbrauen fallen.
Mögen die sanften Winde deinen Geist erfrischen.
Möge der Sonnenschein dein Herz erleichtern.
Möge die Last des Tages leicht auf dir ruhen.
Möge Gott dich mit seiner Liebe umhüllen.
(Die Grundlage dieses Gebets ist ein Gebet aus *Carmina Gadelica*, bearbeitet wurde es von Peter Millar, Iona.)

Segen

Die Verabschiedung von jedem einzelnen Konfirmanden kann wie eine Art kleiner Aufbruch inszeniert werden.

▶ Eigene Notizen:

4. Lektion
Heilige Stätten und Begegnungen auf der Wanderung

▶ Vorbereitung

• Einen Kirchenraum reservieren

▶ Betrachtungen zum Thema Heilige Stätten und Begegnungen auf der Wanderung

Der Pilger wird als ein Mensch definiert, der zu einer heiligen Stätte wandert. Wenn man von einer heiligen Stätte spricht, denkt man gewöhnlich an eine Kirche oder – wenn man Katholik ist – an die Grabstätte eines Heiligen.

Heilige Stätten sind Orte, an denen Menschen Begegnungen mit Gott erfahren haben und noch erleben. Heilige Stätten sind lebenswichtig. Es sind Orte, die uns Kraft zum Leben geben.

Die Frage ist nur, wo sich die heiligen Stätten unserer Zeit befinden. Es sieht so aus, als hätten sie sich verlagert. Jedenfalls ist es eine Tatsache, dass für die wenigsten die Kirche der Ort ist, an dem sie Kraft zum Leben schöpfen. Es scheint so, als würden die Menschen an anderen Orten als den traditionellen heiligen Stätten Kraft tanken für das Leben, das sie leben. Oder sind die meisten heutzutage ganz einfach furchtbar unterernährt, was geistliche Nahrung angeht?

Der Gedanke daran, dass es die Menschen zu anderen heiligen Stätten zieht – Orte, die ihnen Lebenskraft schenken – als in die Kirchen, ist ein provozierender Gedanke, der an dieser Stelle zum Nachdenken anregen soll. Ich behaupte nicht, dass es so ist, aber womöglich ist es tatsächlich so! Die Frage ist, was die anderen »heiligen Orte« den Menschen bieten, das die Kirche ihnen nicht bietet. Oder von dem die Kirche vielleicht nicht weiß, dass sie es anzubieten hat. Es stellt sich die Frage, ob die Kirche vergessen hat, was sie eigentlich ist und was sie ihrer Aufgabe nach den Menschen mit auf den Weg geben sollte.

Das Lebenswichtige, was wir zum Leben brauchen, ist die Liebe. Die Liebe, wie sie in der Begegnung zwischen den Menschen zum Ausdruck kommt und wie sie zum Ausdruck kommt in der Begegnung mit Gott durch die Berichte der Evangelien von Jesus Christus. Diese Liebe – die Liebe zwischen den Menschen und die Liebe zwischen Gott und den Menschen – sind zwei Seiten derselben Medaille!

Auf einer Pilgerwanderung – zum Beispiel einer Wanderung nach Santiago de Compostela – versteht man, traditionell gesehen, die Kathedrale in Santiago als Ziel, als die heilige Stätte, der man als Pilger entgegengeht. Für mich war die Kathedrale nichts Besonderes – abgesehen davon, dass sie natürlich ein interessantes historisches und beeindruckendes Bauwerk ist. Aber sie war nicht an und für sich heilig! Die Kathedrale wurde heilig für mich, als sie sich mit den Menschen füllte, die ich auf dem Weg dorthin begleitet hatte. Menschen, die sich zum Gottesdienst in Gebet und Gesang versammelten.

Heilig waren jedoch auch die Orte unterwegs, an denen mir gute Freunde, Fürsorge und Liebe begegneten. Diese Orte gaben mir Nahrung für mein Leben und diese Orte sind heilig für mich. Zu diesen Orten zählt zum Beispiel eine Bergkuppe, an der ich mich niedersetzte und drauf und dran war, aufzugeben. Einem der anderen Pilger war aufgefallen, dass ich nicht mehr auf dem Weg zu sehen war. Er drehte um und kam zurück, um nachzusehen, ob es mir gut ging. Ebenso wurde eine mittelalterliche Brücke, auf der ich eines Abends stand, als die Sonne unterging, für mich heilig, weil mir ein anderer Mensch dort sein großes Leid und seine Sorge anvertraute, wodurch ich ihm ein wenig von seiner Last abnehmen konnte. Oder auch der Morgen, als ich ganz bis hinaus nach Finisterre – dem Ende der Welt – gekommen war und in dem Moment über das Meer geschaut habe, als die Sonne aufging – und begriff, weshalb dieser Ort für Pilger schon immer ein heiliger Ort gewesen ist: Hier treffen sich Himmel und Erde. Der Ort erinnert uns daran, dass der Tod nahe ist und dass es deshalb wichtig ist, im Hier und Jetzt gegenwärtig zu sein, jetzt zu leben.

All diese Augenblicke – die Begegnung mit den Gefährten auf einer Wanderung und die Begegnung mit Gott – haben für mich heilige Orte markiert. Solche Orte gibt es für mich auch hier zu Hause. Die Kirche ist für mich ein heiliger Ort – wenn wir uns dort versammeln und Gottesdienst feiern. Und die Brücke im Hafen der alten Holzschiffe in Svendborg ist für mich ein heiliger Ort, denn dort bin ich einem meiner besten Freunde zum ersten Mal begegnet.

In der Begegnung werden heilige Orte geschaffen, wenn die Liebe die Begegnung bestimmt. Solche Begegnungen zeichnen sich durch Präsenz und Kontakt aus. Sie nähren das Leben und sie lassen Gemeinschaft entstehen und festigen sie.

▶ Sinnbild vom St. Jakobsweg

Portomarin – Gefunden

Verlassen

Die Verzweiflung droht
sie zu übermannen

Sie muss weinen
als sie jene
mit denen sie sich unterwegs befreundet hat
am Horizont verschwinden sieht
mit kräftigen und schnellen Schritten

Ihr wird bewusst
dass es niemanden gibt
der ernsthaft bei ihr bleiben würde

Dann, wenn sie schwach ist und nichts zu geben hat
gehen sie
alle zusammen
ihr den Rücken zukehrend

Verzweifelt gibt sie den Tränen nach
lässt ihnen freien Lauf für lange Zeit

Allmählich hört sie auf zu weinen

Sie nimmt wahr
wie schön es um sie herum ist

Plötzlich steht der Ire an ihrer Seite

Er ist umgekehrt
um nachzusehen
wo sie geblieben ist

Als er bemerkt, dass sie geweint hat
begleitet er sie für den Rest des Tages

▶ Einleitende Andacht

Lieder: *GESG 149 Mache dich auf und werde licht, GESG 222 Möge die Straße uns zusammenführen*
Lesung im Wechsel – Psalm 139
Vaterunser

▶ Gespräch zum Thema Heilige Stätten und Begegnungen im Leben

Das Gespräch hat folgende Fragen als Ausgangspunkt:
- Was bedeutet es, dass etwas für jemanden heilig ist? Gebraucht ihr je das Wort »heilig«?
- Beispiele für den Gebrauch des Wortes »heilig«: »Das verspreche ich hoch und heilig«, »Ich möchte ja keine Heilige sein, aber ich finde, dass wir Hausaufgaben machen sollten, bevor wir den Film anschauen«. Was ist für andere heilig? Flüsse, Gebäude, Namen (der Fluss Ganges, der Prophet Mohammed).

- Was ist ein heiliger Ort – im allgemeinen Bewusstsein?
- Was ist ein heiliger Ort – für euch?
- Was ist die heiligste Ort in eurem Leben?

Die Überlegungen der Konfirmanden
Was macht den Grabstein auf dem Friedhof heiliger als einen Stein aus dem Garten? Durch den Grabstein spüren wir die Verbundenheit mit jemandem, der uns viel bedeutet.

Das eigene Zuhause ist ein heiliger Ort, weil man dort die Nahrung für das Leben bekommt, die man braucht.

Der Mensch lebt nicht vom Brot allein – steht in der Bibel geschrieben. Die Konfirmanden sollen auflisten, was man im Leben benötigt. Alle Dinge vom Essen, übers Fernsehen bis zu einem Bett dürfen angeführt werden.

Das Gespräch endet damit, dass wir die Beziehungen nennen, die uns heilig sind. Das Leben ist heilig.

▶ Bibeltext Lk 19,1–10 Zachäus – Heilige Stätten entstehen in der Begegnung mit Gott

Der Text zeigt, wie Menschen durch die Begegnung mit der Liebe verwandelt werden können. Es ist eine solche Begegnung, die die heiligen Stätten der Menschen entstehen lässt. Für das Gelingen dieser Aufgabe ist es wichtig, dass die Konfirmanden das Evangelium gehört haben und wissen, wovon es handelt. Der Text wird nacherzählt, indem er in die Lebenswelt der Jugendlichen übertragen wird.

Gesprächsvorschlag zu Lk 19,1–10
Habt ihr ein Vorbild? Vielleicht einen Fußballspieler oder einen Schauspieler? (Die Konfirmanden in dieser Gruppe schlagen Brad Pitt vor.) Stellt euch vor, der Betreffende würde nach Kværndrup kommen und alle hätten sich versammelt, um ihn zu sehen und ihm zuzuhören. Als er seine Rede beendet hat, zeigt er mit einem Mal auf eine Person hier in unserer Stadt, die sich außen vor befindet. Es ist jemand, der nicht Teil der Gemeinschaft ist, der geärgert und schikaniert wird und der nicht zum Feiern eingeladen wird. Und zu dieser Person würde er dann sagen: »Ich komme heute zu dir zum Essen.« Und am Tag darauf lädt er ihn auf eine Spritztour in den Süden ein. Dann kommt der bis dahin verstoßene Junge von der Spritztour nach Hause. Was glaubt ihr, was werden die Leute in unserer kleinen Stadt nun von ihm halten? Es wird sich bald zeigen, dass das Vorbild fast schon zur Familie des Jungen, der ein Außenseiter war, gehört. Sie haben sich so sehr miteinander angefreundet, dass das Vorbild an Weihnachten zu Besuch kommt, um ihn wieder zu sehen. Welches Bild haben wir jetzt von dem Verstoßenen? Und am wichtigsten: Wie fühlt der Verstoßene sich selbst?

► Gruppenarbeit zu Lk 19,1–10

Übersicht über den Ablauf
- Wir lesen den Text – der Unterrichtende liest ihn laut vor und die Jugendlichen haben den Text vor sich liegen.
- Die Konfirmanden werden in drei Gruppen aufgeteilt.
- Jede Gruppe erhält eine Kopie der Aufgaben (siehe unten) mit der Anweisung, den Arbeitsschritten zu folgen.
- Wenn sich alle vorbereitet haben, stellen die Gruppen im Wechsel ihre Ergebnisse vor.
- Jede Gruppe soll vor den anderen die biblische Geschichte nacherzählen und darlegen, wie sie die Situation im Einzelnen erlebt haben. Jede Gruppe tut dies aus einem bestimmten Blickwinkel heraus: Gruppe 1: Zachäus, Gruppe 2: »Alle, die es sahen, murrten und sprachen« und Gruppe 3: Jesus.
- Danach sollen die Gruppen in einer Fragerunde ihre jeweiligen Standpunkte rechtfertigen und mit dem Unterrichtenden und dem Rest der Konfirmanden diskutieren.
- Abrundung in der Form eines Gespräch über die Begegnung zwischen Jesus und Zachäus.

► Aufgabenbeschreibung zur Gruppenarbeit zu Lk 19,1–10

Gruppe 1 – Zachäus
- Lest das Lukasevangelium Kap. 19,1–10.
- Erzählt die Geschichte so nach, als ob ihr Zachäus gewesen wärt. Erzählt in der Ich-Form, wie er die Begegnung mit Jesus erlebt. Ihr könnt abwechselnd Zachäus darstellen.
- »Wenn ihr aus der Zachäus-Gruppe die Geschichte aus seiner Perspektive nacherzählt habt, dann werden euch vom Rest der Klasse Fragen gestellt, so als ob sie alle der Gruppe »Alle, die es sahen, murrten und sprachen« angehören würden. Warum bist den Baum hochgeklettert? Wie hat es sich angefühlt, derjenige zu sein, bei dem Jesus zu Gast sein will? Empfindest du dich selbst als jemand, der außerhalb einer Gemeinschaft steht? Warum hast du dein Geld den Armen gegeben, als Jesus dich besucht hat?«

Gruppe 2 – »Alle, die es sahen, murrten und sprachen«
- Lest das Lukasevangelium Kap. 19,1–10.
- Erzählt die Geschichte so nach, als ob ihr jene wärt, die sahen, dass Jesus bei dem sündigen Mann Zachäus eingekehrt war, und die darüber zu schimpfen und zu murren anfingen.
- Erzählt in der Wir-Form, wie sie diese Begegnung erleben.
- Anschließend kommt eure Gruppe 2 – »Alle, die es sahen, murrten und sprachen«

auf den »heißen Stuhl« und beantwortet die Fragen, die wir euch stellen. Wir versuchen dabei, uns auf den Standpunkt von Jesus zu stellen – wie in Gruppe 3. Was hat Zachäus getan, dass ihr so sauer auf ihn seid? Warum ärgert man sich über einen Schwindler? Weshalb macht es euch wütend, dass Jesus gut zu Zachäus ist? Wie seid ihr selbst – seid ihr immer bloß gut?

Gruppe 3 – Jesus
- Lest das Lukasevangelium Kap. 19,1–10.
- Erzählt die Geschichte so nach, als ob ihr alle Jesus wärt. Wie erlebt er die Begegnung mit Zachäus? Was zeigt Jesus anderen Menschen durch seinen Besuch bei jemandem, der außerhalb der guten Gesellschaft steht? Erzählt in der Ich-Form.
- Daraufhin kommt eure Gruppe auf »den heißen Stuhl«. Der Rest der Klasse wird euch viele Fragen stellen und wird dabei den gleichen Standpunkt vertreten wie Gruppe 2. Ihr dürft euch beim Beantworten der Fragen abwechseln. Folgende Fragen könnten auftauchen: Wie kommst du dazu, bei einem Schwindler zu Mittag zu essen, der uns alle bestohlen hat und so unsympathisch ist? Was sieht Jesus in Zachäus, was andere nicht erkennen können? Wen möchtest du das nächste Mal besuchen? Warum möchtest du gerade diese Person besuchen?

Abrundung der Begegnung zwischen Zachäus und Jesus in Form eines Gesprächs
Glaubt ihr nicht auch, dass der Baum auf dem Marktplatz, an dem Zachäus an dem Tag gesessen hatte, als Jesus in sein Dorf kam, heilig für ihn wurde? Jedes Mal – seit diesem Tag –, wenn er an diesem Baum vorbeigegangen war, musste er an den Tag zurückdenken, als ihm das Undenkbare geschah: Jesus kam vorbei und wählte gerade ihn – den am meisten Verachteten unter den Dorfbewohnern – als denjenigen aus, zu dem er nach Hause gehen wollte. Vielleicht wurde der Esstisch, an dem sie zu Abend gegessen haben, auch heilig, heilig in dem Sinne, dass das Wohnzimmer von da an von jener Freude erfüllt war, die Jesus als Gast in diesem Haus ausgelöst hatte. In Wirklichkeit ist das Haus selbst ja gar nicht das Ausschlaggebende! Das, was dort geschah, ist das, was es heilig macht. Und was geschah, war, dass Jesus Zachäus gesehen hatte. Er hatte ihn gesehen und er hatte einen wertvollen Menschen gesehen, mit dem er gern zu tun haben wollte. Jeder, der weiß, wie es ist, außen vor zu sein, von der Gesellschaft verstoßen zu sein, kann sich vorstellen, wie froh Zachäus an diesem Tag wurde – und wie froh er an all den darauf folgenden Tagen seines Lebens war. Er war – von da an – ein Mensch von Wert: ein Mensch, der Bedeutung für einen anderen hatte, ein Mensch, mit dem ein anderer Mensch Leben teilen wollte.

Unter den Konfirmanden wird es viele geben, die sich in die Freude hineinversetzen können, die Zachäus darüber erlebt, dass er nicht mehr außen vor steht – sondern Teil einer Gemeinschaft ist. Durch seine Freude wird er in Zukunft all das teilen, was ihn mit anderen verbindet, und er wird gewiss alle Verstoßenen in die Gemeinschaft mit ihm und Jesus einschließen.

- Martin A Hansen: *Agerhönen* (liegt nicht in deutscher Übesetzung vor).
- Selma Lagerlöf: *Die Flucht nach Ägypten.*
- Legenden und Erzählungen über bzw. von Franz von Assisi
- Jakobs Kampf am Jabbok 1 Mose 32.

▶ Wanderung im Gebet und im Nachdenken
über das Verstossensein – von der Gesellschaft ausgeschlossen

Stationen

1. Station – Im Unterrichtsraum der Konfirmanden
- Bevor wir unsere Wanderung beginnen, sollst du dir jemanden vorstellen, den du kennst und der außerhalb der Gesellschaft steht; jemanden, den du vielleicht nicht besonders magst; jemanden, der es im Leben schwer hat.
- Nach kurzer Zeit zum Überlegen gehen wir gemeinsam – in Stille – zur Kirche. Jedes Mal, wenn wir uns auf eine Wanderung begeben, nehmen wir unseren Wanderstab mit. Wir haben ihn immer bei uns als ein Symbol dafür, dass Gott mit uns geht und unterwegs unsere Stütze sein wird.

2. Station – Die Kirche
- Wir versammeln uns im Kreis und sprechen über die Verstoßenen in der Welt; über Alkoholiker an der Straßenecke, Drogenabhängige; über die, die im Gefängnis sitzen, die Alten und über die Menschen, an die wir auf der Wanderung gedacht haben.
- Wir sind einen Moment still im Gebet für die Verstoßenen und für uns selbst, wenn wir selbst verstoßen werden.
- Abschließend sagt der Pastor: Wir und alle anderen – auch die, die wir nicht leiden können – werden von Gott geliebt und umarmt!
- Wir beten das Vaterunser zusammen und gehen danach in den Unterrichtsraum zurück.

▶ Der Wanderstab

Wenn noch Zeit übrig ist, dann können die Konfirmanden an der Gestaltung ihres Wanderstabes weiterarbeiten. Man kann zum Beispiel sein eigenes heimliches Symbol einritzen, das für eine Seite von einem selbst steht, die man sich nicht traut, anderen zu zeigen aus Angst davor, ausgestoßen zu werden. Man kann auch ein Symbol einritzen, das für einen ausgestoßenen Zachäus-Typ steht, dem man sich nähern möchte, so wie Jesus es getan hat.

Gebet:

Möge Gott bei dir sein auf jedem engen Weg.
Möge Jesus bei dir sein auf jedem Höhenrücken.
Mögen die Engel bei dir sein in jedem Strom,
auf jedem Höhenzug und in den Tälern voller Heide,
jedem Meer und Land, jedem Weg und jeder Wiese,
jeder Landschaft, die vor dir liegt
oder sich vor dir erhebt,
durch die Wogen, die niedergehen und emporragen
auf jedem einzelnen Stück des Weges, den du gehst.
(Traditionelles keltisches Gebet, *Carmina Gadelica*, bearbeitet von Peter Millar,
Iona)

Segen
Persönlicher Abschied von jedem Einzelnen, bei dem man sich für den heutigen Beitrag
zur Gemeinschaft bedankt.

► EIGENE NOTIZEN:

5. Lektion
Die Zeichnung von der Lebenswanderung

▶ Vorbereitung

Prüfen, ob alle Dinge vorhanden sind, die auf der Liste zum festen Inventar im Unterrichtsraum der Konfirmanden vorgeschlagen werden (s. S. 48f.).

▶ Betrachtungen zum Thema Die Lebenswanderung der Konfirmanden

Wenn die Konfirmanden sich in der Konfirmationszeit selbst begegnen, dann geschieht dies durch eine Auseinandersetzung mit ihrer eigenen Lebensgeschichte. Jeder Konfirmand arbeitet ganz praktisch mit einem Bild vom Leben, das von der Geburt bis zum Tod geht. Auf der weißen Pappe sollen die Konfirmanden die Taufe zeichnerisch darstellen, etwa in Form eines Taufbeckens auf der linken Seite, und ein Grab oder den Grabstein ganz rechts auf dem Blatt. Die Zeichnung soll mit Folgendem angefüllt werden: »Was ist in der Vergangenheit wichtig gewesen? Was macht das Jetzt aus? Und was erhoffst du dir von der Zukunft?« Der letzte Teil – der Zukunftsteil – kann in Verbindung mit einem Gespräch über das Beten stehen.

Wenn die Konfirmanden in ihrer Konfirmationszeit Gott begegnen können, dann geschieht dies auch in der Begegnung mit den Erzählungen von Jesus Christus. Diese Begegnung hat zur Folge, dass sie sich selbst auf eine andere Weise betrachten. Sie sollen von dem Evangelium hören, das davon berichtet, dass Gott sie als seine geliebten, wundervollen Kinder ansieht. So sollen sie sich auch selbst sehen lernen. Diese häufig unsichtbare Wirklichkeit soll den Konfirmanden in der Konfirmationszeit vermittelt werden. Ganz konkret bekommen sie die Aufgabe, Gottes unsichtbare Gegenwart in der Zeichnung ihrer Lebenswanderung darzustellen.

▶ Sinnbild vom St. Jakobsweg

Juan de Ortega – Schönheit

Es ist 5.30 Uhr

Die Dunkelheit der Nacht wird langsam und sanft
vom Tageslicht abgelöst

Die Sonne geht auf
und begegnet dem Mond am Himmel
Er malt den Himmel in Pastell und die Erde in schönen Abtönungen

Schnell nimmt sie zu
und alles bekommt die Farbe, die es haben soll

Die Heide ist lila
Intensive Düfte und Farben nehmen den Geist und die Sinne ein
Zwei Schmetterlinge fliegen einem blauen Himmel entgegen

Es scheint so, als wäre ihr Leben
spielerisch leicht
Sie setzen sich einen Augenblick auf die gelbe Blume
am Wegesrand

Im nächsten Augenblick sind sie verschwunden
unmöglich festzuhalten oder einzufangen

Würdest du es versuchen, würden sie sterben
in deinen Händen
wären ohne Leben

So wie mit dem Leben
es gehört uns nur im Augenblick

Einen ganzen Tag zu gehen
und alle Sinne zu öffnen
und deinen ganzen Geist
für die Farben
Düfte
Schmetterlinge
Blumen

► Einleitende Andacht

Lieder: *GESG 87 Geh mit uns auf diesem Weg, Kyrie eleison; EG 361 Befiehl du deine Wege; GESG 222 Möge die Straße …*
Lesung im Wechsel – Psalm 139
Vaterunser

► Gespräch über die Zeichnungen der Konfirmanden von ihrer Lebenswanderung

In dieser Lektion wird das Gespräch über die Zeichnungen der Konfirmanden von ihrer Lebenswanderung mit der Beschäftigung mit einem Bibeltext verknüpft.

Als Auftakt für die Beschäftigung mit den Zeichnungen der Konfirmanden von ihrer Lebenswanderung kann das Gleichnis von den anvertrauten Talenten gelesen und besprochen werden. Welche Bedeutung könnte es im Rahmen unserer Lebensverhältnisse haben? Was will das Evangelium uns sagen?

Jedem von uns ist ein Leben anvertraut worden. Wir haben verschiedene Fähigkeiten und wir haben unterschiedliche Ausgangspunkte. Unabhängig davon, wie viel oder wie wenig uns gegeben wurde, sollten wir das Leben zu leben wissen. Wir sollten es miteinander leben und Gott dienen – seine Gaben einsetzen und sie sich vermehren lassen – indem wir dem Nächsten dienen. Konkret bedeutet dies, dass wir uns mit dem Vertrauen in die Liebe Gottes in das Leben hinauswagen sollen, indem wir unseren Mitmenschen dort begegnen, wo sie anzutreffen sind, und sie an der Liebe teilhaben lassen, die uns gegeben worden ist.

Die Liebe Gottes bildet das Fundament unseres Lebens. Es ist dieses Fundament, das uns nährt.

Der Glaube an die Liebe lässt die Angst verschwinden. Sie verleiht einem ängstlichen Menschen den Mut, seine Talente wieder auszugraben und erneut den Versuch zu machen, sie anzulegen.

Ein weiterer Aspekt dieses Gleichnisses ist, dass das Leben nicht uns gehört. Das Leben gehört Gott, und er möchte, dass wir es ausleben – ihm zur Ehre.

Fragen
- Es gibt ein Sprichwort, das besagt: »Wer nicht wagt, der nicht gewinnt!« Was bedeutet es?
- Ein anderes Sprichwort sagt: »Wer wagt, verliert für eine Weile den Halt unter den Füßen. Wer aber nichts wagt, der verliert sich selbst!« (Søren Kierkegaard) Welche Bedeutung hat dies für dich: Wenn du etwas wagst, wovor du ein bisschen Angst hast, dann verlierst du für eine Zeit den Halt. Aber wenn du dich im Leben nie traust, dich in etwas hinauszubegeben, das dir Angst macht, dann könntest du dich selbst verlieren.
- Welche Bedeutung kommt dem Mut zu, etwas zu wagen, und der Angst, etwas zu verlieren, wenn du dabei an deine Zukunft denkst?

Die Überlegungen der Konfirmanden
Die Konfirmanden sind in der Lage zu verstehen, was es bedeutet, Mut zu haben, um etwas zu wagen. Wir unterhalten uns über ein Fußballspiel und reden darüber, wie ein guter Spieler Gefahren in Kauf nehmen muss, um ein Tor schießen zu können, und darüber, dass der, der sich nichts traut, auch nichts gewinnen wird.

Wir sprechen darüber, was dies in Bezug auf das Leben bedeuten kann, zum Beispiel wenn die Konfirmanden in ein paar Jahren vor der Berufswahl stehen. Wenn man im

Voraus schon denkt: »Das traue ich mir nicht zu, denn ich bin sicher zu blöd«, dann wird man sich nie vom Fleck wegbewegen.

Zusammenfassung des Gesprächs

Dass Mut vonnöten ist, wenn man das Leben ausleben will, ist eine einleuchtende Schlussfolgerung. Genauso einleuchtend ist, dass die Angst uns zurückhält und uns dazu bringt, unsere Talente zu vergraben und zu verstecken, denn das Leben birgt ja Gefahren, die wir nicht umgehen können. Wir wissen nichts von der Zukunft.

▶ DIE ZEICHNUNG VON DER LEBENSWANDERUNG DER KONFIRMANDEN – VISUALISIERUNG DER GEGENWART, VERGANGENHEIT, ZUKUNFT UND GOTTES NÄHE

Bei der Arbeit mit den Zeichnungen der Konfirmanden von ihrer Lebenswanderung bekommt der Pastor die Möglichkeit, die Konfirmanden besser kennenzulernen. Die Arbeit mit der Zeichnung von der Lebenswanderung kann sich über mindestens vier Unterrichtseinheiten erstrecken. Es kann ohne Weiteres auch mehr Zeit dafür in Anspruch genommen werden. 1. Visualisierung der Vergangenheit. 2. Visualisierung der Gegenwart. 3. Visualisierung der Zukunft. 4. Visualisierung der Nähe Gottes.

An den Zeichnungen kann zwischendurch gearbeitet werden, in Lektionen, bei denen es eine Pause von 20–30 Min. gibt. Als Unterrichtender kann man umhergehen und sich ansehen, was die Konfirmanden machen, und nach den Ereignissen aus der Vergangenheit fragen. Man kann auch nachfragen, wie es dem Konfirmanden gegenwärtig geht, wie er oder sie mit den Ereignissen der Vergangenheit heute umgeht. Wenn jemand der Aufgabe mit Gleichgültigkeit gegenübersteht, sollte man mit dem Konfirmanden darüber sprechen. Dies bietet eine weitere Gelegenheit, sie oder ihn besser kennenzulernen.

Wenn man auf diese Weise umhergeht und bei einzelnen Halt macht, kann es passieren, dass man – unter vier Augen – von der Scheidung der Eltern erfährt, von den Problemen mit dem neuen Stiefvater oder davon, dass jemand Schwierigkeiten in der Schule hat, weil er geärgert wird. Man kann etwas über ihre Hoffnungen und Träume von der Zukunft erfahren. In meinem Unterricht hat einmal jemand Nazi-Symbole in sein Bild gezeichnet, die er in einer Zeitschrift gefunden hatte. Ich habe ihn gefragt, ob diese Symbole eine Bedeutung für ihn hätten und ob diese Symbole für ihn mit seiner Zukunft in Verbindung stehen würden. Er hat mich erschrocken angesehen und geantwortet, dass er das nur aus Spaß mache. Ich habe ihn dann aufgefordert, die Arbeit mit der Zeichnung ernst zu nehmen, und ihm zu verstehen gegeben, dass ich mit ihm über den Nazismus sprechen wolle, wenn er einverstanden sei.

Ein anderer hatte blitzschnell etwas in Braun und Blau auf sein Papier gekritzelt. Diese Kritzelei sollte seine Zukunft darstellen. Zunächst habe ich geglaubt, dass er sich über mich lustig machen wolle, aber dann hat er mir erzählt, dass er später Bauer werden will und dass er jetzt schon auf dem Land lebt und dass das vielleicht bereits ausreicht, um als Bauer arbeiten zu können. Es sei bestimmt nicht nötig, auf eine Landwirtschaftsschule zu gehen – hat er gemeint. Darüber haben wir uns dann eine Weile unterhalten. Es kann passieren, dass man im Gespräch über die Zeichnungen der Konfirmanden auf etwas stößt, was für sie alles andere als einfach ist. Wenn er oder sie das Bedürfnis hat, darüber sprechen zu wollen, kann man sie als Pastor/in auf ein Gespräch außerhalb der Unterrichtszeit einladen.

Den Konfirmanden sollte ausreichend Zeit für die Arbeit mit der Zeichnung gelassen werden, sodass sie kleine Kunstwerke erschaffen können. Wenn die Jugendlichen wollen, können sie für den Rest der Konfirmationszeit die Wände im Unterrichtsraum damit schmücken. Abschließend wäre auch eine Ausstellung denkbar – und eine Vernissage der Ausstellung in der Kirche, bei der die Konfirmanden anwesend sein sollen, sodass man sich mit den Künstlern unterhalten kann.

Die Arbeit mit der Zeichnung kann dadurch eingeleitet werden, dass der Pastor, die Pastorin erzählt, wie das Blatt aufgeteilt wird. Danach kann man zusammen mit den Konfirmandinnen und Konfirmanden eine Vorstellungsübung machen, um ihnen Anregungen für ihre Arbeit mit auf den Weg zu geben.

Fragen:
- Habt ihr euch überlegt, ob ihr zu eurer Konfirmation eine Rede halten wollt?
- Habt ihr darüber nachgedacht, was die Rede enthalten soll? Worum könnte es in einer solchen Rede gehen?
- Die Zeichnung von eurer Lebenswanderung, mit der wir heute beginnen und an der wir in mehreren Sitzungen arbeiten werden, könnt ihr als Anregung und Gliederung für die Rede an eurem Konfirmationstag gebrauchen.
- Jeder Konfirmand bekommt ein großes Stück dicke, weiße Pappe (A3–Format) ausgehändigt. Das Blatt sollte kräftig und stabil genug sein, dass man es mehrere Male hervorholen und damit arbeiten kann.

Dieses Stück Pappe, das ihr jetzt bekommt, soll die Zeichnung eures Lebens enthalten. Auf ihm soll Platz sein für eine Vergangenheit, eine Gegenwart und eine Zukunft. Es soll auch Platz darauf sein, um das »irdische Leben« und die »geistige Seite« des Lebens in symbolischer Form einzuzeichnen. Rein praktisch heißt das, dass der Karton der Länge nach hingelegt wird und in sechs Felder aufgeteilt wird: eine Mittellinie längs und zwei Linien quer.

Mit der Pappe verhält es sich wie mit dem Leben. Du wirst keine neue bekommen, wenn du etwas zeichnest, das dir nicht gefällt! Wenn du also etwas zeichnest, was dir nicht gefällt, dann musst du es wohl oder übel auf deiner Zeichnung von deinem Leben lassen.

Es ist wichtig, all das Gute auf der Zeichnung festzuhalten – so wie es wichtig ist, etwas Gutes mit seinem Leben anfangen zu wollen.

Macht ein Kunstwerk daraus! Steht der Aufgabe nicht gleichgültig gegenüber!

Ihr könntet zum Beispiel zwei Striche zeichnen, die sich kreuzen, und sagen: Jetzt habe ich auch diese Zeichnung hinter mich gebracht. In gleicher Weise könntet ihr auch mit eurem eigenen Leben umgehen. Aber was bringt euch das? Oder aber ihr erschafft

Kunstwerke aus beiden. Um ein Kunstwerk zu erschaffen, ist es notwendig, das Material, das man braucht, zur Stelle zu haben. Für diese Arbeit werden gebraucht: Scheren, Kleber, Malfarben, Papier für Collagen und verschiedene andere Sachen.

Die Frage: Was muss euch im Leben zur Verfügung stehen, damit ihr aus dem Leben, das das eure ist, etwas Schönes und Gutes machen könnt? Gute Lebensbedingungen. Worin bestehen diese? Liebe. Fürsorge. Freundschaft.

Visualisierung der Vergangenheit

Diese Phantasiereise kann gemacht werden, wenn man das erste Mal mit der Zeichnung von der Lebenswanderung arbeitet. Alle schließen die Augen. Jeder konzentriert sich darauf, bequem zu sitzen und tief und ruhig zu atmen. Der Unterrichtende führt die Konfirmanden nun zurück zu einem Ereignis in der Vergangenheit.

- Stell dir jetzt vor, dass du an dem Tag deiner Taufe dabei bist. Du befindest dich in der Kirche, wo die Taufe stattfinden soll. Du siehst deinen Vater und deine Mutter mit dir – ihrem neugeborenen kleinen Kind – in den Armen. Du siehst deine Tante und deinen Onkel und vielleicht einige deiner älteren Cousinen und Cousins. Einige Freunde der Familie. Falls du Großeltern hast, siehst du auch deine Omas und Opas, mütterlicher- und väterlicherseits. Falls du ältere Geschwister hast, dann kannst du auch sie sehen. Alle, die teilnehmen, musst du dir 13–14 Jahre jünger vorstellen, als sie heute sind. Danach wird zu Hause gefeiert. Deine Eltern und deine Familie feiern, dass sie dich bekommen haben und dass du nun getauft worden bist. *Alle* kommen, um zu sehen, wie wunderbar du bist, und alle wollen dich in ihren Armen halten, weil du so süß und goldig bist. Es ist ein großes Geschenk für deine Familie gewesen, dass sie dich bekommen haben.

Vorstellungsübung zur Gegenwart

Alle schließen die Augen. Jeder konzentriert sich darauf, bequem zu sitzen und tief und ruhig zu atmen. Der Unterrichtende führt die Konfirmanden nun in die Gegenwart.

- Spüre nach, was dich in diesem Augenblick gedanklich am meisten beschäftigt. Wie ist dein Leben heute? Gibt es etwas, das dich die letzten Jahre besonders beeinflusst hat, oder gibt es etwas Neues, das passiert ist? Was hast du morgen und in den nächsten Wochen vor? Gehe in deinen Gedanken vor bis zum Tag der Konfirmation. Ist etwas geplant bis dahin? Bleibe eine Weile ruhig sitzen und stelle dir dieses Jahr vor: Was ist wichtig gewesen? Was soll mit in das Feld der Gegenwart auf deiner Lebenszeichnung? Jetzt dürfen alle wieder die Augen öffnen und wir können mit der Arbeit an der Zeichnung an diesem Tag beginnen.

Visualisierung der Zukunft

Das letzte Feld ist die Zukunft. Schließt die Augen. Setzt euch bequem hin und atmet tief und ruhig ein und aus. Der Unterrichtende führt nun die Konfirmanden zu Gedanken und Träumen von der Zukunft.

- Stelle dir vor, wie du in zehn Jahren sein wirst. Gehe in Gedanken durch die Zeit. Wo möchtest du zu diesem Zeitpunkt gerne sein? Stelle dir vor, dass du genau dort wärst, wo du gern sein würdest, und dass du dort das tust, was du am liebsten tun würdest. Wie fühlt sich diese Situation an? Es ist ein schöner Sonntag im Sommer. Stelle dir einen solchen Tag vor. Beschreibe die Farben, Geräusche, Düfte. Mit wem bist du zusammen und was macht ihr? Stelle dir dann einen Montag vor, an dem du arbeiten musst. Welcher Beschäftigung gehst du nach? Wie fühlt es sich an, du zu sein?

Die Träume und Hoffnungen der Konfirmanden werden nun in das Feld der Zukunft eingetragen.

Visualisierung der Nähe Gottes
- Schließe die Augen und mache es dir auf deinem Stuhl bequem. Atme tief und ruhig.
- Stell dir vor, du sitzt am Meer und hörst den Wellen zu, die über den Strand schlagen. Du schließt die Augen und spürst die Wärme der Sonne in deinem Gesicht und den Wind in deinen Haaren. Gott ist dir nah! Er gibt dir Leben und Atem.
- Stell dir eine dunkle Nacht vor, in der du ganz allein und unglücklich bist. Niemand ist da, der dich an die Hand nehmen und trösten kann. Die Zeit bis zum Morgen scheint unendlich lang zu sein. Gott ist dir nah und beschützt dich. Er gibt dir Leben und Atem!
- Stell dir einen nebeligen und regnerischen Tag vor, an dem du eine weite Strecke mit dem Fahrrad fahren musst, bevor du nach Hause ins Warme kommen kannst und dort wieder trocken werden kannst und etwas Heißes zu trinken bekommst. Gott ist dir nah und hält dich bei sich fest. Er gibt dir Leben und Atem!

Bei den Visualisierungsanleitungen ist auf die richtige Balance zwischen Anleitung und Freiraum zu achten. Zu viele Ansagen überfordern, zu wenig regen nicht ausreichend an. Pausen zwischen den Sätzen sind unbedingt notwendig.

Die Konfirmanden versuchen – nach den Phantasiereisen in der jeweiligen Lektion –, jenen Teil aus ihrem Leben abzubilden, den sie in der Visualisierung vor Augen hatten.

▶ Abschliessende Andacht

Gebet:
>Gott des Lebens, verdunkle nicht dein Licht für uns.
>Gott des Lebens, verschließe nicht deine Freude vor uns.
>Gott des Lebens, verschließe nicht deine Tür vor uns.
>Gott des Lebens, verwehre uns nicht deine Gnade.
>Herr, verwehre uns nicht deine Gnade.

Du lebendiger Gott,
die Ewigkeit kann dich nicht einschließen.
Unsere begrenzten Worte können die
umfassende Größe deiner Zärtlichkeit nicht in sich fassen
und doch, in dem Raum, den wir in unseren Herzen tragen
und in der Stille
kannst du uns nahekommen und erneuern.
(Stille)

Lebendiger Gott
schenke uns deine Vergebung
Für unsere ungezügelten Gedanken
Für unsere gedankenlosen Handlungen
Für unsere leeren Reden
und für die Worte, die wehtaten
und für all das, um das wir uns nicht gekümmert haben.
(Stille)

Christus der Liebe
An einem Stamm gekreuzigt
Und doch eines frühen Morgens auferstanden
Nimm die Sünde von unseren Seelen
so wie sich der Tau von den Hügeln hebt

Sei in allem, was wir tun.
Sprich durch unsere Worte
Erneuere uns als die, die wir sind
Auf dich setzen wir unsere Hoffnung
Unsere tiefe Hoffnung, unsere lebendige Hoffnung
Sowohl heute als auch in Ewigkeit.

Höre das Wort, das Gott gesprochen hat

Sprich, Gott, wenn wir sprechen.
Sprich, Gott, wenn wir denken.
Sprich, Gott, zu dem tiefen Verständnis unserer Seele.
(Aus *An Iona Prayer Book*)

Segen
Verabschiedung

► EIGENE NOTIZEN:

6. Lektion
An seine eigenen Grenzen stoßen und dort sich selbst und Gott begegnen

▶ Vorbereitung

Requisiten für das Rollenspiel:
- Harke/Schaufel für den daheim bleibenden Bruder
- Etwas, das ein Erbe symbolisiert – zum Beispiel ein Portemonnaie
- Leere Bierflaschen aus Plastik
- Evt. ein Tuch für den Vater
- Ein Opferkalb
- Einen Ring
- Neue Kleidung für den verlorenen Sohn

▶ Betrachtungen zum Thema Grenzerfahrung – Begegnung mit sich selbst und mit Gott

Grenzen haben etwas Faszinierendes an sich. Eine Grenze ist zur selben Zeit das, was uns voneinander trennt, und genau der Ort, an dem eine Begegnung zwischen zwei voneinander verschiedenen Wesen entstehen kann. Zwei Länder treffen aufeinander an der Grenze, die zwischen ihnen liegt, und diese beiden Länder sind eben durch jene Grenze voneinander getrennt. Der bildhafte Vergleich des Menschenlebens mit einem Land, das der Mensch einnehmen soll (vgl. Abrahams Wanderung zum Gelobten Land), lässt klare und verständliche Assoziationen in Bezug auf das Leben selbst entstehen:

Man soll das Leben ausleben – sein eigenes Land einnehmen, es leben bis zur Grenze (vgl. die anvertrauten Talente). Zugleich ist darauf zu achten, dass man nicht das Leben und das Land anderer einnehmen und besetzen darf.

Es ist meine Grenze, die definiert, wer ich bin, wie weit ich gehe und wie weit ich gehen kann. Wenn ich meine Grenze erreiche, kann ich nicht weitergehen. Ab und zu können wir unsere eigenen Grenzen überschreiten, sodass unsere Welt eine Erweiterung erfährt. Zum Beispiel dann, wenn wir den Mut haben, etwas zu tun, von dem wir bis dahin glaubten, dass wir dazu nicht fähig seien.

Und dann erfahren wir, dass wir doch dazu in der Lage sind. Hin und wieder passiert es, dass wir, während wir uns unserer eigenen Grenzen hinsichtlich unserer Fähigkeiten und dessen, was wir wagen, bewusst sind, die Grenzen anderer überschreiten. Dies betrifft vor allem solche Grenzen, die sich auf moralische Vorstellungen beziehen, also auf das, was der Mensch tun kann und soll – wenn er Teil einer Gemeinschaft ist.

Dennoch: Es ist deine Grenze, die dich als Menschen definiert. Du gehst bis zu dieser Grenze, und an eben dieser beginnt zugleich ein anderer.

Auch auf einer Wanderung stößt man an seine eigenen Grenzen. An die Grenzen dessen, wie weit man *gehen* kann. Diese Erfahrung ist eine intensive – und häufig schmerzliche Erinnerung an die Begrenztheit des Lebens selbst. Nicht nur auf dem Weg nach Santiago oder Nidaros wird dies bewusst, sondern auch auf den Lebenswegen zu Hause, zum Beispiel wenn der Tod eine Grenze setzt und einen geliebten Menschen von uns nimmt, oder wenn man erkennen muss, dass es nicht grenzenlos ist, was man im Leben bewältigen kann. Solche Grenzen können auch im Beruf oder in der Ehe auftreten, sowie in der Beziehung zu einem Kind oder zu einem Menschen, mit dem man sich nicht einigen kann, oder zu einem Menschen, zu dem man die Verbindung abbricht. Wenn man an die Grenze dessen gelangt, was man bewältigen kann, begegnet man seiner eigenen Ohnmacht. Dort angelangt, muss man erkennen, dass man jemand ist, der nicht immer bewältigen kann, was er gerne bewältigen möchte. Ich denke, dass diese Erfahrung genau den Kern dessen trifft, was C.G. Jung über die Selbstwerdung gesagt hat: Selbst werden ist immer ein Verlust! Vielleicht weil wir gerne tüchtiger, größer, besser, mächtiger und liebenswerter sein wollen, als wir es sind. Wenn wir uns selbst begegnen als diejenigen, die wir sind, kann dies einen Verlust bedeuten in Bezug auf das Bild, das wir von uns selbst haben.

Eine solche eigene Grenzerfahrung hat der verlorene Sohn erlebt. Nachdem er die Taschen mit viel Geld gefüllt hatte und zusammen mit seinen Freunden in Saus und Braus gelebt hat, endet er allein im Schweinestall, wo es nichts zu essen gibt. Da »geht er in sich«, so steht es geschrieben, und er beschließt, zu seinem Vater zurückzukehren. Er erkennt seine Grenzen an und er denkt von sich, dass er nicht mehr würdig ist, seines Vaters Sohn genannt zu werden. Aber möglicherweise wird ihm erlaubt, als Tagelöhner für seinen Vater zu arbeiten.

Er hat auf großem Fuß gelebt, nun ist er klein geworden. Aber es zeigt sich, dass er größer ist, als er von sich selbst glaubt. Denn der Vater sieht in ihm den geliebten Sohn, für den er alles tun würde.

Der Sohn, der in sich geht und an seine eigenen Grenzen stößt, kommt also gleichzeitig zu sich selbst.

An der Grenze begegnet er sich selbst und Gott.

▶ Sinnbild vom St. Jakobsweg

Puente la Reina – Selbsterkenntnis

Die Regentropfen trommeln
auf das türkisblaue Wasser

Alle haben das Schwimmbecken verlassen
außer ihm und mir

Er ist aus Kanada
ungefähr 30

Heute kam mir in den Sinn
dass ich den Camino de Santiago gehe
um etwas Besonderes in den Augen meines Vaters zu werden
er lächelt traurig zu mir herüber

Der Vater ist sehr religiös.

Der junge Mann geht den Weg
mit seiner Freundin zusammen
Sie sind von Vezelay in Frankreich aus losgegangen
Schon jetzt
haben sie eine Strecke von 800 km zurückgelegt

Mein Bruder ist der Sohn,
der das viele Geld verdient

Meine Schwester ist auf andere Weise erfolgreich

Von nun an möchte ich etwas Besonderes
in den Augen meines Vaters sein
weil ich den Camino gegangen bin

Wenn einem ein solcher Gedanke in den Sinn kommt
dann hat es etwas damit auf sich
sagt er
und lächelt wieder

▶ Einleitende Andacht

Lieder: *EG 395 Vertraut den neuen Wegen; EG 329 Bis hierhin hat mich Gott gebracht und GESG 241 Weite Räume meinen Füßen; GESG 222 Möge die Straße …*
Lesung im Wechsel – Psalm 139
Vaterunser

▶ Gespräch über das Thema Grenzerfahrung – Begegnung mit sich selbst und mit Gott

Die Auseinandersetzung mit dem Bibeltext und das Gespräch über das Thema werden in dieser Lektion verknüpft.

- Hat jemand von euch einen Bruder oder eine Schwester?
- Stell dir vor, dass er/sie eines Tages zu eurem Vater kommt und sagt: »Papa, gib mir das Erbe, das mir zusteht, damit ich um die Welt reisen und richtig viel Spaß haben kann.«
- Was ist ein Erbe?
- Was würde es für euch, die ihr zu Hause bleibt, bedeuten?

Einstieg

Vater musste einen Kredit bei der Bank aufnehmen und die ganze Familie merkt, dass der Gürtel enger geschnallt werden muss. Neue Kleidung und Kinobesuche werdet ihr euch nicht mehr leisten können, denn der große Bruder/die große Schwester ist mit der Hälfte des Erbes auf und davon!

»Nein, du darfst nicht zu der Feier, Jens. Wir müssen sparen!« Oder: »Du kannst gern zu der Feier gehen, aber du bekommst kein Geld. Du kannst dir keine neuen Kleider kaufen!«

So ist es jahraus, jahrein. Die Familie spart und du musst sie unterstützen, weil ihr es kaum schafft, über die Runden zu kommen.

Eines Tages kommt der große Bruder wieder nach Hause. Er hat das ganze Geld für ein Leben in Saus und Braus ausgegeben. Dein Vater freut sich sehr, ihn wiederzusehen. Er leitet alles in die Wege für ein großes Willkommensfest für deinen Bruder. Er kauft dort ein, wo er vorher nie eingekauft hat. Er besorgt Eis, Wein und Torte sowie neue Kleidung für deinen Bruder. Wie würdest du dich in einer solchen Situation fühlen?

▶ BIBELTEXT LK 15,11–32 DER VERLORENE SOHN – BANKROTT GEHEN, IN SICH GEHEN UND VON GOTT UMARMT WERDEN

Der Text veranschaulicht, wie Gott jenen Menschen mit offenen Armen begegnet, die ganz bis zur Grenze gelangt sind und bankrott gegangen sind.

Rollenspiel zu Lk 15,11–32
- Die Konfirmanden schlagen den Text im Neuen Testament auf. Wir lesen ihn gemeinsam.
- Die Klasse wird in Gruppen mit jeweils fünf Teilnehmern aufgeteilt. Die Gruppen teilen folgende Rollen unter sich auf. (Es können eventuell auch jeweils zwei den Diener spielen und zwei den Sohn usw. Es gibt den Konfirmanden Sicherheit, wenn sie ihre Rolle nicht allein spielen müssen):
- Der Vater
- Der erste verlorene Sohn
- Der zweite verlorene Sohn
- Ein Bürger des Landes, der Schweine besitzt, um die man sich kümmern muss
- Der Diener des Vaters

- Die Gruppen sollen das Gleichnis des verlorenen Sohnes als Rollenspiel aufführen. Dabei sollen alle Gefühle und Handlungen zum Ausdruck gebracht werden, die das Gleichnis enthält.
- Als Einstieg werden den Gruppen im Plenum Hilfestellungen und ein paar Regieanweisungen gegeben.
- Wer welche Rolle spielen soll, wann die Figuren auf die Bühne kommen, all diese Dinge müssen im Voraus geklärt werden. Wenn nicht genug Konfirmanden für die Besetzung aller Rollen da sind, kann derjenige, der den zu Hause bleibenden Bruder im letzten Akt spielt, ohne Weiteres auch den trunksüchtigen Freund im ersten Akt spielen. Wer den Schweinebauern im zweiten Akt spielt, kann im ersten den Diener spielen usw.
- Nachdem die Gruppen das Stück an verschiedenen Orten geprobt haben, führen sie sich das Rollenspiel »Der verlorene Sohn« gegenseitig vor.

Die Überlegungen der Konfirmanden

Nachdem sich die Gruppen »Der verlorene Sohn« gegenseitig vorgeführt haben, sprechen wir über das Gleichnis und gehen dabei von Fragen wie den folgenden aus: Was haltet ihr von dem ersten Sohn? Wie findet ihr den zweiten Sohn? Was haltet ihr vom Vater? Was sagt ihr dazu, dass der erste Sohn darum bittet, sein ganzes Erbe im Voraus zu bekommen? Was tut er da eigentlich, wenn er ins Ausland reist und sein ganzes Vermögen verschwendet? Was sagt ihr dazu, dass der andere Sohn sauer darüber wird, dass der Vater ein Willkommensfest für den heimgekehrten Sohn ausrichten will? Welche der Personen würdet ihr sein wollen, wenn ihr eine aus dem Stück sein könntet? Was soll das Gleichnis aussagen? Wenn ich sage, dass »der verlorene Sohn« an seine eigene Grenze gelangt und dort Gott und sich selbst begegnet, was denkt ihr euch dann dabei? Versteht ihr, worauf ich hinaus will?

Zusammenfassung des Gesprächs

Das Evangelium erzählt uns, dass Gott wie ein Vater ist, der seine Kinder so sehr liebt, dass er uns immer willkommen heißen wird, wenn wir zu ihm nach Hause zurückkehren. Es erzählt, dass Gott mit uns zu tun haben möchte – mit uns, wie wir sind, mit unseren bunten, vergeudeten und erfahrungsreichen Leben. Einer solchen Liebe zu begegnen, in einer solchen Liebe aufzuwachsen, das macht es uns möglich, den Mut zu finden, wir selbst zu sein. Auch wenn wir so sind, dass wir uns am liebsten selbst nicht kennen wollen. Wir wissen dann, dass es jemanden gibt, der mit uns bekannt sein möchte: jemand, der eine Feier für uns ausrichten würde, jemand, der feiern will, dass es uns gibt, genau so, wie wir sind.

Dieses Gleichnis, das »Der verlorene Sohn« genannt wird, führt uns zugleich verschiedene Lebensweisen vor Augen, auch wenn dies etwas unbeholfen geschieht: Dass der eine Sohn immer nur zu Hause bleibt und sauer und neidisch ist, ist auch ein Zeichen für Verlorenheit. Der andere hingegen verschwendet alles, indem er ein ausschweifendes Leben führt. Auf diese Weise kann man das Leben auch verlieren: indem es nichts gibt, was einem wichtig ist. Man steht allem gleichgültig gegenüber. Oder man verliert das Leben, indem man nicht das tut, was man gerne tun möchte, und stattdessen bleibt man einfach zu Hause und verbittert darüber, dass das Leben an einem vorbeizieht, während man sehen kann, dass die anderen es ausleben.

Aber unabhängig davon, wie die Vergangenheit eines Menschen ausgesehen hat, so möchte Gott mit uns zu tun haben.

In dem dänischen Kirchenlied *Altid frejdig (Immer sorglos)* steht folgende Zeile: »Sei immer sorglos, wenn du auf Wegen gehst, die Gott sich traut zu kennen.« Wenn man das Gleichnis vom verlorenen Sohn ernst nimmt, dann soll es bedeuten, dass es nichts im Leben eines Menschen gibt, zu dem sich Gott nicht bekennen würde. Gott bekennt sich zu seinen Menschen auf all ihren Wegen! Nichts Menschliches ist Gott fremd. Das heißt, dass wir uns vor den Irrwegen im Leben nicht fürchten müssen. Manchmal verlaufen wir uns, wissen nicht, wohin wir unterwegs sind. Geraten in Sackgassen. Doch auf allen Wegen ist Gott uns nahe. Auf allen Wegen geht er mit uns.

Vielleicht ist es so, dass wir im tiefsten Inneren von unserer Sehnsucht nach einem Leben in Gottes Nähe vorangetrieben werden. Selbst wenn wir uns verlaufen, ist unsere Antriebskraft, um wieder auf den richtigen Weg zu kommen, die Sehnsucht danach, in der Liebe und Gemeinschaft mit Gott und unseren Mitmenschen zu leben. Der alte Kirchenvater Augustin sagt in einem Rückblick über sein Leben, das ihn auf viele Abwege und Irrwege geführt hatte: »Du (Gott) hast mich nach deinem Ebenbild erschaffen, und mein Herz ist unruhig, bis es in dir seine Ruhe findet.« So verstanden, können wir ein Leben – von der Unruhe angetrieben – auf den verschiedensten Wegen der ganzen Welt leben. Auf allen diesen Wegen sind wir – unabhängig davon, ob es uns bewusst ist oder nicht – mit unserem Schöpfer verbunden. »Siehe, ich bin bei euch alle Tage bis an der Welt Ende!« So lauteten die Worte Jesu bei unserer Taufe. Sie gelten immer noch.

▶ Vorschläge für Erzählungen, Märchen oder Geschichten

- Martin A. Hansen: *Paradisæblerne* (liegt nicht in deutscher Übersetzung vor).

▶ Die Wanderung des Tages im Gebet und Nachdenken über eine Last, die wir zu tragen haben

Die Wanderung des Tages führt zu einem See, dem Meer oder einem Bach – je nachdem, welches Gewässer sich in der Nähe des Unterrichtsraumes befindet.

Stationen

1. Station – Der Unterrichtsraum der Konfirmanden
Wir stellen uns draußen mit unseren Wanderstäben in einem Kreis auf. Jeder denkt für sich an eine Last, die er zu tragen hat. Vielleicht handelt es sich dabei um ein Verhalten, von dem wir uns bewusst sind, dass es weder für uns selbst noch anderen gegenüber

angemessen gewesen ist. Weiter denken wir daran, dass wir trotz dieses Verhaltens immer noch der Sohn oder die Tochter unserer Eltern sind und immer noch mit unseren Freunden befreundet sind. In dem Bewusstsein, dass wir von Gott und unseren Nahestehenden geliebt werden, können wir diejenigen sein, die wir in dieser Welt wirklich sind.

2. Station – Der Bach/der See/das Meer
Wir wandern in Stille zu einem See, zum Meer oder zu einem Bach. Wir haben einen Stein mitgenommen, der symbolisch für die Schuld steht, die wir auf unseren Wegen auf uns geladen haben. Wir werfen den Stein in den See/das Meer/den Bach. Er verschwindet im Wasser. So, wie er unsichtbar wird, so lässt Gott auch unsere Schuld unsichtbar werden. Er sagt: Du bist mein geliebter Sohn/meine geliebte Tochter. Deine Schuld ist vergeben worden. Du kannst jetzt von Neuem beginnen! Geh hinaus in den Tag und lebe das Leben in Freude! Wir beten das Vaterunser und gehen zum Unterrichtsraum der Konfirmanden zurück.

▶ DIE ZEICHNUNG VON DER LEBENSWANDERUNG DER KONFIRMANDEN – IRRWEGE

Wo warst du, als du auf Abwege, auf Irrwege geraten bist? Einer der Irrwege kann in das Bild eingezeichnet werden.

▶ ABSCHLIESSENDE ANDACHT

Segen
>Möge der Segen des Lichts auf dich fallen
>äußeres wie inneres Licht.
>Möge das Sonnenlicht der Segnung auf dich scheinen
>und dein Herz erwärmen,
>bis es wie ein starkes Feuer glüht
>und die Menschen in deiner Nähe gewärmt werden,
>Fremde wie Freunde.
>Möge das Licht aus deinen Augen strahlen
>wie eine Kerze, die entzündet ist
>im Fenster eines Hauses
>und den Wandernden einlädt
>hineinzukommen – aus dem Sturm heraus.
>(Traditionelles keltisches Gebet aus *Carmina Gadelica*, bearbeitet von Peter Millar, Iona)

7. Lektion
Gebet

▶ Vorbereitung

- Einen Kirchenraum reservieren

▶ Betrachtungen zum Thema Gebet

Pilger zu sein bedeutet, nach dem Weg zu fragen und um Hilfe zu bitten. Der Pilger verkehrt auf unbekannten Wegen. Mit diesen Wegen ist er nicht vertraut, und deshalb ist er auf ihnen ausgesetzter und verletzbarer als auf den wohlbekannten, heimischen Wegen. Das glaubt er zumindest. In Wirklichkeit ist dies aber eine Illusion. Der Mensch ist auf allen Wegen des Lebens verletzbar und ausgesetzt. In jedem Augenblick kann man seine(n) Liebste(n) verlieren oder selbst sterben. Man hat – als Mensch – keine Macht über die wesentlichsten Gegebenheiten im Leben. Das Leben, der Tod und die Liebe – im Verhältnis zu ihnen sind wir machtlos. Wir leben das Leben auf dem »Feld des Herrn«, wie man sagt. Dass es in Wirklichkeit so ist, daran erinnert den Pilger die Wanderung auf unbekannten Wegen. Es schärft sein Bewusstsein für die Verletzbarkeit und die Ohnmacht und es macht ihn offen für das Leben, so wie es ihm unterwegs geschenkt wird. Er erkennt, dass er die Macht loslassen muss.

Die Erkenntnis, dass man den wesentlichsten Gegebenheiten im Leben mit Ohnmacht gegenübersteht, macht demütig, und das Gebet wird naheliegend. Auf meiner Wanderung lernte ich zu beten, wie ich nie zuvor gebetet habe. Es gab Strecken, die öde und unwegsam waren. Da kam mir die Bitte aus dem Vaterunser in den Sinn: »Herr Jesus Christus, dein Wille geschehe!« Wir wissen, dass Gott uns gut will. Das wissen wir von Jesus Christus. Deshalb trauen wir uns zu sagen: »Dein Wille geschehe!«, wenn unsere eigener Wille nicht ausreicht.

Es war jenes Gebet, das Jesus selbst betete, als er unmittelbar vor der Kreuzigung im Garten Gethsemane war. Er bat darum, vor dem bewahrt zu werden, von dem er wusste, dass es ihm bevorstand. Er betete: »Mein Vater, wenn es möglich ist, lass diesen Kelch an mir vorübergehen, doch nicht, wie ich will, sondern dein Wille soll geschehen.« »Wenn es nicht möglich ist, dass mein Wille geschehe, dann soll dein Wille geschehen!« Mit diesem Gebet legen wir alles, was wir haben, in die Hand Gottes: all das, was wir nicht bewältigen können. Das ganze Leben, das wir mit Zittern und Zagen in unseren Händen halten: »Herr Jesus Christus – dein Wille geschehe mit uns und mit denen, die wir lieben! Mit unseren Kindern, deren Leben wir außerstande sind so zu beeinflussen, sodass sie frei von Leid und Schmerz sind. Jene, die wir lieben und die wir hin und wieder leiden sehen müssen – ohne ihnen die Lust zum Leben einflößen zu können.

Die Hoffnung, der Glaube, die Liebe. Es steht nicht in unserer Macht, einem Menschen, der verzweifelt ist, seinen Lebensmut zurückzugeben. Wir können da sein, bei ihm und ein Stück des Weges mit ihm teilen. Wir können ihm ein wenig von seiner Last abnehmen, indem wir zuhören und uns um ihn kümmern. Doch die Verzweiflung von ihm nehmen – das steht selten in unserer Macht. »Herr Jesus Christus, dein Wille geschehe! Sei du selbst bei ihm! Und sei bei mir, wenn ich selbst in der Gefahr bin, den Mut zu verlieren und aufzugeben. Amen.«

Beten kann man auf vielerlei Art. Befreiung im Leben erfahren wir da, wo wir das Leben im Gebet loslassen und es zugleich in jedem Moment aus Gottes Hand empfangen. So wie Maria es tat, als sie vor einer Entscheidung, einer Aufgabe im Leben stand, deren Folgen sie gar nicht abschätzen konnte: Mutter Jesu zu werden. Sie hatte Angst, aber sie kämpfte nicht dagegen an. Sie versuchte nicht die Situation so zu verändern, dass sie übersichtlich wurde und zu bewältigen war. Sie ließ los und antwortete dem Engel: »Sieh, ich bin die Dienerin des Herrn. Lass mir geschehen nach deinem Wort!«

▶ Sinnbild vom St. Jakobsweg

Los Arcos – Gebet

Sie hat Angst
denn dies ist unbekanntes Land

Alles kann passieren!

Bei jedem Schritt, den sie macht
betet sie
Herr Jesus Christus, dein Wille geschehe

Sie geht am frühen Morgen in die Dunkelheit hinaus
durch finstere Straßen in großen Städten
durch kleine arme Dörfer
wo sie sich im Verborgenen beobachtet fühlt

Über schmale Pfade
über weite Felder
zum nächsten Ziel

Und die Angst verschwindet beim Beten
während die Sonne aufgeht

Dein Wille geschehe

Sie kämpft dafür, das Vertrauen darauf zu bewahren
dass Gottes Wille gut ist
ungeachtet dessen, wie schwer es ist
durch was sie hindurchgehen muss
auf dem Weg und im Leben

Dein Wille geschehe
betet sie bei jedem Atemzug
sie geht befreit in den Tag hinein, hinaus in das Leben

▶ Einleitende Andacht

Lieder: *GESG 283 Ich sing dir mein Lied* und *GESG 222 Möge die Straße …*
Lesung im Wechsel: Psalm 139
Vaterunser

▶ Gespräch über das Gebet

Einstieg
Der Einstieg für das Gespräch erfolgt über nachfolgende Fragen. An dieser Stelle sollte
der Unterrichtende darauf vorbereitet sein, dass die Fragen dem Einzelnen sehr nahe-
gehen könnten und dass es deshalb vielleicht nicht möglich sein wird, ein wirkliches
Gespräch über die Angst des Einzelnen herstellen zu können. Ist dies der Fall, dann
sollte darauf Wert gelegt werden, dass jeder sich seine eigenen Gedanken macht – ohne
Antworten geben zu müssen.
Als Pastorin kann man Beispiele für die größte eigene Angst geben: dass man sich
zum Beispiel davor fürchtet, dass den eigenen Kindern oder Nahestehenden etwas Ernsthaftes passieren könnte oder dass man sie verlieren könnte. Das ist ein unerträglicher
Gedanke! Sein Kind zu verlieren ist das Schlimmste, was Eltern sich vorstellen können.
In der Zeit, in der die Pastorin auf diese Weise darlegt, wovor sie sich selbst fürchtet,
haben die Konfirmanden eine Denkpause, in der sie die Möglichkeit bekommen, ihrer
eigenen Angst ins Auge zu sehen.

Fragen:
- Was ist das Allerschlimmste, das dir in deinem Leben passieren kann? Die Konfirmanden denken nach – es ist nicht sicher, ob sie Lust haben, darüber in der
  Gruppe zu sprechen. Das Entscheidende ist, dass sie darauf aufmerksam gemacht
  werden, welche Möglichkeiten das Gebet ihnen geben kann in Bezug auf das,
  wovor sie sich fürchten.
- Denk darüber nach, welche Bedeutung es hätte, wenn du – im Gebet – sagen
  könntest: Lieber Gott, lass nicht das Schlimmste geschehen!

- Ist es dir möglich, das Gebet fortzusetzen: Nicht mein Wille, dein Wille geschehe?

▶ BIBELTEXT LK 22,39–46 JESUS IM GARTEN GETHSEMANE

Der Text veranschaulicht, wie ein Mensch – in Ohnmacht – alles von sich und in Gottes Hand legen kann.

- Lk 22,39–46 wird gemeinsam gelesen. Man kann den Text eventuell parallel zu dem Bericht des Evangeliums – in Peter Madsens *Menneskesønnen* (www.petermadsen.info; the son of man) Kap.10 lesen, wenn man einen Klassensatz zur Verfügung hat. Die Bilder daraus unterstützen die Vorstellungskraft der Konfirmanden.

Gespräch über Lk 22,39–46
Nun kann man versuchen, an die Wirklichkeit der Konfirmandinnen und Konfirmanden anzuknüpfen. Gibt es etwas aus der Situation im Garten von Gethsemane, was ihr aus eurem eigenen Leben kennt – oder aus dem Leben anderer? Was haltet ihr von Jesu Art zu reagieren? Hätte er dagegen ankämpfen sollen?

▶ BIBELTEXT LK 1,28–38 MARIÄ VERKÜNDIGUNG

Der Text veranschaulicht, wie ein Mensch – in Ohnmacht – alles von sich und in Gottes Hand legen kann.

In *Marias Kind* von Cecil Bødker wird auf eindrückliche Weise die Situation der ganz jungen Maria dargestellt, in der sie zu wissen bekommt, dass sie ein Kind erwartet. Diese Erzählung kann eine Hilfe für Unterrichtende sein, um den Bibeltext für die Konfirmanden zugänglicher zu machen. Das Ziel ist, dass sie sich das Dorf und das Gerede vorstellen können sollen sowie ein junges Mädchen, das nicht viel älter gewesen ist, als sie es selbst jetzt sind. Vielleicht können sie sich auch selbst in die Situation mit hineindenken.

Gespräch über Lk 1,28–38
Was würde man hier in der Stadt dazu sagen, wenn plötzlich eine der Konfirmandinnen behaupten würde, dass sie Besuch von einem Engel gehabt hätte – und dass der Schwangerschaftstest deshalb ein positives Ergebnis anzeige. Wahrscheinlich würde man glauben, dass das Mädchen Pech gehabt hätte und dass ihr Verstand von dem überwältigenden Zustand, in dem sie sich nun befindet, Schaden genommen hätte.

Außerdem kann man darüber sprechen, dass, wenn etwas passiert, das wir entsetzlich und überwältigend finden, es sich manchmal dabei um Ereignisse handelt, die auf längere Sicht neues Leben für uns und andere bedeuten. Man denke nur an die Bedeutung, die Marias Kind zukam – und das für die ganze Welt!

▶ Vorschläge für Erzählungen, Märchen oder Geschichten

- Nacherzählung oder Lesung von Cecil Bødkers Roman *Der Junge*, Kapitel 1 *Marias Kind*. Diese Geschichte veranschaulicht die Ohnmacht eines Menschen und die Möglichkeit, das Leben in Gottes Hand zu legen: Es soll mir geschehen nach deinem Willen!
- Astrid Lindgren: *Klingt meine Linde.*
- H. C. Andersen: *Die Schneekönigin.*
- Søren Kierkegaard: *Der König und das Blumenmädchen.*
- Jakob Rønnows Kommentare zu *Der König und das Blumenmädchen* in *Fortællinger om Gud og hver mand* (liegt nicht in deutscher Übersetzung vor).

▶ Die Wanderung des Tages im Gebet und im Nachdenken darüber, das Leben in die Hand Gottes zu legen

Stationen

1. Station – Vor dem Unterrichtsraum der Konfirmanden
- Wir stellen uns draußen mit unseren Wanderstäben in einem Kreis auf.
- Stellt euch vor, dass das, wovor ihr euch am meisten fürchtet, eintreten würde. Bei jedem Schritt, den wir jetzt gehen, bitten wir Gott, sich um das zu kümmern, was wir selbst nicht bewältigen können.
- Die Konfirmanden bekommen ein Gebet mit auf den Weg zur Kirche.
- Wir beten: »Herr Jesus Christus, dein Wille geschehe!«
- Wir gehen in Stille, gehen langsam und im Gänsemarsch.

2. Station – Die Kirche
- In der Kirche stellen wir uns im Kreis auf und sprechen uns gegenseitig den Segen zu. Das wird folgendermaßen gemacht: Einer der Konfirmanden sagt seinen Namen, und der nächste antwortet: »Gesegnet seist du!« Jener, der den Segen gegeben hat, sagt nun selbst seinen Namen und richtet sich seinem anderen Nebenmann zu, der wiederum antwortet: »Gesegnet seist du!« Auf diese Weise geht die Segnung den ganzen Kreis herum.
- Wir singen die erste Strophe von *Befiehl du deine Wege*, EG 361.
- Wir verlassen die Kirche und gehen zum Unterrichtsraum der Konfirmanden zurück.

▸ Die Zeichnung von der Lebenswanderung der Konfirmanden –
Gottes Nähe

Im Mittelpunkt steht das Feld der Zukunft oder das des Göttlichen. Hier können die Engel-Glanzbilder zum Einsatz kommen und andere gute Ideen, wie man Gott sonst noch abbilden könnte. Wir kennen ihn in Jesus Christus, aber wie sah er aus?

Eine andere Möglichkeit ist, dass wir uns mit der Angst vor der Zukunft beschäftigen und sie in unseren Bildern zur Darstellung bringen.

▸ Abschliessende Andacht

Gebet:
Eventuell das Gebet von Birgitta »Herr, zeige mir deinen Weg und gib mir den Mut, ihn zu gehen!« oder ein Gebet aus den Gebetsbüchern, die in der Literaturliste auf Seite 237ff. angeführt sind.

Segen

▸ Eigene Notizen:

8. Lektion
Die innere und die äußere Wanderung

▶ VORBEREITUNG

- Die Wanderstrecke abgehen, die unten erwähnt wird, und danach angemessene Zeit einkalkulieren.
- Anregung zum Thema Gut und Böse für die Arbeit mit den Zeichnungen von der Lebenswanderung der Konfirmanden bekommt man in Karen Sanders *Om de syv dødssynder (Über die sieben Todsünden)* und in Jan Lindhardts *De syv dødssynder (Die sieben Todsünden)* (siehe Literaturliste Seite 234ff.).

▶ BETRACHTUNGEN ZUM THEMA
DIE INNERE UND DIE ÄUSSERE WANDERUNG

Wenn die Sonne scheint und sanfte Winde auf deinen Wegen wehen, dann ist es einfach, an das Gute zu glauben – ja, auch an einen guten Gott zu glauben. Doch wenn Stürme wüten und Menschen mit sich in den Tod reißen, dann kommen Fragen, Zweifel und Angst in uns hoch: Gibt es wirklich einen Gott? Und wenn es Gott gibt, ist er dann wirklich ein liebevoller Gott? Und wenn er die Menschen liebt, wie kann er dann so viel Leid und Schmerz im Leben der Menschen zulassen? Was hat das Leben für einen Sinn, wenn das Leben voller Leid ist?

Wenn wir uns durch die Wüste bewegen, in der alles unfruchtbar und trocken ist, die Sonne brennt und der Horizont sich nicht verändert – es sich anfühlt, als ob man nicht wieder aus ihr hinauskommen könnte – und wir unserer Energie entleert werden, dann ist es schwer, am Glauben an das Gute im Leben festzuhalten.

Das Leben mancher Menschen ähnelt einer Wüste, jeden Morgen, wenn sie die Augen öffnen. Am Gemüt mancher Menschen zerren andauernd heftige Stürme, sodass es zerbrechlich wird, leicht in Stücke zu schlagen. Dämonische Stimmen erzählen lebensfeindliche Geschichten von der Wirklichkeit – und der Mensch wird dadurch klein und ängstlich. Dann wird es einfach, den Menschen in Versuchung zu führen, an das Böse zu glauben und sich vom Bösen bestimmen zu lassen. So böse die dämonischen Stimmen einem ins Ohr flüstern, ebenso böse wird man auch verleitet zu denken.

Das hört sich dramatisch an – und trotzdem kennt es jeder – etwa aus der Situation, in der er sich entschieden hat, Schlechtes von seinem Freund zu glauben – anstatt Gutes. Jeder kennt es aus Situationen, in denen Selbstverdammung und Selbsthass im Geist die Überhand bekommen – und man sich selbst einredet, man sei nichts wert. Benny Andersen spricht davon mit einer Portion Ironie:

»Ich habe mich selbst und meine Plomben satt. Ich kann meinen Körper nicht ausstehen. Was nützt es, wenn die Leber schrumpft, wenn sich der Bauch immer weiter aufbläht. Ich leide an Selbsthass. Wäre ich doch nur ein wenig selbstgefälliger. Ich bin meinen Namen und meine Gedanken leid. Und hier hilft kein Vaterunser. Was nützt es, wenn das Herz ständig schlägt, wenn es niemanden gibt, für den es schlagen kann. Ich leide an Selbsthass. Wäre ich doch nur ein wenig selbstgefälliger.«

Wenn der Pilger mit guten Freunden durch üppige Täler geht, dann treten alle guten Gedanken an die Oberfläche. Wenn er aber allein durch Wüsten geht oder wenn die Wanderung des Tages unter schweren, grauen Regenwolken steil bergauf führt, wenn es kalt ist, der Körper wehtut und er ganz allein mit seinen Gedanken und seinen Sorgen ist, dann kommen die Last und Mühe des Lebens und der Schmerz an die Oberfläche.

Genauso ist es auch beim Wandern. Die äußere, physische Wanderung ruft eine innere Bewegung hervor, die von den hellen und leichten Tönen des Gemüts zu schwarzen und grauen Gedanken führt. Deshalb ist es auch wichtig, dass die Konfirmanden eine lange Wanderung unternehmen. Vielleicht nur einen Tag. Denn auf der Wanderung machen sie die Erfahrung, die ich hier beschrieben habe, und an diese Erfahrung sollen sie im späteren Unterricht anknüpfen können.

▶ Sinnbild vom St. Jakobsweg

Palas de Rei – Der Drache

Im Märchen muss der Held den Drachen töten
wenn ihm das gelingt
bekommt er die Prinzessin und das halbe Königreich

Die Pilgerreise war für sie
eine Auseinandersetzung mit einem ungeheuerlichen Drachen

der Angst

Das Leben sollte gewonnen werden
die Angst überwunden

Die Angst davor loszulassen
– die Kontrolle zu verlieren
und sich dem Leben im Hier und Jetzt hinzugeben

Die Angst davor angesehen
und für wertlos befunden zu werden

Die Angst davor zu Grunde zu gehen

Die Angst davor verlassen zu werden

Die Angst vor dem Tod
und der Gewalt
und der Sinnlosigkeit

Sie hat den Drachen besiegt
das Leben gewonnen
auf dem Weg nach Santiago

Doch sie hat auch herausgefunden
dass dieser Sieg in jedem Augenblick errungen werden muss
den Rest des Lebens

Jesus sagt
Fürchtet euch nicht!
Ich bin bei euch alle Tage bis an der Welt Ende

▶ EINLEITENDE ANDACHT

Lieder: *EG 175 Ausgang und Eingang* und *GESG 222 Möge die Straße …*
Lesung im Wechsel: Psalm 139
Vaterunser

▶ GESPRÄCH ZUM THEMA DIE INNERE UND DIE ÄUSSERE WANDERUNG

Einstieg
Es ist wichtig, dass die Konfirmandinnen und Konfirmanden – in der Einleitung der
Lektion – ein Verständnis dafür bekommen, wie das Äußere das Innere beeinflusst und
wie auch das Innere das Äußere beeinflussen kann. Wie man also auf dem Weg, den
man geht – ob er nach Santiago führt oder ob es der Lebensweg zu Hause ist –, von
der Landschaft, die einen umgibt, beeinflusst wird.
Es kann die Wüste auf dem Weg nach Santiago oder es können die schwierigen
Verhältnisse im Leben zu Hause sein, die Einfluss auf uns haben. In Bezug auf die zuletzt genannte Situation kann man zum Beispiel darüber sprechen, inwiefern es uns
beeinflusst, wenn wir es ständig mit Problemen zu tun haben. Wenn unsere Nächsten
oder wir selbst schmerzliche Erfahrungen im Leben machen – und wir das Gefühl
haben, aus dieser Situation nicht mehr herauskommen zu können. Die Konfirmanden
haben sicher bereits eigene Erfahrungen mit solchen Situationen gemacht. Vielleicht
werden sie vor den anderen nicht darüber sprechen wollen. Aber es nimmt ihnen etwas
von der Last, die sie zu tragen haben, wenn im Unterricht erwähnt wird, dass das Leben

phasenweise so aussehen kann. Dann sind sie nicht ganz allein mit den Schwierigkeiten, mit denen sie kämpfen.

Fragen:
- Stellt euch vor, ihr sitzt unter einer grünen Palme an einem weißen Sandstrand auf den Bahamas mit einem Getränk in der Hand und um euch herum sind nette Jungs/Mädchen, die euch toll finden. Wie ist das Leben an einem solchen Tag?
- Stellt euch vor, dass ihr die Straße hinuntergeht und auf Drogensüchtige trefft – junge Menschen –, die in ihrem ganzen Elend auf der Straße liegen. Oder stellt euch vor, ihr trefft auf Prostituierte, die so tief gefallen sind, dass sie sich selbst verkaufen. Wie sieht das Leben aus einer solchen Perspektive aus?
- Der Unterrichtende sollte veranschaulichen, dass das Äußere, unsere Umwelt unsere innere Gemütsverfassung beeinflusst und das Innere gleichzeitig das Äußere beeinflusst. Wenn die Mutter oder der Bruder schwer an Krebs erkrankt wäre und lange Zeit im Krankenhaus liegen würde, dann würde man jeden Morgen, wenn man die Augen öffnet, als Erstes an ihn oder sie denken. Jeder Tag wäre davon »gefärbt«, dass jemand, den du liebst, krank ist und womöglich sterben muss. Das, was du um dich herum wahrnehmen würdest, würde dann die Farbe deines inneren Zustandes annehmen.
- Kennt ihr das auch, dass an manchen Tagen alles ganz hell und leicht aussieht, während man an anderen Tagen nur das wahrnimmt, was hässlich und sinnlos ist?
- Wenn ich sage, dass im Leben eines Menschen »Sturm aufkommt« – was meine ich dann damit?
- Wenn ich sage, dass das Leben eines Menschen zu einer Wüstenwanderung wurde – woran denkt ihr dann?
- Was ist das Gegenteil von der Vorstellung von Sonnenschein und hellen, leichten Tagen – was verbindet ihr damit?

Die Überlegungen der Konfirmanden
Die Konfirmandinnen und Konfirmanden können sich lebhaft in die Situation hineinversetzen und tragen mit ihren eigenen Erfahrungen zum Gespräch bei: zum Beispiel könnten sie davon berichten, dass der Gedanke, dass der eigene Opa gerade gestorben ist, sich wie eine schwere Decke aus Trauer über die Tage legt, oder wie es sich im Gegensatz dazu anfühlt, bald Sommerferien zu bekommen, oder wie die Vorstellung, dass übermorgen Heiligabend ist, ein helles und erwartungsfreudiges Licht über das Leben werfen kann.

▶ BIBELTEXT MT 4,1–11 JESU VERSUCHUNG IN DER WÜSTE

Der Text stellt dar, wie ein Mensch in Versuchung geführt wird, wenn er sich lange in der Wüste aufgehalten hat.

- Zuerst lesen wir das erste Kapitel aus Peter Madsens *Menneskesønnen* (www. petermadsen.info), das bildlich die Versuchung in der Wüste wiedergibt.
- Danach wird der Bibeltext durchgelesen, indem der Pastor, die Pastorin vorliest und die Konfirmanden ihn in ihrem Neuen Testament mitverfolgen.
- Die Gruppe wird hierauf in Kleingruppen aufgeteilt, die nach Neigungen und Fähigkeiten zusammengesetzt werden. Nicht alle haben Lust, Theater zu spielen, während andere damit umgehen, als wäre es für sie das Natürlichste der Welt.
- Die Gruppen bekommen einen Zettel mit den jeweiligen Aufgaben, die nun folgen, ausgehändigt.

Gruppenarbeit zu Mt 4,1–11

Gruppe 1
- Erzählt den Bericht in der Ich-Form, als ob ihr es gewesen wärt, die dort draußen in der Wüste gewesen sind.
- Einen Einstieg findet ihr, indem ihr einander interviewt und danach die Antworten für die Nacherzählung sammelt. Ihr solltet dabei euren eigenen Sprachstil benutzen, aber denkt daran, die Details der biblischen Geschichte mit einzubeziehen. Ihr könntet beispielsweise so beginnen:
- Wie war es dort draußen in der Wüste? Es war hart, ich war hungrig und erschöpft, nachdem ich über einen Monat lang nichts gegessen hatte! Was war passiert? Der Teufel ist gekommen und hat mich in Versuchung geführt. Was hat er gesagt? Er sagte: »Warum verwandelst du nicht einfach diese Steine hier in Brot – du behauptest doch, du seist Gottes Sohn – und du bist hungrig!«

Gruppe 2
- Beantwortet die folgenden Fragen:
1. Womit will der Teufel Jesus versuchen? Liste die Dinge der Reihenfolge nach auf.
2. Wofür stehen die Versuchungen?
3. Warum hat Jesus die Steine nicht einfach in Brot verwandelt?

Gruppe 3
- Ihr sollt den Bericht von der Versuchung Jesu in Szene setzten. Es gibt nur zwei Rollen: Jesus und Satan (beziehungsweise drei bis vier Rollen, wenn man sich dafür entscheidet, am Schluss des Stückes die Engel zu Jesus kommen zu lassen, die sich um ihn kümmern). Wenn die Gruppe vier bis sechs Personen umfasst, wäre es auch möglich, dass zwei Jugendliche szenisch darstellen, wie Satan Jesus mit Brot in Versuchung führt, und zwei weitere Schüler zeigen, wie Satan Jesus in Versuchung führen will, vom Felsen zu springen. Die letzten beiden Schüler führen vor, dass Satan Jesus mit den Reichtümern und Ländern der Welt in Versuchung führen will. Es ist sinnvoll, dabei den Bericht von der Versuchung in einen anderen, zeitgenössischen Rahmen zu übertragen, in dem die Schüler ihre eigene Sprache nutzen können.

Zusammenfassung der Gruppenarbeit zu Mt 4,1–11

Jesus hält sich 40 Tage und 40 Nächte in der Wüste auf und ist schließlich dem Verhungern nahe. Man sollte glauben, dass es in dieser Situation leicht sein müsste, jemanden in Versuchung zu führen. So ist es auch normalerweise, wenn man sich in einer Wüste befindet und man fast verhungert. Der Teufel versucht, ihn zu überlisten, an ihn zu glauben – das heißt an das Böse zu glauben. Und er fordert ihn heraus, im Namen des Bösen zu handeln. Das Böse kann einen sehr vertrauenserweckenden Eindruck machen! Das Gute und das Böse können einander so ähnlich sein, dass es schwierig sein kann, sie zu unterscheiden. (Das zeigt der Zeichner Peter Madsen in *Menneskesønnen [Menschensohn]*, wo Jesus so gezeichnet ist, dass er dem Teufel zum Verwechseln ähnlich sieht, www. petermadsen.info; the son of man.)

So wie Jesus in der Wüste gewesen ist und dort in Versuchung geführt wurde, können auch wir uns hin und wieder in Wüstengebieten des Lebens befinden und uns dort in Versuchung führen lassen, an das Böse zu glauben und auf seinen Befehl hin zu handeln.

Wenn ich beispielsweise nicht der Versuchung widerstehen könnte zu glauben, dass alles gleichgültig ist und das Leben sinnlos ist, nachdem ich einen nahestehenden Menschen wegen einer furchtbaren Krankheit verloren habe – wenn ich also dann an das Böse in der Welt glauben würde –, dann würde ich in den Unterrichtsraum zu euch Konfirmanden kommen und schnell etwas Schlechtes von euch denken. Ich würde womöglich das Schlimmste von euch erwarten und denken, dass ihr nur darauf aus seid, den Unterricht zu stören, und dass ihr mich hinter meinem Rücken auslacht. Ich würde die ganze Zeit auf der Hut sein und schon die kleinsten Anzeichen in diese Richtung interpretieren.

Glaube ich hingegen an das Gute, an die Liebe und an Gott, der uns das Leben gibt, dann werde ich euch Konfirmanden positiv gegenübertreten und etwas Gutes von euch erwarten. Ich würde an das Beste in euch glauben und euch fragen, was los sei, wenn es Unruhe in der Klasse gäbe usw.

▶ VORSCHLÄGE FÜR ERZÄHLUNGEN, MÄRCHEN ODER GESCHICHTEN

Das Gleichnis vom Adler

Die Geschichte aus Afrika von James Aggrey (1875–1927) führt vor Augen, dass wir uns in gewissen Situationen im Leben gefangennehmen und in Versuchung führen lassen, zu glauben, dass wir nichts wert seien. Aber in Gottes Augen sind wir unendlich wertvoll. Wir sollen nicht wie die Hühner im Käfig leben. Wir sollen als freie Vögel Gottes leben.

Ein Mann ging eines Tages in einen Wald und wollte einen Vogel fangen, egal welchen. Er fing einen jungen Adler und nahm ihn mit nach Hause. Er brachte ihn bei seinen Hühnern, Enten und Puten unter und gab ihm Hühnerfutter zu fressen, obwohl es ein Adler war, der König der Vögel.

Fünf Jahre später kam ein Zoologe zu Besuch in seinen Garten und sagte: »Dieser Vogel dort, das ist ein Adler und kein Huhn.«

»Ja«, sagte der Besitzer, »aber ich habe ihn als Huhn erzogen. Er ist kein Adler mehr, er ist ein Huhn, auch wenn seine Flügelspannweite fünf Meter misst.«

»Nein«, sagte der Zoologe. »Er ist immer noch ein Adler. Er hat das Herz eines Adlers. Ich werde ihn dazu bringen, hoch gen Himmel aufzusteigen.«

»Nein«, sagte der Besitzer. »Er ist ein Huhn und er wird nie fliegen.«

Sie einigten sich darauf, einen Versuch zu machen. Der Zoologe nahm den Adler, hob ihn hoch und sagte mit großer Überzeugung: »Adler, du bist ein Adler, du gehörst dem Himmel an und nicht dieser Erde, strecke deine Flügel aus und flieg.«

Der Adler sah von der einen Seite zur anderen, blickte zur Erde hinunter und sah die Hühner dort gehen und fressen und hüpfte dann zu ihnen hinunter.

»Was habe ich dir gesagt?«, sagte der Besitzer. »Er ist ein Huhn.«

»Nein«, sagte der Zoologe. »Er ist ein Adler. Lass uns ihm morgen eine zweite Chance geben.«

Am nächsten Tag ging er mit dem Adler aufs Dach hinauf und sagte: »Adler, du bist ein Adler, strecke deine Flügel aus und flieg.« Aber wieder hüpfte der Adler auf die Erde, als er die Hühner unten gehen und fressen sah, und fing ebenfalls an zu fressen.

Der Besitzer sagte: »Ich habe dir doch gesagt, dass er ein Huhn ist.«

»Nein«, behauptete der Zoologe. »Er ist ein Adler und er hat immer noch das Herz eines Adlers. Gib ihm noch eine Chance, dann werde ich es morgen schaffen, dass er fliegt.«

Am nächsten Tag stand er früh auf und nahm den Adler mit sich zum Fuße eines hohen Berges weit entfernt von den Häusern der Stadt. Die Sonne ging gerade auf und vergoldete die Bergspitzen, sodass jedes Felsstück an diesem schönen Morgen vor Freude erstrahlte.

Er hob den Adler hoch und sagte: »Adler, du bist ein Adler. Du gehörst dem Himmel an und nicht dieser Erde, strecke deine Flügel aus und flieg.« Der Adler sah sich um und erbebte, als wäre er mit neuem Leben angefüllt worden, aber er flog nicht. Da zwang der Zoologe ihn, direkt in die Sonne zu blicken. Plötzlich breitete er die Flügel aus, und mit einem Schrei hob er sich höher und höher in die Luft hinauf und kam nie mehr zurück. Er war ein Adler, auch wenn er wie ein Huhn gezähmt und gehalten wurde. Mein Volk in Afrika ist nach dem Ebenbild Gottes erschaffen worden, aber man hat uns einreden wollen, dass wir Hühner seien, und wir glauben immer noch daran, dass wir es sind. Strecke deine Flügel aus und flieg. Gib dich niemals mit Hühnerfutter zufrieden!«

Titelvorschläge:
- Selma Lagerlöf: *Die Lichtflamme.*
- Karen Blixen: *Die Königssöhne.*
- H. C. Andersen: *Die wilden Schwäne.*
- Ebbe Reichs Heldenerzählung *Marie Wulf og det hellige værtshus* (liegt nicht in deutscher Übersetzung vor).

Stationen

Dauer: Die Dauer der Wanderung sollte mindestens eine halbe Stunde betragen, kann
aber erweitert werden, wenn man zum Beispiel das Thema dieser Lektion auf einer
Konfirmandenfreizeit bearbeiten möchte.

Länge: Von 1 km bis zu 20 km

Ort: Man wählt einige Orte in der Gemeinde aus, die man mit der Versuchung, an
das Böse zu glauben, in Verbindung bringen kann, sowie andere Orte, an denen es leicht
fällt, den Glauben an das Gute festzuhalten. Die folgenden Orte können auch durch
einen kleinen Gegenstand repräsentiert und symbolisiert werden.

1. Station – Der Unterrichtsraum der Konfirmanden
Wir bilden draußen vor dem Unterrichtsraum einen Kreis mit unseren Wanderstäben.
Heute führt die Wanderung durch die Gemeinde zu verschiedenen Orten: an einen
fruchtbaren, einen öden und einen unfruchtbaren Ort sowie zu einer Stelle, an der man
in Versuchung geführt wird, an das Böse zu glauben – und schließlich an einen Ort, wo
Menschen Fürsorge für die Schwachen zeigen.

*2. Station – Ein fruchtbarer Ort, und wenn man einen solchen nicht finden kann, dann
kann man zum Beispiel einen Blumentopf mit gelben Narzissen im weißen Schnee oder
in der dunklen Erde benutzen.*
Wie klingt die Stimme eines Engels im Menschen? Dies lässt sich den Jugendlichen
mithilfe folgenden Beispiels verdeutlichen: Die Engel sagten zu den Hirten auf dem Feld
in der Weihnachtsnacht: »Fürchtet euch nicht, denn seht, ich verkünde euch eine große
Freude!«

*3. Station – Ein Ort, der öde und unfruchtbar ist, zum Beispiel ein asphaltierter Park-
platz.*
Woran glaubst du, wenn du dich hier an diesem Ort befindest? Inwiefern wirkt ein
veröderter Ort ohne Leben auf unseren Glauben ein? Wie klingt die Stimme eines Dä-
mons im Menschen? Ein Beispiel hierfür könnte der Satz sein: Du bist klein und dumm,
und niemand mag dich!

*4. Station – Ein Ort, der mit der Fürsorge für die Schwachen in Verbindung steht, zum
Beispiel ein Krankenhaus, ein Pflegeheim oder eine Kinderkrippe.*
Nenne eine Sache und eine Tat, die vielen zugute kommt. Ein Beispiel wäre etwa die
Frau aus der Gemeinde, die die Alten jede Woche im Pflegeheim besucht und ihnen
Geschichten vorliest.

5. Station – Ein Ort, der uns in Versuchung führt, an das Böse zu glauben. Fällt einem nichts anderes ein, dann kann man die Konfirmanden mit auf eine Wanderung zu einem durchgehend geöffneten Kiosk nehmen, der Klatschblätter verkauft. Vielleicht ist das ein gewagter Einfall – ich weiß nicht, was man im Kiosk dazu sagen wird. Sie wollen ja eigentlich ihre Illustrierten verkaufen.

Nenne eine Sache und eine Handlung, die aus dem Bösen hervorgehen. Ein Beispiel: ein Schüler, der die anderen in der Schule mobbt.

▶ DIE ZEICHNUNG VON DER LEBENSWANDERUNG DER KONFIRMANDEN – DAS BÖSE

In dem Feld, in dem das Geistliche in Form von Symbolen für Gott/Christus bereits eingezeichnet ist, soll Gottes Gegensatz, der Teufel, abgebildet werden. Den Ausgangspunkt können dabei die sieben Todsünden bilden, die symbolisch dargestellt werden. Sie können gezeichnet werden oder es können Motive aus Zeitschriften ausgeschnitten und daraus eine Collage gemacht werden. Anregungen bekommt man in Jan Lindhardts *De syv dødssynder* (*Die sieben Todsünden*) und Karen Sanders *Om de syv dødssynder* (*Über die sieben Todsünden*) (liegen nicht auf Deutsch vor).

▶ ABSCHLIESSENDE ANDACHT

Gebet:
Möge Christus vor dir sein und dir den Weg weisen.
Möge Christus neben dir sein und dich geleiten.
Möge Christus hinter dir sein und dir den Rücken stärken.
Möge Christus unter dir sein und dich hochhalten, wenn du fällst.
Möge Christus in dir sein und dich mit seinem Geist erfüllen.
Möge Christus um dich herum sein und dich vor allem Bösen bewahren.
Möge Christus über dir sein und dich segnen.
So segne dich Gott Vater, Sohn und der Heilige Geist!
(Traditionelles keltisches Gebet, *Carmina Gadelica*, bearbeitet von Peter Millar, Iona.)

Segen
Verabschiedung an der Tür mit einem Segenswort aus dem obigen Segensgebet an jeden Einzelnen.

9. Lektion
Mission

▶ VORBEREITUNG

- Einen Klassensatz des Liedes *EG 225 Komm, sag es allen weiter* kopieren
- Teelichter und Streichhölzer für die Wanderung bereitstellen

▶ BETRACHTUNGEN ZUM THEMA MISSION

Mission bedeutet Sendung. Der Gedanke ist, dass Gottes Sendung in der Welt durch Christus geschieht und durch uns, wenn wir das Evangelium über ihn an andere weitergeben. Gott kommt so zu uns durch unsere Mitmenschen.

Das Evangelium zu einem anderen Menschen zu bringen heißt zuallererst: einen Raum schaffen, in dem dieser Mensch sich gesehen und geliebt weiß. Das bedeutet ein Raum, in dem dieser Mensch er selbst sein kann.

Gottes Vergebung und Gottes Liebe, die für jeden von uns gilt, schafft diesen Raum der Freiheit, wenn das Evangelium wahrhaftig gehört und zu Herzen genommen wird als das, woraus wir leben. »Gesegnet sei, der da kommt im Namen des Herrn!« – so heißt es im Abendmahlsritual der Kirche. Es ist Christus, der gemeint ist, aber auch wir können im Namen des Herrn kommen, wenn wir einander in Liebe begegnen.

Ich glaube, dass es eine allgemeine Erfahrung ist – derer, die den Auftrag haben, das Evangelium zu verkünden –, dass unglaublich viele Menschen ihre Vertrautheit mit den Geschichten des Christentums verloren haben. Vielleicht sind sie für die Menschen – im besten Fall – Geschichten, die auf gleicher Ebene stehen mit anderen Geschichten. Es ist eine Seltenheit, auf einen Menschen zu treffen (bei Tauf-, Beerdigungs- und Hochzeitsgesprächen), der seine Kraft für das tägliche Leben aus den christlichen Geschichten und dem christlichen Glauben zieht.

Dadurch kann der Eindruck entstehen, als gäbe es einen Bedarf an Mission unter den getauften Kirchenmitgliedern. Viele wissen heutzutage gar nicht, was es eigentlich bedeutet, Christ zu sein, und ebensowenig, was der Kern der christlichen Botschaft ist. Die Kirche ist von turmhohen Vorurteilen umzäunt, die abgebaut werden müssen, wenn das Evangelium bis in die Gegenwart hineinreichen soll.

In einem solchen Prozess scheint es mir wichtig zu sein, dass die Kirche sich darauf besinnt, wer sie selbst ist und welche Aufgabe ihr in der heutigen Zeit zukommt. Die Pilgerwanderung ist meiner Meinung nach einer von mehreren Wegen, die an dieser Stelle ansetzen können. Es ist ein grenzüberschreitendes Handeln von Seiten der Kirche gefragt. Mauern müssen abgerissen werden. Verbleiben wir als Kirche innerhalb der gleichen Form – innerhalb der alten, dicken, weiß gekalkten Mauern – und halten wir daran fest, dass die Menschen in die Kirche kommen dürfen und sie die Kirche so nehmen, wie sie ist, dann fürchte ich, dass es denen, die verkünden, nicht gelingen wird, eine echte, lebensspendende Begegnung mit den Menschen zustande zu bringen. Wir erreichen keine anderen als nur jene, die schon mit der Botschaft der Kirche und dem Gottesdienst vertraut sind. Und das sind zu wenige!

Wir, die mit dem Christentum vertraut sind und gespürt haben, was der Sinn des Evangeliums ist, wir, die dazu berufen sind, das Evangelium zu verkünden, wir sind dafür verantwortlich, die Botschaft nach außen zu tragen. Dies ist nicht so zu verstehen, dass wir uns über die Wege unseres Herrn Sorgen machen müssten, sondern so, dass wir verantwortlich sind und etwas verändern können. Lars Busk Sørensen sagt in seinem Lied: »(Mensch,) du sollst der Erde Frieden bringen, tägliches Brot und Liebe. Der Gott des Lebens hat keine Hände, deshalb schickt er dich, wenn dein Nächster Not leidet. Du sollst all das beschützen, was überall auf dieser Erde wächst. Durch deine warmen Hände, deine Gesichtszüge, die sie kennen, kommt Gott zu seinen Kindern. Niemand begegnet dem Gott des Lebens zwischen fernen Sternschnuppen. Er ist Gott unter Männern und Frauen, wo er jeden Morgen Werkzeuge für seine Liebe findet. Mensch, dein Leben ist groß, ohne dich wird nichts getan, sänkest du im Leid zu Boden, höbe dich Gott morgen wieder auf mit der sanften Hand deines Nächsten. Im leeren Morgengrauen erschafft Gott dein Leben von Neuem. Jeder Tag ist ein Beginn der Möglichkeit, denen zu helfen, die für ein würdiges Lebens auf der Erde beten.« (vgl. Nr. 370 im dänischen Gesangbuch »Den danske Salmebog« [DDS])

Auf einer Pilgerwanderung begegnen dir andere Menschen. Sie wandern den gleichen Weg wie du. Sie werden zu deinen Begleitern, jene, mit denen du den ganzen Tag und Weg teilen wirst. Du trägst etwas von ihrer Last, so wie auch du selbst unterwegs getragen wirst. Gott sendet uns Begleiter – und sendet uns zu anderen. Er sendet uns mit seiner Liebe und Vergebung. Das ist Mission!

So wie dir deine Begleiter auf einer Pilgerwanderung gesandt werden, wirst auch du denen gesandt, mit denen du dein Leben zu Hause teilst – mit der Familie, Freunden, Nachbarn und jenen, denen du zufällig auf deinem Weg begegnest.

Bei der Mission geht es darum, Orte zu schaffen – Lebensräume – in dieser Welt, in denen die Liebe, das Vertrauen und der Lebensmut im Namen Jesu Christi Wurzeln schlagen und wachsen können.

Es ist unsere Aufgabe, miteinander zu wandern. Wir sind einander gesandt worden und wir sind alle – ungeachtet der Form und des Inhalts des Glaubenbekenntnisses jedes Einzelnen – Gottes geliebte Geschöpfe, die im tiefsten Innern von der Sehnsucht nach seiner Liebe bestimmt sind.

▶ Sinnbild vom St. Jakobsweg

Santiago de Compostela – Die Muschelschale

Er begegnete der Liebe dort auf dem Weg

Der Liebe
aus der all das neue Leben erschaffen wird

Die Liebe
die in das Gemüt der Menschen eindringt
dem Blinden neue Augen zum Sehen gibt
sodass das Leben wieder lebenswert wird

Die Liebe
die bis ganz in die Wurzel im Körper des Menschen eindringt
dem Gelähmten Beweglichkeit und Mut
zurückgibt
sodass er sich von Neuem nach einem Menschen
ausstrecken
und ihn berühren kann

Von einem Schimmer
der Liebe
wurde er
umschlossen

Sie schenkten sie einander auf dem Weg

In der Liebe
fand er den Mut, er selbst zu sein

Den Mut dazu, das Leben zu teilen
die Hoffnung, die Angst, den Schmerz, die Freude
mit anderen zu teilen

In Santiago nehmen sie alle Abschied
jeder fährt nach Hause an den Ort
wohin er gehört
ein wenig befreit für das Leben
das dort gelebt werden soll

Sie haben eine Muschelschale bei sich
als Zeichen dafür, dass sie den St. Jakobsweg gegangen sind

Warum es gerade eine Muschelschale ist
die als Symbol für die Pilger des St. Jakobsweges steht
dafür gibt keine einleuchtende Erklärung

Für ihn wurde sie zum Symbol für die Liebe

▶ Einleitende Andacht

Lied: *EG 225 Komm, sag es allen weiter* und DDS (dänisches Gesangbuch) 370 *Mensch,
deine eigene Macht* (Übersetzung s. o. S. 125 Mitte)
Lesung im Wechsel: Psalm 139
Vaterunser

▶ Gespräch zum Thema Mission

Einstieg
Seit Beginn des Christentums ist es wichtig gewesen, die Botschaft von Gottes Ankunft
auf der Erde zu den Menschen zu bringen. Christen waren und sind verpflichtet, die
große Freude, die die Botschaft enthält, an andere weiterzugeben. Man hat kein Recht,
sie für sich zu behalten. Sie muss mit anderen geteilt werden. Seit der Urkirche und
durch die Zeit hindurch bis zum heutigen Tag ist ein Teil der Geschichte des Christentums Missionsgeschichte. Wenn man als Unterrichtender Lust dazu hat, kann man an
dieser Stelle die Missionsgeschichte erzählen, die ja sowohl Positives als auch Negatives
enthält. Ich habe mich dazu entschieden, diese Geschichte zu überspringen, und kon-
zentriere mich im Unterricht stattdessen auf einen Missionsbegriff, nach dem Mission
bedeutet, den Weg gemeinsam mit anderen zu gehen und jenen Glauben, jene Hoffnung
und Liebe zu teilen, die im Evangelium verkündet werden. Es wird dabei Wert auf den
Respekt vor dem Glauben anderer und auf einen gleichwertigen Dialog in der Begegnung mit dem Begleiter gelegt. Schließlich wird auch auf den Gedanken von Gottes
Sendung und Gottes Berufung Wert gelegt.

Ausgangspunkt für das Gespräch ist das Lied des Tages, *Mensch, deine eigene Macht*,
sowie eine Geschichte aus dem Zweiten Weltkrieg, die von der Verantwortung der Menschen für die Welt, in der sie leben, handelt. *Mensch, deine eigene Macht* soll Strophe
für Strophe gelesen werden. Wir stellen gemeinsam Fragen zum Inhalt des Liedes und
versuchen, gemeinsam Antworten zu finden, indem wir uns auf Beispiele aus der Erfahrung und dem Wissen der Konfirmandinnen und Konfirmanden beziehen. Danach
wird die Geschichte aus dem Zweiten Weltkrieg vorgelesen.

Fragen

- Fällt euch jemand ein, den Gott zu euch gesandt hat?
- Woran kann man jemanden erkennen, »der von Gott kommt«?
- Fällt euch eine Situation ein, in der Gott euch zu jemandem gesandt hat? Eine Situation, in der euch ein anderer Mensch geholfen oder umsorgt hat?
- Was bedeutet es, dass Gott nur unsere Hände in der Welt hat?
- Ist es so, dass Gott nur durch uns handeln kann?
- Könnt ihr euch andere Arten vorstellen, durch die Gott handelt? (Auf für den Menschen nicht wahrnehmbare Weise, etwa indem er diesen Menschen Lebensmut, Freude, Hoffnung und Glauben geschenkt hat.)

Die Überlegungen der Konfirmanden

Die Konfirmanden knüpfen an den Gedanken an, dass Gott jemanden – zum Beispiel ihre Eltern, Großeltern, Freunde, Nachbarn – mit Liebe, Fürsorge und Freundschaft zu ihnen gesandt hat. Sie wissen genau, dass auch sie anderen Gutes oder Schlechtes »bringen«. Es ist nicht gleichgültig, wann oder wie man kommt. »Wenn ein guter Freund dich jetzt braucht, dann kann es eben nicht bis morgen warten!«

Zusammenfassung des Gesprächs

Wir führen ein Gespräch darüber, was es bedeutet, dass »Gott nur unsere Hände auf der Welt hat«. Die Frage ist, ob dies dann bedeutet, dass Gott nicht wirklich ist, solange es keinen Menschen gibt, der seine Hände ausstreckt, um anderen zu helfen. Nein, das bedeutet es nicht! Wir wissen – aus Erfahrung –, dass Gott im Gemüt eines Menschen durch seinen Geist wirken und so diesem Menschen Lebensmut und Hoffnung geben kann. Gott handelt und wirkt auf ganz verschiedene Weisen, von denen wir nichts wissen. Seine Wege sind unergründlich.

Doch einer seiner Wege zu einem anderen Menschen führt über dich! Wir sind Werkzeuge in Gottes Händen.

▶ Bibeltext Apg 9,1–31 Paulus auf dem Weg nach Damaskus – Gott sendet die Menschen mit dem Evangelium zueinander

Der Text veranschaulicht, dass Gott einen Menschen ruft, in sein Leben eingreift und ihn in seinen Dienst nimmt.

- Für jeden Konfirmanden soll eine Bibel bereitliegen.
- Schlagt das Inhaltsverzeichnis auf und schaut nach, wie viele Briefe Paulus geschrieben hat und an wen er sie geschrieben hat! Verfolgt seine Reise auf einer Landkarte und lest dann Apg 9,1–31.
- Stellt den historischen Kontext vor: Die Situation/Zeit nach Jesu Tod und Auferstehung wird skizziert. Die Christen, die sich damals als »die, die dem Weg folgen« bezeichneten, wurden verfolgt. Die Juden verfolgten die Christen, und wenn sie sie gefunden hatten, sperrten sie sie ein und richteten sie hin, wenn die

Christen daran festhielten, dass sie daran glaubten, dass Jesus Gottes Sohn – der Messias – sei. Saulus ist einer der Eifrigsten im Verfolgen und Hinrichten der Christen gewesen. Doch eines Tages passierte dann etwas!

Fragen zu Apg 9,1–31
Wir lesen den Text gemeinsam und dann bearbeiten die Konfirmanden in Gruppen folgende Fragen: 1. Wovon handelt der Text? 2. Was passiert in der Geschichte? Danach treffen wir uns im Plenum und sprechen über den Text.

Zusammenfassung des Gesprächs zum Thema und zum Bibeltext
So, wie Paulus in die Welt hinausgeschickt wurde, um das Evangelium zu verkünden, so werden auch wir, die getauft sind und ihm angehören, hinaus in die Welt geschickt. Wir können die Liebe und die Vergebung, die wir selbst empfangen haben, an andere weitergeben.

▶ BIBELTEXT MT 28,16–20 DER MISSIONSBEFEHL –
JESUS SENDET UNS HINAUS IN DIE WELT

Der Text führt vor Augen, dass wir von Gott in die Welt gesandt worden sind, um das Evangelium zu verkünden – und die frohe Botschaft mit anderen zu teilen –, und dass er zusammen mit uns in die Welt hinausgeht.

Gespräch
Der Missionsbefehl wird gelesen und es wird darüber diskutiert, was es für uns bedeutet, dass wir gesandt worden sind.

Fragen zu Mt 28,16–20
Im Plenum oder in Gruppen
- Was bedeutet es, dass wir – die getauft sind – hinausgehen sollen und alle Völker zu Jüngern Jesu machen sollen?
- Könnt ihr euch vorstellen, welche Probleme damit verbunden sein könnten, alle zu Jüngern Jesu machen zu wollen?
- Was sollen wir andere lehren, anderen von Gott berichten?
- Was ist der rote Faden im Bericht von Jesus?
- Wie begegnete Jesus den Menschen?
- Wir sollen ihnen in gleicher Weise begegnen! Kann uns das gelingen? Warum/warum nicht?

Stationen

1. Station – Der Unterrichtsraum der Konfirmanden
- Wir stellen uns draußen vor dem Unterrichtsraum mit unseren Wanderstäben in einem Kreis auf. Alle werden jetzt dazu aufgefordert, an einen Menschen zu denken, von dem sie wissen, dass er Hilfe braucht.
- Wir gehen jetzt in Gedanken an diesen Menschen in die Kirche.

2. Station – Die Kirche
- In der Kirche bilden wir wieder einen Kreis und beten dafür, dass wir zu diesem Menschen gesandt werden. Wir beten dafür, dass wir den Weg zu ihm oder ihr finden werden und dass wir tatsächlich etwas bewirken können.
- Wir gehen einer nach dem anderen zum Altar hinauf oder zu einem Kerzentisch und zünden eine Kerze für denjenigen an, bei dem wir in Gedanken gewesen sind. Wenn alle Kerzen angezündet sind, steht der Gedanke daran im Mittelpunkt, dass hier am heutigen Morgen für viele Menschen Kerzen angezündet wurden und gebetet wurde. Das ist ein guter Gedanke für den Heimweg.
- Wir gehen zum Unterrichtsraum der Konfirmanden zurück.

► Vorschläge für Erzählungen, Märchen oder Geschichten

Keine anderen Hände als dich
Die Geschichte *Keine anderen Hände als dich* verdeutlicht, dass Gott uns Menschen braucht, wenn er andere Menschen mit seiner Liebe erreichen möchte.

Am Ende des Zweiten Weltkrieges kam eine Gruppe englischer Soldaten zu einer zerbombten Kirche in einem kleinen deutschen Dorf. Sie gingen durch die Ruinen und fanden die Überreste eines Kruzifixes. Sie sammelten die Teile ein und versuchten sie wieder zusammenzusetzen, konnten aber die Hände Christi nicht finden. Sie richteten das Kruzifix dennoch auf und darüber setzten sie eine Inschrift: »Gott hat nur deine Hände in der Welt!«
- Fjodor Dostojewskis Novelle *Traum eines lächerlichen Menschen* eignet sich gut zur Nacherzählung

► Die Zeichnung von der Lebenswanderung der Konfirmanden – mit einer guten Nachricht ausgesandt

Wenn man in dieser Lektion an der Zeichnung von der Lebenswanderung arbeiten will, dann kann man sich dabei auf die Zukunft konzentrieren und den Gedanken daran, dass man – wenn man anderen Menschen begegnet – mit einer frohen Botschaft zu ihnen gesandt wurde: mit der Botschaft davon, dass wir Gottes geliebte Geschöpfe sind. Diese Botschaft tragen wir sowohl in Worten als auch in Taten hinaus in die Welt, zum Beispiel wenn wir sagen: »Ich liebe dich« oder wenn wir jemanden umarmen.

► ABSCHLIESSENDE ANDACHT

Gebet:
> Wir glauben, ein liebevoller Gott
> braucht diese Hände
> und wir sind es heute
> die er voller Zärtlichkeit aussendet
> auf dem Christus-Weg hinaus
> bis an Grenzen, die keiner kennt.
> (Lars Busk Sørensen)

Segen
Verabschiedung – bei der der Blick auf die Hände des Einzelnen gerichtet ist – im wort-wörtlichen Sinn. Wie diese Hände für den Rest des Tages wohl zu Gottes Werkzeugen werden?

► EIGENE NOTIZEN:

10. Lektion
Jesu Wanderung

▶ Vorbereitung

- Den Text zu John Lennons Lied *Imagine* (eventuell auf: www.john-lennon.com/songlyrics/songs/Imagine.htm) heraussuchen und für die Konfirmandinnen und Konfirmanden kopieren.
- Ghetto-Blaster oder CD-Spieler
- Die CD beschaffen, auf der der Titel *Imagine* enthalten ist, zum Beispiel folgende CD: *Lennon Legend. The very best of John Lennon.* 1997 EMI Records Ltd.

▶ Betrachtungen zum Thema Jesu Wanderung

Wenn die Konfirmanden im Unterrichtsverlauf Gott kennenlernen, dann geschieht dies in der Beschäftigung mit den Berichten von Jesus Christus im Neuen Testament. Parallel zu der Arbeit mit dem eigenen Lebensverlauf als einer Art Lebenswanderung – einer Wanderung, auf der Gott mitgeht – wird das Evangelium gelesen mit Konzentration auf Jesu Wanderung von der Geburt bis zum Tod. Er wandert ja die ganze Zeit! Auf diese Weise wird die Wanderung von ganz allein zum Kern der Unterrichts, auch wenn das Evangelium gelesen wird: Woher kommt er und wohin geht er? Was ist das Ziel und was der Sinn seiner Wanderung? Wenn es ihn denn gibt?! Warum muss Jesus am Kreuz sterben? So muss man verwundert fragen! War das wirklich notwendig? War es der Wille Gottes – oder geschah es nur wegen der Bosheit der Menschen? Fragen wie diese werden auftauchen, wenn man zusammen mit den Konfirmandinnen und Konfirmanden über die Bedeutung der Kreuzigung nachdenkt.

Vielleicht können wir nicht all diese Fragen beantworten. Ich lege in dieser Lektion vor allem Wert auf die folgende Auslegung: Gott zeigt uns seine grenzenlose und bedingungslose Liebe im Tod. Indem Jesus in den Tod ging, zeigte er uns, dass Gott uns so sehr liebt, dass er alles dafür tun würde, uns zu erreichen. Er würde sogar sein eigenes Leben dafür hergeben, dass wir den Mut finden, das Leben für- und miteinander zu leben, wenn wir seine Liebe sehen und spüren.

Pilgerwandern ist in traditioneller Bedeutung zu verstehen als das Wandern in den Fußspuren Jesu, das heißt, ihm auf seiner Wanderung zu folgen. Das bedeutet, dass man den Weg der Entsagung geht und sich dafür entscheidet, der Macht auf seiner eigenen Lebenswanderung zu entsagen. Es bedeutet auch, die Liebe, die Vergebung und Versöhnung dem Hass und der Bitterkeit vorzuziehen. Damit entscheidet man sich dazu, nicht sich selbst abzusichern, sondern sich anderen hinzugeben.

► Sinnbild vom St. Jakobsweg

Logrono – Opfer

Sie kommt mir mit einem Lachen
und offenen Armen entgegen
froh darüber, die dänische Sprache zu hören
Eine zarte, kleine, schmächtige Frau aus Norwegen

Die Augen sind aufmerksam
Sie ist präsent mit ihrem Geist und Körper
Gibt eine unbefangene Umarmung
Berührt mich liebevoll
wenn sie spricht

Es zeigt sich
dass sie sie selbst vermisst
Die Umarmungen, die Berührung und die Liebe

Sie gibt nicht aus großem Überschuss heraus
Sie gibt aus Entbehrung und Sehnsucht

Sie hat viel zu geben

Ihr Mann ist seit 16 Jahren krank
Sie kümmert sich um ihn und pflegt ihn
als wäre er ein Kind
Er liebt sie wie ein Kind

Er ist nicht in der Lage, ihr das zu geben
was ein Mann einer Frau geben kann
weder dem Geist noch dem Körper

Sie opfert ihr Leben als Frau aus Liebe zu ihm
Im Glauben daran
dass es die Absicht Gottes sei

Gott hat ihr keinen anderen Weg gezeigt
als den Weg der Aufopferung

Sie kämpft mit sich selbst
und geht ihn gehorsam
den Weg

Sie geht in Entbehrung und Sehnsucht

Eine Zeit lang gehen wir gemeinsam

▶ EINLEITENDE ANDACHT

Lied: *Holz auf Jesu Schulter (EG 97)*
Einleitend lesen wir zusammen das Lied durch und sprechen über die Bedeutung der
einzelnen Strophen.
Lesung im Wechsel: Psalm 139
Vaterunser

▶ GESPRÄCH ÜBER DIE WANDERUNG JESU

Einstieg
Der Gesprächseinstieg geht von der Beschäftigung mit dem Bibeltext Lk 22–24 aus.

▶ BIBELTEXT LK 22–24 NACHERZÄHLUNG DER OSTERGESCHICHTE

Der Text veranschaulicht, wie Gottes Liebe in Jesu Tod am Kreuz zum Ausdruck kommt.
Nachdem einleitend die Ostergeschichte von der Einsetzung des Abendmahls bis zur
Kreuzigung und Auferstehung gelesen oder nacherzählt wurde – mit dem Fokus auf
die Worte Jesu am Kreuz: »Vater, vergib ihnen, denn sie wissen nicht, was sie tun!« –,
wird besprochen, welche Bedeutung der Tod am Kreuz hat.

Man könnte an dieser Stelle auch Peter Madsens *Menneskesønnen (Menschensohn)*,
Kap. 10 und 11 lesen und sich durch die Bilder Anregungen für das Gespräch holen
(www. petermadsen.info; the son of man).

Der Pastor kann mit etwas pädagogischem Geschick die Lebenswanderung Jesu in
Form einer einfachen Zeichnung an die Tafel zeichnen. Die Wanderung Jesu von der
Geburt bis zum Tod, wo hat sie angefangen? Die Antwort ist: in Bethlehem. Der Stern
wird als Symbol für den Anfang an die Tafel gemalt und auch der Stall auf dem Feld.
Und wie endete sein Leben? Auf Golgatha, am Kreuz. Daraufhin wird das Kreuz gezeichnet. Die Begegnungen mit Zachäus, mit der Frau am Brunnen, mit dem Lahmen
beim Teich in Bethesda werden als Beispiele dafür erwähnt, dass er innehielt, wenn er
einem Menschen begegnete, der in Not war. Einige der Konfirmanden merken an, dass
er »zur Rechten Gottes« sitzt. Wie bekommen wir das mit in die Zeichnung hinein und
was bedeuten diese Worte?

Fragen
- Warum musste die Wanderung Jesu am Kreuz enden?
- Gab es für ihn wirklich keinen anderen Weg?
- Warum wurde er gekreuzigt?

- … weil er den Machthabern drohte?
- … weil er an der Liebe festhielt?
- … weil Gott seine bedingungslose Liebe offenbaren wollte, indem er »sein Leben dafür hingab«, dass wir leben können?
- Denk einmal nach: Kennst du jemanden, der sein Leben riskieren würde, um deins zu retten?
- Mit anderen Worten: Wer würde für dich sterben?
- Und umgekehrt: Gibt es jemanden, für den du dein Leben riskieren würdest? Jemanden, für den du sterben würdest, wenn es notwendig wäre?
- Was wäre dein Beweggrund, wenn du dich opfern und für jemanden sterben würdest?
- Man kann Jesus als unseren Wegweiser im Leben ansehen.
- Welchen Weg zeigt er uns?
- Habt ihr noch andere Wegweiser in eurem Leben?

Die Überlegungen der Konfirmanden

Die Konfirmanden stellen sich verschiedene Situationen vor, in denen sie Stellung dazu beziehen müssen, ob sie ihr Leben riskieren würden, um das anderer zu retten. Sie finden heraus, dass es verschiedene Möglichkeiten gibt, dies zu tun. Wenn man beispielsweise Zeuge eines Überfalls auf der Straße wird, dann ist es womöglich vernünftiger, nach Hilfe zu rufen, als zu versuchen, dazwischenzugehen. Insbesondere wenn man die Größe eines Konfirmanden hat! Wir sprechen darüber, dass Eltern sich typischerweise für ihre Kinder opfern würden. Die Geschichte *Leidacker* von Karen Blixen, die mit dem Thema des Tages verknüpft wird, ist dafür ein Bespiel. Das wird vor allem in dem Teil der Geschichte deutlich, in dem der Gutsherr um das Leben seines Sohnes kämpft. Ein Kampf, den er verliert, denn der Sohn stirbt. Aus dieser Perspektive sieht man Ane Maries Opfer mit anderen Augen. Es ist eine Gnade, dass sie etwas tun kann, um das Leben ihres Sohnes zu retten.

Zusammenfassung des Gesprächs

Wir sprechen darüber, jemanden so sehr zu lieben, dass das Einzige, was Sinn ergibt, ist, alles in der eigenen Macht Stehende dafür zu tun, dass der andere leben kann. Für Eltern von kranken Kindern gibt es keine Grenzen dessen, was sie dafür tun würden, damit ihr Kind wieder gesund wird. Der Gutsherr war mit seinem erkrankten Sohn durch ganz Europa gereist, ohne jedoch etwas bewirken zu können. Der Sohn starb an seiner Krankheit. Ane Maries Geschichte wirkt grotesk, denn sie musste eine unmögliche Handlung ausführen, um ihren Sohn von seiner Verurteilung zu befreien. Doch in der Situation ist ihr Opfer für sie das, was am sinnvollsten von allem erscheint.

Nacherzählung von Karen Blixens Erzählung Leidacker.

Die Geschichte *Leidacker* führt vor Augen, wie jener, der liebt, sein Leben für den Geliebten hergeben würde:

Auf einem Feld drüben in Jytland steht ein Stein, zur Erinnerung an eine Mutter, die ihr Kind so sehr geliebt hat, dass sie ihr Leben dafür hergab, damit es leben konnte. In den Stein sind eine Garbe und eine Sichel eingemeißelt – so eine, wie man sie früher zum Ernten gebraucht hat.

Ich möchte euch nun die Geschichte zu diesem Stein erzählen.

Eines Abends vor langer, langer Zeit – wir müssen ganz zurück bis in die Zeit, als es noch Gutsherren und Zinsbauern gab – brannte eine Scheune, die zum Gutshof der Gegend gehörte. Ein paar Tage später schleppten der Jäger und der Wagner einen jungen Mann herbei: Godske Pil – der Sohn einer Witwe. Sie behaupteten, sie hätten ihn am Abend vor dem Brand bei der Scheune gesehen. Und da Godske keinen guten Ruf auf dem Hof hatte – er war bekannt für Wilderei –, nahm man an, dass er der Brandstifter war. Der Vogt wollte ihn zur Arbeit im Steinbruch verurteilen, eine Arbeit, die so hart war, dass man wusste, dass der Junge dabei bald sterben würde. Der Junge brach in Tränen aus und schwor, dass er nichts getan habe, er aber seine Unschuld nicht beweisen könne. Deshalb wurde er vorläufig verhaftet.

Dann eines Tages kam der Gutsherr über die Felder geritten und wurde von der Witwe, Godskes Mutter, angehalten. Ane Marie hieß sie.

Unter Tränen stammelte sie hervor, dass ihr Sohn zwar in der Nähe der Scheune gewesen sei in der Nacht, als sie abbrannte, aber dass er unschuldig sei! Er war ihr einziges Kind, und sie rief den Herrgott selbst als Zeugen dafür an, dass ihr Sohn nichts Böses getan habe. Sie bat den Gutsherrn um sein Leben – darum, dass er von der Strafe befreit werde. Da standen die beiden nun auf dem reifen Roggenfeld, das in den nächsten Tagen abgeerntet werden sollte, und der Gutsherr sagte zu Ane Marie: Wenn sie an einem einzigen Tag – von Sonnenaufgang bis Sonnenuntergang – dieses Feld vor ihnen mit ihren eigenen Händen abernten könne, dann würde der Gutsherr die Sache fallen lassen und Ane Marie könne ihren Sohn behalten! Aber würde sie es nicht schaffen, dann würde er zur Arbeit im Steinbruch verurteilt werden! »Und ich versichere dir, dass du ihn dann nie wiedersehen wirst!« – sagte der Gutsherr.

Ane Marie küsste die Hand des Gutsherrn in Dankbarkeit für die Gnade, die er ihr erwiesen hatte, obwohl es eine beinah unmögliche Aufgabe war, die sie da auf sich genommen hatte. Normalerweise waren drei Männer vonnöten, um das Feld an einem einzigen Tag abzuernten.

Doch am nächsten Tag – als es noch dunkel war – ging Ane Marie mit ihrer Sichel in der Hand auf das Feld, und als die Sonne ihre ersten Strahlen über den reifen Roggen schickte, fing sie gleich mit der Arbeit an. Sie hielt die Halme mit der linken Hand fest und schnitt das Getreide mit der rechten. Sie sammelte ein neues Bund und schnitt. Sie bewegte sich stetig über das Feld. Es ging langsam voran, aber sie machte keinen Augenblick Pause. Auf ihrem knochigen, wettergegerbten Gesicht sammelten sich schnell Schweiß und Staub, und während sie sich über das Feld bewegte, bewegte sich die Sonne über den Himmel. Sie brannte erbarmungslos auf ihre Haut. Kein Wind regte sich.

Es hatten sich ein paar Leute auf dem Feld versammelt. Eine junge Frau ging dicht neben Ane Marie mit einem Eimer Wasser. Jedes Mal, wenn es so aussah, als würde sie vor Erschöpfung hinfallen, trat die Frau hinzu und gab ihr etwas zu trinken. Die Sonne nahm ihre Bahn und am Nachmittag ging sie unter. Ane Marie achtete nicht darauf – so wie sie nichts und niemanden um sich herum beachtete. Nur das Eine war wichtig: sich stetig über das Feld vorzuarbeiten.

Ihr Sohn – Godske – wurde an diesem Tag freigelassen und war dicht an ihrer Seite.

Nach und nach wurden die Schatten länger. Schließlich ging die Sonne hinter den Hügeln unter, und als die letzte Glut der Sonne im Westen verlosch, fasste Ane Marie um die letzte Garbe. Ihre Erntearbeit war beendet.

Es war einen Augenblick lang ganz ruhig! Doch dann trat der Gutsherr an sie heran und sagte langsam und feierlich: »Dein Sohn ist frei, Ane Marie! Du hast heute ein gutes Tagewerk vollbracht. Wir werden uns lange daran erinnern.« Ane Marie hob mit großer Mühe den Blick, ohne gehört zu haben, was der Gutsherr gesagt hatte.

»Sage deiner Mutter, Godske, dass du frei bist!«, sagte der Gutsherr. Der Junge, der bis dahin heftig geweint hatte, sammelte sich und sagte: »Ich bin frei, Mutter!«

Sie streckte die Arme nach dem Jungen aus und berührte sein Gesicht mit ihren Händen. Eine ganze Weile blieben sie so bewegungslos beieinander stehen. Dann sank Ane Marie langsam und lautlos zusammen wie eine Getreidegarbe, die umkippt. Sie fiel vornüber in die Arme des Sohnes. »Sie ist tot!«, sagte er.

Die Leute, die Ane Marie den Tag über auf dem Roggenfeld beobachtet und begleitet hatten, blieben noch lange Zeit auf dem Feld zurück. Sie standen still oder bewegten sich nur langsam auf dem Stoppelfeld umher, so lange, wie das Abendlicht andauerte – und noch länger. Einige flochten eine Bahre aus Zweigen, legten eine Pferdedecke über sie und trugen die Tote weg. Andere gingen in ihren Fußspuren auf dem Feld hin und her und maßen den Weg, den sie zurückgelegt hatte, und sprachen mit gedämpften Stimmen über das Geschehen des Tages.

Titelvorschläge
- Astrid Lindgren: *Klingt meine Linde.*

► WANDERUNG IM GEBET UND IN GEDANKEN AN EINE ZUKUNFTSVISION

Stationen

1. Station – Der Unterrichtsraum der Konfirmanden
- Während die Konfirmanden im Unterrichtsraum auf ihren Plätzen sitzen, wird John Lennons Lied *Imagine* vorgespielt, welches allen in Kopie vorliegt, sodass sie den Text mitlesen können.

- Wir sprechen über die Vision einer friedlichen Welt, in der es keinen Krieg und keine Gewalt gibt.
- Wir gehen zur Kirche mit dem Traum davon und im Gebet dafür, dass Friede in der Welt herrsche.

2. Station – Die Kirche
- Wir versammeln uns in der Kirche mit unseren Wanderstäben.
- Der Pastor, die Pastorin regt dazu an, frei zu sprechen. Gibt es jemanden, der sich über diese Vision/diesen Traum, der uns auf dem Weg zur Kirche begleitet hat, Gedanken gemacht hat – Gedanken, die er mit den anderen teilen will?
- Wenn die Konfirmanden und der Pastor, die Pastorin ihre Gedanken zum Ausdruck gebracht haben, sprechen wir gemeinsam ein Gebet.
- Gemeinsames Gebet. Der Pastor, die Pastorin kann das Gebet frei sprechen oder folgenden Vorschlag nutzen:

Lieber Gott
Hilf uns, Frieden zu schaffen, um uns herum
unter Freunden und Nachbarn und in der Familie.
Gib uns Mut und Kraft,
sodass wir uns gegen Ungerechtigkeit und Geschwätz,
Bosheit und Gewalt stellen können.
Sei du immer bei uns mit deiner Liebe,
die uns einen friedlichen Sinn schenkt.
Amen. (Anette Foged Schultz)

- Wir gehen zum Unterrichtsraum der Konfirmanden zurück.

▶ ABSCHLIESSENDE ANDACHT

Gebet
Segen

▶ EIGENE NOTIZEN:

11. Lektion
Heimkehr

► Betrachtungen zum Thema Heimkehr

Es wird sicherlich viele Pilger überraschen, dass sie – wenn sie das Ziel ihrer Wanderung erreicht haben – nicht am Ende des Weges angekommen sind. Im Gegenteil. Vom Ziel aus – Santiago, Nidaros oder von wo auch immer – geht der Weg weiter. Oder man könnte sagen, dass die Wanderung dort beginnt: die Lebenswanderung.

Auf dem Weg zum Ziel geschieht etwas mit einem. Man wird von da an sich selbst betrachten als einen Pilger auf dem Weg durchs Leben, immer unterwegs, auf dem Weg nach Hause. Und am Ende des Lebens: auf dem Weg nach Hause zu Gott.

Das Zuhause ist ein physischer Ort, an dem man wohnt, doch wir haben auch eine Zugehörigkeit zu einem geistlichen Ort, ein geistliches Zuhause. Die Lebenswanderung ist eine Wanderung auf der Erde und gleichzeitig eine Wanderung dem geistlichen Zuhause des Menschen entgegen. Wir alle gehen dem Tod entgegen. Vom Tod sollen wir auferstehen für ein Leben bei Gott. Das ist unser christlicher Glaube.

Die Wanderung – und das Leben – werden von der Sehnsucht danach bestimmt, heimzukehren. Das Zuhause steht für Gemeinschaft und Vertrautheit. Es ist der Ort, wo man *sein* kann: also einfach der sein, der man ist. Das Zuhause steht für Angenommensein und Liebe. Im Idealfall! In unendlich vielen Häusern in dieser Welt gibt es Kinder, die nicht angenommen werden und die keine Liebe bekommen. Es gibt unendlich viele Heime, in denen Angenommensein und Liebe nur dann zum Ausdruck kommen, wenn das Kind den Erwartungen der Umwelt entspricht. Bei Gott finden wir ein Heim, in dem uns mit Liebe und Einverständnis begegnet wird. Im Glauben können wir nach Hause zu Gott finden – und somit zu uns selbst. Wir können dort jene werden, die wir in unserem tiefsten Inneren sind – im Lichte seiner Liebe.

► Sinnbild vom St. Jakobsweg

Cap Finisterre – Sehnsucht

Ich schaue hinaus auf das Meer
in die Morgensonne hinein

Ein unergründlicher Anblick

Es gibt keine Grenze
Die Stelle, an der Himmel und Meer aufeinandertreffen
gleicht dem Ende der Welt

Die Ewigkeit

Der Ort spiegelt meine Sehnsucht wider

So lange es Menschen gibt
sind sie dem Ende der Welt entgegengewandert
in Sehnsucht

Bevor das Grab von St. Jakob in Compostela gefunden wurde
folgten die Kelten den Sternen
– der Milchstraße –
und auch sie gingen zum Meer

Die Sehnsucht
trieb sie nach Finisterre
so wie die Pilger eines Jahrtausends von der Sehnsucht
nach Santiago de Compostela getrieben wurden
so wie die Sehnsucht uns auch heute antreibt

Ob es wohl die gleiche Sehnsucht ist?

Die Sehnsucht nach Erlösung
nach Leben
nach Hingabe
nach Liebe

Danach eins zu werden
mit jenem
zu dem man gehört

Gott

Für einen Menschen ist es ein logischer Gedanke
dass die Begegnung mit Gott
dort draußen stattfinden kann
am Ende der Welt

Dort wo Himmel und Meer eins werden

Dort wo die Sonne aus dem Meer aufsteigt
Dort wo sie wieder verschwindet

Lugh – einer der keltischen Götter – ist der Gott der Schuhmacher
Ein putziger Gedanke

St. Jakob ist der Heilige der Pilger

Das Evangelium behauptet
dass das Ende der Welt
der Weg und das Leben
in Jesus Christus zu finden sind

In ihm begegnen wir Gott

▶ Einleitende Andacht

Lieder: *EG 113 Zieh ein zu deinen Toren; EG 163 Unsern Ausgang segne Gott, unsern Eingang gleichermaßen* und *GESG 222 Möge die Straße …*
Lesung im Wechsel: Psalm 139
Vaterunser

▶ Gespräch zum Thema Heimkehr

Einstieg
Die Lektion wird mit folgenden Fragen an die gesamte Gruppe eingeleitet.

Fragen
- Welche Bedeutung hat das Wort »Zuhause« für dich?
- Was braucht es, damit man ein Zuhause »Zuhause« nennen kann?
- Wie geht es den Menschen, die kein Zuhause haben?
- Was ist ein Flüchtling?
- Ihr habt ein Zuhause in dieser Welt. Wo ist euer Zuhause?
- Adresse?
- Wer wohnt alles in deinem Zuhause? Nenne die Namen.

▶ Bibeltext Joh 14,1–4 Jesus hält einen Platz für uns bereit –
Wir sind in Gottes Hand im Leben und im Tod

In diesem Text spricht Jesus davon, dass wir ein Zuhause bei Gott haben. Im Christentum erfahren wir, dass wir auch ein Zuhause bei Gott haben. Jesus sagt: In meines Vaters Haus sind viele Wohnungen, und ich gehe hin, um einen Platz für euch zu bereiten.

- Wie könnte so ein Haus mit mehreren Wohnungen aussehen?
- Es kommt einem ein Hochhaus mit vielen Wohnungen in den Sinn. Eine bekannte Autorin, Astrid Lindgren, hat sich vorgestellt, wie ein Zuhause – anderswo als hier auf der Erde – aussehen könnte.
- Könnt ihr euch vorstellen, dass wir hier auf der Erde einen Ort schaffen könnten, an dem Platz für alle wäre? Wie müsste dieser Ort aussehen? Welche Regeln müssten für ihn gelten?

▶ Bibeltext Offb 21,1–5 Das neue Jerusalem – Wie es sein wird, wenn das Reich Gottes in seiner ganzen Pracht entsteht

Der Text veranschaulicht den Gedanken, dass das Reich Gottes einst in seiner ganzen Pracht entstehen wird. Dann wird es kein Leid und keine Schmerzen mehr geben. Dieses Reich soll wie ein neuer Himmel und eine neue Erde zugleich sein.

Gruppenarbeit zu den Texten Offb 21,1–5 und Joh 14,1–4
- Die Konfirmanden werden in Gruppen aufgeteilt.
- Die Hälfte der Gruppen schlägt die Offenbarung 21,1–5 auf und wird darum gebeten zu beschreiben, wie der Ort aussieht, an dem Gott bei den Menschen wohnt.
- Die anderen Gruppen schlagen den Text des Johannesevangeliums, Kap.14 auf und bekommen die Aufgabe, die Aussage des Textes zu beschreiben. »Ich gehe hin, um einen Platz für euch zu bereiten– denn ihr sollt sein, wo ich bin.«

Die Überlegungen der Konfirmanden
Es gibt viele Gedanken, die man sich zu einem Zuhause bei Gott machen kann. Über das Beispiel des Hochhauses mit den vielen Wohnungen wird gelacht, weil den Konfirmanden klar ist, dass man sich »Gottes Wohnungen« nicht in einem so wortwörtlichen Sinne vorstellen kann.

Wörter wie Vertrauen und Freiheit sowie Umschreibungen wie »ein Ort, an dem ich ich selbst sein kann« und »ein Ort, an dem sechs essen und auch der siebente satt wird« werden im Gespräch geäußert.

Im Gespräch werden auch jene angesprochen, die erleben müssen, »dass sie kein Zuhause« bei uns finden, zum Beispiel Einwanderer der zweiten Generation. Die Konfirmandinnen und Konfirmanden machen Vorschläge für die Verbesserung der Verhältnisse dieser jungen Menschen.

Zusammenfassung des Gesprächs
Da Gott uns Menschen das Leben geschenkt hat, gehören wir ihm an, wie Kinder ihren Eltern angehören (vgl. Das Gleichnis vom verlorenen Sohn). Wir haben ein Zuhause bei Gott, und dahin gehören wir. Dieses Zuhause zeichnet sich durch die Freiheit aus,

derjenige sein zu dürfen, der man ist. Der Glaube an ein Zuhause bei Gott nimmt uns die Angst vor dem Tod. So können wir am Leben teilhaben, während wir hier auf der Erde sind.

▶ VORSCHLÄGE FÜR ERZÄHLUNGEN, MÄRCHEN ODER GESCHICHTEN

Nacherzählung von *Die Brüder Löwenherz*
Astrid Lindgrens Kinderbuch *Die Brüder Löwenherz* verdeutlicht, wie wir uns ein Zuhause in einer anderen Welt vorstellen können.

Die Einleitung von Astrid Lindgrens *Die Brüder Löwenherz* wird nacherzählt. Es wird berichtet, dass Karl Löwenherz krank ist und sterben muss und dass sein Bruder Jonathan ihn tröstet und ihm erzählt, dass man im Tod nach Nangijala kommt – das sich noch in der Zeit der Lagerfeuer, Sagen und Abenteuer befindet. Dort wird er von morgens bis abends Abenteuer erleben. Das wird gar nicht damit vergleichbar sein, im Bett zu liegen, zu husten und von morgens bis abends krank zu sein – sagt sein großer Bruder Jonathan zu ihm. Die Sache an Nangijala, das dem Reich Gottes in christlicher Bedeutung ähnelt, ist nämlich, dass, wenn man dort hinkommt, all das überwunden wird, mit dem man bis dahin gekämpft hat. Dort würde Karl sofort wieder gesund und stark werden und darüber hinaus auch noch hübsch! Er würde schwimmen und reiten können – obwohl er es vorher nie konnte!

Im Kirschtal werden sie wohnen – Jonathan und Karl.

»Brüder Löwenherz. Der Reiterhof. Das Kirschtal. Nangijala«, so steht es auf einem Schild draußen vor dem Hof, auf dem die zwei Brüder wohnen werden. Im Stall stehen zwei Pferde. Alles ist hergerichtet worden – es ist ein Platz für sie bereit gemacht worden.

Es zeigt sich jedoch, dass der Kampf zwischen Gut und Böse im Kirschtal weitergeht. So ist es nicht in der christlichen Erzählung vom Reich Gottes. Dort »wird Gott selbst unter uns wohnen. Er wird eine jede unserer Tränen trocknen. Der Tod wird nicht mehr sein, auch kein Leid, kein Geschrei und kein Schmerz soll mehr sein. Das, was vorher war, ist vergangen!« (Joh 21)

Titelvorschläge
- Henrik Pontoppidan: *Hans im Glück*.
- Jostein Gaarder: *Durch einen Spiegel, in einem dunklen Wort*.

▶ DIE WANDERUNG DES TAGES IM GEBET UND IM NACHDENKEN DARÜBER, WAS UNSER ZUHAUSE UNS BEDEUTET

Stationen

1. Station – Der Unterrichtsraum der Konfirmanden
- Zu Beginn der Wanderung versammeln wir uns in einem Kreis. Jeder denkt an sein Zuhause.

- Der Pastor bittet die Konfirmanden, sich auf etwas zu konzentrieren, das ihnen entweder sehr am Herzen liegt, für das sie sich bedanken können: »Wofür können wir jetzt in der Kirche danken?« Oder sie konzentrieren sich auf etwas, das sie in ihrem Zuhause vermissen. Dann kann man im Gebet in die Kirche gehen, um darum zu bitten, dass das, was man vermisst, einem unterwegs im Leben gegeben wird.

2. Station – Die Kirche
- In der Kirche versammeln wir uns wieder im Kreis, stehen einen Moment lang in Stille, und jeder denkt an seine Freude oder seinen Mangel.
- Wir beten das Vaterunser.
- Danach wandern wir zum Unterrichtsraum der Konfirmanden zurück.

▶ Die Zeichnung von der Lebenswanderung der Konfirmanden – unser Zuhause auf der Erde und im Himmel

Wenn man sich in Verbindung mit dieser Lektion mit der Zeichnung von der Lebenswanderung beschäftigen möchte, dann kann an dem Feld »der Gegenwart« und »der geistlichen Seite des Daseins« weitergearbeitet werden. Wie sieht unser Zuhause auf der Erde und »das Zuhause, das wir im Himmel haben« aus? Wie könnte man »das Zuhause, das wir im Himmel haben« bildlich darstellen?

▶ Abschliessende Andacht

Gebet:

Himmlischer Vater.

Lass mich sein.
Lass mich da sein.
Lass mich da sein, wie
du mich zu sein gedacht hast
und mich erschaffen hast:

Gib mir Lebenskraft
und Lebensmut.
Gib mir Vertrauen
und Hoffnung,
gib mir Liebe
und Tatkraft,
sodass ich mir zutraue,
gegen das anzugehen,
was dein Schöpferwerk
schlecht macht.

Gib mir Verstand und Klarblick,
sodass ich sehen kann, wenn
ich alles falsch mache.
Gib mir Einsicht
und Klugheit,
sodass ich wieder
gutmachen kann, was vergeben werden kann,
und ich um Vergebung für das bitten kann,
was nicht vergeben werden kann.

Du bist der Schöpfer, der mich
zu einem lebendigen Menschen machen kann,
der jeden Tag
eine tiefe Sehnsucht danach hat,
so zu sein,
wie
du mich zu sein gedacht hast
und mich erschaffen hast.
Ich bitte dich: Tu dies!
Amen
(Bjarne Lenau Henriksen, aus der Sammlung *Bøn for livet [Gebete für das Leben]*,
Unitas Verlag)

Segen

► Eigene Notizen:

12. Lektion
Im Leben weiterwandern

▶ Betrachtungen zum Thema der weiteren Lebenswanderung

Wenn der Tag der Konfirmation näherrückt, dann kann man sich mit den Konfirmanden über ihren weiteren Lebensweg unterhalten. Von der Kirche führt ihr Weg in die Welt hinaus. Sie können jederzeit in die Kirche zurückkommen, um sich Kraft für das Leben zu holen. Die Pilgerwanderung ist im Grunde ein Aufbruch vom Alltag. Dazu gehören die Bewegung zur Kirche, zu heiligen Stätten, zu der Begegnung mit Gott und die Erneuerung des Lebens. Von hier aus kehrt man nach Hause an den Ort zurück, dem man angehört, und muss sein Leben in die Hand nehmen.

Das Leben ist voll von Aufbrüchen vom Bekannten und Vertrauten: von Aufbrüchen, für die sich der Einzelne entweder bewusst entscheidet oder zu denen er gezwungen wird. Es macht stark, sich selbst als einen Pilger anzusehen, der fortwährend auf dem Weg ist, als einen Pilger, der hin und wieder aufbricht, der den Mut findet, auf unbekannten Wegen zu wandern, der Hindernisse überwinden muss, indem er steile Berge besteigen und entlang einsamer und öder Wege gehen muss. Der Gedanke, dass Gott mit dir geht und dir die Kraft verleiht, durch das hindurchzukommen, was du allein nicht bewältigen kannst – dieser Gedanke gibt Mut und Kraft, um der Zukunft zuversichtlich entgegenzugehen. Ebenso die Erinnerung daran, dass wir im Gebet frischen Mut und neue Kraft schöpfen können.

▶ Sinnbild vom St. Jakobsweg

Santo Domingo de la Calzada – Mutter Erde, Vater Regen und Christus

Der Franzose ist ungewöhnlich
groß und stark

In seinem Gesicht leuchten
zwei verletzliche Augen
die so gar nicht zur massigen Kraft
seines Körpers passen

Sein Wanderstab ist etwas Besonderes

Es ist der Stab eines Königs
ein Symbol für Macht

Um den Griff ist ein bordeaux-farbenes
Seidenband gewickelt

Er ist der Anführer der französischen Gruppe

Er hat die ganze Zeit ein Auge auf die Gruppe
kümmert sich um ihr Frühstück
packt ihre Taschen und trägt sie
wenn jemand kurz davor ist aufzugeben

Er läuft an uns vorbei
mit seinem großen Rucksack
um das Kloster zu erreichen
und Schlafplätze für alle zu bekommen

Etwas später treffen wir ihn wieder

Er hat geduscht
das T-Shirt gewechselt
die Baskenmütze sitzt schräg

Er geht seiner Gruppe entgegen
vielleicht braucht jemand Hilfe
vielleicht ist jemand müde

Vor vier Jahren ist er zum ersten Mal den Camino gegangen

Damals hat er sich für Astrologie interessiert
Er hatte erwogen sie zu seinem Lebensweg zu machen

Aber auf dem Weg nach Santiago
hatte er gelernt
dass das Leben nicht vorausgesehen werden sollte

Es muss jetzt gelebt werden
in diesem Augenblick

Ich frage ihn
ob er der katholischen Kirche angehört

Er schaut mir direkt in die Augen
und antwortet

Ich gehöre keiner Kirche an
Ich gehöre Gott an

Ich glaube an Mutter Erde
Vater Regen
und Christus

▶ Einleitende Andacht

Lieder: *EG 321 Nun danket alle Gott* und *GESG 224 Mögen sich die Wege*
Lesung im Wechsel: Psalm 139
Vaterunser

▶ Gespräch über die Fortsetzung der Wanderung im weiteren Leben

Eingeleitet wird die Lektion mit der Beschäftigung mit Lk 10,25–37, und erst dann erfolgt ein Gespräch über die Zukunft.

▶ Bibeltext Lk 10,25–37 Der barmherzige Samariter – Verschiedene Arten, durch das Leben zu wandern

Der Text veranschaulicht vier verschiedene Arten, durch das Leben zu wandern.

- Der Unterrichtende liest den Text laut vor. Die Konfirmanden lesen in ihrem Neuen Testament mit.
- Danach verändern wir die beschriebene Situation in Gedanken so, dass sie auf unseren Ort bezogen ist. »Was wäre, wenn du, Julie, dort oben bei der Kneipe auf der Straße liegen würdest und mich – die Pastorin – vorbeikommen sehen würdest? Ich würde nicht stehen bleiben, denn ich würde nicht in etwas hineingezogen werden wollen. Oder du, Lykke, wärst die Pastorin, die an Kevin, der auf der Straße läge, vorbeigehen würde. Was wäre, wenn es ein Lehrer von der Schule wäre, der es eilig hätte, rechtzeitig zur Schule zu kommen, und deshalb schnell weitereilen würde?« Die im Text des Evangeliums beschriebene Situation wird also so entfaltet, als hätte sie hier, wo wir wohnen, stattgefunden. »Stellt euch vor, dass der, der stehen bleiben und euch helfen würde, ein Alkoholiker wäre, der an der Straßenecke herumhängt, und dass er, mit dem sonst niemand rechnet, es sein würde, der dafür sorgen würde, dass ihr ins Krankenhaus kommt usw.«

Gruppenarbeit

- Die Gruppe wird in vier Kleingruppen aufgeteilt
- Gruppe I soll das Geschehen aus der Perspektive der Pastorin nacherzählen, das heißt, wie die Pastorin die Situation erlebt.

- Gruppe II soll das Geschehen aus der Sicht des Lehrers erzählen, das heißt, wie dieser die Situation erlebt.
- Gruppe III soll das Geschehen aus der Perspektive des Alkoholikers erzählen, das heißt, wie dieser die Situation erlebt.
- Gruppe IV soll das Geschehen aus der Perspektive des Verletzten erzählen.
- Jede Gruppe erzählt in der Ich-Form – also so, als ob sie die Pastorin, der Lehrer, der Alkoholiker oder der Verletzte wären.

Fragen für die Plenumsdiskussion
- Was haltet ihr von der Art, wie die Pastorin »durch das Leben wandert«?
- Was haltet ihr von der Art des Samariters, »durch das Leben zu wandern«?
- Und wie möchtet ihr euch gern auf eurem eigenen Lebensweg verhalten?

Das Evangelium berichtet uns – von Gott –, dass er derjenige ist, der stehenbleibt und sich um den Notleidenden kümmert. In K. L. Aastrups Lied *Et vidste han om vejen fren* (*Eines wusste er vom Weg nach vorn*) heißt es: »Doch rief einer: Du Davids Sohn, erbarme dich, erhöre das Gebet eines Bettlers!« Bei diesen Worten blieb Jesus auf seinem Weg stehen, denn er konnte nicht Nein sagen. Das ist unser Trost im Leben und im Tod: Er wurde von der Not eines Bettlers gerührt. Und all unsere Hoffnung ist darin eingeschlossen: Er konnte nicht an ihm vorbeigehen. Das ist die wahre Liebe, die das Ziel vor Augen hat und den Weg kennt und doch stehenbleiben muss, weil er die Not seines Nächsten, das Leid seines Bruders sieht.

Zusammenfassung des Gesprächs
Die Erzählung vom barmherzigen Samariter zeigt, dass es verschiedene Arten gibt, durch das Leben zu wandern. Der Priester ist auf dem Weg zur Synagoge, in der er Dienst hat. Wenn es sich so verhält, dass er den verletzten Mann auf der Straße nicht berühren darf, weil er sonst unrein werden würde, dann ist er ein sehr gutes Beispiel für denjenigen, der in großer Angst durch das Leben geht. Mit der Angst davor, »sich die Hände schmutzig zu machen«. Mit der Angst davor, mit den gesellschaftlichen Normen zu brechen – selbst wenn das Leben in die Verantwortung ruft. Mit der Angst davor, in das Leben anderer hineingezogen zu werden und dabei womöglich Einblicke in ein Leben zu bekommen, das unangenehm ist. Der Nächste, der vorbeigeht, könnte jemand sein, der es eilig hat, oder jemand, der in Gleichgültigkeit wandert. Sprecht darüber, wie ein solches Leben aussieht. Wir kennen es ja in jedem Fall aus der heutigen Zeit, in der Menschen Tür an Tür zusammenleben und nicht einmal mitbekommen, wenn der Nachbar stirbt. Und der letzte – der Samariter, der stehen bleibt und sich Zeit nimmt zu helfen, er überwindet das Unbehagen und bekommt Blut an seine Hände. Er verspätet sich. Vielleicht schafft er nicht mehr, was er schaffen wollte. Er kann nicht wissen, wie lange es dauern wird, diesem Mann wieder auf die Beine zu helfen. Zu all diesen Widerständen kommt hinzu, dass er den Gedanken daran überwinden muss, dass er kein Ansehen bei den Leuten genießt. Er hilft einem Menschen,

der ihn nicht als seinesgleichen, ihm ebenbürtig betrachtet, einem Menschen, der ihn wahrscheinlich auf der Straße liegen lassen würde, wenn er es wäre, der überfallen worden wäre.

Übrig geblieben ist noch die vierte Position im Text: Stellt euch vor, derjenige zu sein, der verletzt ist, der überfallen wurde – völlig unschuldig ist er in diese Situation geraten. Ob er wohl so sehr bei Bewusstsein ist, dass er sowohl den Priester als auch den Leviten sieht, wie sie an ihm vorbeigehen? Vielleicht ruft er ihnen nach und er erlebt dann, wie gleichgültig sie reagieren. Wie ist es, der Verletzte zu sein – und was würdest du denken, wenn du in seiner Lage wärst?

▶ Gespräch über die weitere Lebenswanderung

Fragen
Heute geht es um euren weiteren Weg im Leben, von dem Tag an, an dem ihr aus der Kirche geht und die Konfirmation überstanden habt.
- Wie stellt ihr euch eure weitere Lebenswanderung vor? Was ist euch wichtig?
- Was erträumst du dir für die Zukunft?

▶ Wanderung im Gebet und in Gedanken an meine Hoffnung für die Zukunft

Stationen

1. Station – Der Unterrichtsraum der Konfirmanden
- Jeder von uns denkt einen Moment darüber nach, was er sich für die Zukunft erhofft.
- Mit dieser Hoffnung in Gedanken gehen wir in Stille zur Kirche.

2. Station – Die Kirche
- Wir stellen uns mit unseren Wanderstäben im Kreis auf und sehen diese Hoffnung einen Augenblick ganz klar vor unserem geistigen Auge.
- Wir beten für diese Hoffnung.

Gebet:
Lieber Gott, lass meine Hoffnung Wirklichkeit werden.
Ich lege mein Leben in deine Hände. Jetzt und immer! Amen.
- Danach – wenn es das letzte Mal vor der Konfirmation ist – machen wir eine Generalprobe und gehen detailliert die einzelnen Teile der Konfirmation durch, sodass alle gut auf den Tag vorbereitet sind. Insbesondere muss eingeübt werden, wie wir uns vor dem Einzug und vor dem Auszug aufstellen – mit unseren Wanderstäben im Kreis – und uns gegenseitig das Segnungslied zusingen. Wenn wir einander den Segen für die weitere Wanderung im Leben geben. Hiernach gehen wir – mit den Wanderstäben – während des musikalischen Nachspiels aus der Kirche.

- Wir gehen zum Unterrichtsraum der Konfirmanden zurück.

▶ ABSCHLIESSENDE ANDACHT

Gebet:

Gott, der du der Herrscher über
die Zeit bist, die kommt,
und über die Zeit, die geht.
Bleib bei uns in der Zwischenzeit.

Am Anfang brach dein Schöpferwort
hinein ins dunkle Chaos
und ließ Licht und Leben zur Welt kommen.

Einmal wird alles Leben wieder
zu dir zurückkehren.

Befreie uns von den Sorgen über die Zeit,
die kommt,
und lehre uns, die Zeit loszulassen,
die geht.

Vergib uns
unseren Stress und unsere Abgehetztheit
Brich mitten hinein in TV-Text und Chat,
in Mails und SMS und
erfülle unsere Herzen
mit deiner Liebe,
sodass wir die Menschen sehen,
die kommen,
und die, die gehen.

Sei bei uns,
damit wir
in der Zwischenzeit leben
JETZT.
(Hanne Storebjerg, aus der Sammlung *Bøn for livet).*

Segen

▶ EIGENE NOTIZEN:

Vorschläge
für Pilgerwanderungen

Von Elisabeth Lidell

1 km – 15 Min.

Eine 15 Minuten lange Wanderung kann als Bestandteil in jeden Unterrichtszusammenhang eingehen. Auf der ersten Strecke geht man vom Unterrichtsraum zu einer Station, an der man eine Andacht hält oder über ein bestimmtes Thema spricht. Dabei fordert man alle dazu auf, in Stille zu gehen. Die Wanderung zurück kann entweder in Schweigsamkeit oder im Zweiergespräch stattfinden.

Wanderungen über eine Bibelstelle
Man kann einen Bibelspruch nutzen, wenn man mit den jüngeren Kindern im kirchlichen Unterricht weiterwandern möchte. Alle Kinder bekommen die gleiche Textstelle ausgehändigt und dann besprechen wir gemeinsam die Bedeutung. Bibelstellen zu Pilgerthemen sind auf Seite 217f. unter der Überschrift *Bibelsprüche zum Wandern* aufgelistet.
- Wir stellen uns im Kreis auf und die Kinder werden darauf vorbereitet, in Stille zu gehen. Wir sprechen darüber, was es heißt, still zu sein, und wann man das Schweigen brechen darf – zum Beispiel, wenn man ein Problem hat oder wenn es etwas gibt, das man dem Erwachsenen mitteilen muss, bevor die Wanderung zu Ende ist.
- Danach geht man raschen Schrittes eine Tour von 15 Minuten, einer nach dem anderen in einer Reihe mit einem Erwachsenen am Anfang bzw. am Ende der Reihe. Dabei denkt jeder für sich über die Worte nach.

Wieder zurück im Gemeindezentrum, zeichnet oder schreibt jeder auf, wie er den Bibelspruch erlebt hat. Dabei gehen wir von folgenden Fragen aus:
- Wenn du den Bibelspruch zeichnen solltest, wie sähe es dann bei dir und in deinem Leben in Bezug auf Gott aus?
- Wie können die Worte Gottes »deines Fußes Leuchte« sein?
- Wie kann Gott dir den Weg im Leben weisen?
- Wie kannst du Jesus nachfolgen?
- Inwiefern kannst du »dem Herren den Weg bahnen«?

2 km – 30 Min.

Geistliche Gespräche

Dauer: 30 Min.
Länge: 2 km
Ort: draußen

Vorbereitung
Im Laufe einer Wanderung wird eine Pause im Freien gehalten und die Jugendlichen bekommen ein Wort mit auf den Weg.

1. Station
- Vorlesen von Lk 24,13–35 – Die Wanderung nach Emmaus
- Andacht

Manchmal hat man das Gefühl, dass die alten Worte aus der Bibel uns nicht wirklich etwas sagen. Sie prallen von uns ab – sie gehen zum einen Ohr hinein und zum anderen wieder hinaus. Vielleicht denken wir, dass es zwar eine gute Geschichte aus der Zeit Jesu ist, aber dass sie uns heutzutage einfach nichts sagt.

In bestimmten Phasen des Lebens spüren wir, dass wir von Leid und Sorgen belastet werden. Dann gehen wir mutlos und gebeugt durch das Leben wie die beiden Jünger auf dem Weg nach Emmaus. Sie treffen auf einen Fremden, einen Pilger, der mit ihnen spricht und sie fragt, warum sie so bedrückt seien. Sie erzählen, dass Jesus von Nazareth durch Kreuzigung hingerichtet worden sei wie ein einfacher Verbrecher: er, für den sie alles verlassen hatten, um ihm zu folgen; er, von dem sie glaubten, dass er der Sohn Gottes wäre, der Erlöser. Nun hatten sie all ihre Hoffnung und all ihren Glauben verloren; es gibt nichts mehr für sie, wofür es sich zu leben lohnt. »Wie seid ihr doch unverständig«, sagt der Fremde und legt ihnen die Schrift aus von Moses bis zu den Propheten, um ihnen zu erzählen, dass der Messias leiden und sterben musste und am dritten Tag auferstehen. Doch die Jünger verstehen kein Wort; die Worte prallen an ihnen ab. Der Fremde geht trotz ihres Unverstandes mit ihnen weiter. In gleicher Weise können wir auf unserem Lebensweg das Gefühl haben, dass wir allein gehen, dass wir uns in einer Krise befinden, traurig, verzagt und womöglich ohne Glauben. Die Geschichte erzählt uns davon, dass Jesus an unserer Seite geht. Wir sind nicht allein auf unserer Wüstenwanderung. Vielleicht versuchen wir sogar Trost in der Bibel zu finden – oder durch den Kirchgang, doch die Worte prallen an uns ab. Wir sind wie versteinert und so verstockt, dass wir es nicht fertigbringen, uns anderen Menschen oder Gott gegenüber zu öffnen. Ja, wir können uns so einsam fühlen, dass wir fragen, wo Gott ist: Hat er uns einfach verlassen? Die Geschichte erzählt uns davon, dass er so tut, als würde er weitergehen und die beiden Jünger verlassen.

Die Erzählung berichtet etwas über das Wesen Gottes. Gott möchte sich nicht aufdrängen und uns zum Glauben zwingen. Doch als die Jünger den Fremden in ihre Herberge einladen, nimmt er das Angebot sogleich an. Es ist ja Jesus gewesen, der gesagt hat: »Bittet, so wird euch gegeben; sucht, so werdet ihr finden; klopft an, dann wird euch aufgetan.« (Mt 7,7) Gott möchte uns nah sein, doch man muss ihn selbst in die »Herberge des Körpers«, in sein Herz einladen. In dem Moment, als der Fremde das Brot segnet, werden den Jüngern plötzlich die Augen aufgetan, und sie erkennen ihn wieder und sehen, dass es Jesus ist, der Auferstandene. Wenn wir zum Altar hinaufgehen und das Brot und den Wein entgegennehmen, ist Gott uns auf besondere Weise nah durch seinen Segen. Das Brot und der Wein gehen uns in Leib und Blut über; wir werden mit ihm verbunden. Darum sind der Gottesdienst und das Abendmahl »ein guter Platz«.

Vielleicht können wir dabei einen Hauch des Mysteriums Gottes, des Geheimnisses des Glaubens erfassen, so wie es damals den Jüngern wie Schuppen von den Augen fiel. Doch im selbem Augenblick verschwand Jesus wieder vor den Jüngern. Wir können Gott weder ergreifen noch begreifen, denn sobald wir versuchen, Gott einzuordnen, entschwindet er. Wir können nämlich nur einen Hauch von Gott erfahren – oder wie der Apostel Paulus es ausdrückte: »Denn wir sehen jetzt durch einen Spiegel, undeutlich, dann aber von Angesicht zu Angesicht. Jetzt erkenne ich stückweise, dann aber werde ich erkennen, wie auch ich erkannt bin.« (1 Kor 13,12) Er ist uns nah in unseren glühenden Herzen, in unserer Sehnsucht. Wenn unsere Herzen aus Stein mit Hilfe des Heiligen Geistes zu Herzen aus Fleisch verwandelt werden. Wenn das Wort plötzlich in uns Wurzeln schlägt und uns bewegen kann. Das kann geschehen, wenn wir in guter Gesellschaft sind und uns verstanden fühlen. Dann freuen wir uns und öffnen uns auf neue Weise der Nähe Gottes.

Die Jünger beeilten sich, den ganzen Weg zurückzulaufen, um ihren Freunden die freudige Neuigkeit von der Auferstehung Jesu zu erzählen. Diese hatten sich hinter verschlossenen Fensterläden versteckt gehalten aus Angst vor dem, was ihnen nach der Kreuzigung Jesu passieren würde. Nun kamen die beiden Jünger und erzählten eifrig davon, dass Jesus wahrhaftig lebt. Es waren zwar einige Frauen früher am Tag vom Friedhof nach Hause gekommen und hatten erzählt, dass sie einen Engel gesehen hätten, der gesagt hatte, dass Jesus auferstanden sei, aber Frauen – die konnte man ja nicht ganz ernst nehmen! Nun aber wurde die Sache interessanter. Während sie ganz aufgeregt miteinander sprachen, stand Jesus plötzlich in ihrer Mitte und sagte: »Friede sei mit euch!« Wenn wir uns im Namen Jesu versammeln, ob nun beim Gottesdienst oder auf einer Pilgerwanderung, dann ist er unter uns. Es ist Jesus selbst, der sagt: »… wo zwei oder drei in meinem Namen versammelt sind, da bin ich mitten unter ihnen.« (Mt 18,20)

Jetzt wollen wir zu zweit gehen und uns über die Zeiten in unserem Leben unterhalten, als wir traurig gewesen sind. Vielleicht haben einige von euch zu dieser Zeit dennoch das Gefühl gehabt, dass Gott ihnen geholfen hat, und können davon erzählen. Vielleicht zeigte sich diese Hilfe in Form der Fürsorge eines anderen Menschen und ließ einen sagen: »Dich schickt der Himmel!« oder: »Du bist ein Engel!«

- 1. Strecke – 20 Min. Im Zweiergespräch

2. Station – Zurück am Ausgangspunkt
Pastor/in/Leiter/in: Der Bericht des Neuen Testaments geht folgendermaßen weiter: »Während sie darüber sprachen, stand Jesus mitten unter ihnen und er sagte zu ihnen: Friede sei mit euch!« (Lk 24,36) Das waren damals die Worte Jesu zu den Jüngern, und so lauten sie auch noch heute: »Friede sei mit euch! Amen.« Er schlägt das Kreuz über der Gruppe.

4 km – 1 Stunde

Gottesdienst im Kirchenraum – oder im Freien

Es bietet sich an, zu den großen kirchlichen Festen den Raum des Gottesdienstes nach draußen zu erweitern, etwa indem man die Liturgie von der Kirche aus bis nach draußen plant – beispielsweise um die Kirche herum oder auf dem Friedhof.

Vorschläge für eine einstündige Wanderung – 4 km
Man kann sowohl in der Natur als auch in der Stadt interessante Wanderziele ausmachen, die in Bezug zu einer biblischen Geschichte gesetzt werden können.

Hier folgen ein paar Vorschläge:
- Der Strand/das Ufer – Jesus ruft seine Jünger
- Der Pfarrgarten – der Bericht vom Garten Eden, vom Baum des Lebens und dem Baum der Erkenntnis des Guten und des Bösen
- Der Wald – das Gleichnis vom Senfkorn
- Die Kirche – Der zwölfjährige Jesus im Tempel
- Ein Wasserlauf – hier wird *GESG 347 Wo ein Mensch Vertrauen gibt* gesungen
- Ein frisch abgeerntetes Feld – Jesus und die Jünger pflücken Ähren am Sabbat
- Ein Kunstwerk in der Stadt – Gespräche über göttliche Gaben, darüber, welche Talente ein jeder von uns bekommen hat (1 Kor 12)
- Die Fußgängerzone – Das Himmlische Jerusalem (Offb 21)
- Durch Wohngegenden – im Haus Gottes sind viele Wohnungen (Joh 14,2). Gespräch darüber, wie die Kinder ganz konkret wohnen und was im Bibelspruch mit Wohnungen gemeint ist. Was kann Gott umfassen? Mit wem möchte er zusammenwohnen?

Pilgerwanderungen mit Rollstuhlfahrern, Blinden und anderen Gruppen

Nicht selten müssen Rollstuhlfahrer erleben, dass sie an Gemeindeausflügen u. Ä. nicht teilnehmen können. Auf Pilgerwanderungen besteht hingegen die Möglichkeit, die Gruppen so zu mischen, dass Menschen mit und ohne Behinderung dabei sind. Treue Kirchgänger, Pfadfinder und Pflegeheimbewohner können sich gegenseitig bereichern.

Ort
- asphaltierte Straßen oder ebene Feldwege

Vorbereitung
- Die Naturenthusiasten kontaktieren, darunter sowohl Rollstuhlfahrer als auch Nicht-Rollstuhlfahrer, ihnen die Idee unterbreiten und sie für die Teilnahme begeistern.
- Man verabredet sich zum Beispiel für den Morgen des Oster- oder Pfingstsonntags, beispielsweise eine Stunde vor dem Hauptgottesdienst.
- Einen Treffpunkt auswählen, der 4 km von der Kirche entfernt liegt.
- Eine Route auf asphaltierten Straßen aussuchen, die Route abgehen und die Zeit messen.

Stationen

1. Station – Der Treffpunkt
- Die Teilnehmer werden in Gruppen eingeteilt, sodass einige von ihnen Rollstuhlfahrer schieben oder blinde Personen begleiten.
- Das Morgengebet für den jeweiligen Sonntag wird vom Pastor/Leiter vorgelesen.

1. Strecke – 30 Min.
- Gespräch mit seinem Begleiter zum Thema Ostern/Pfingsten: »Was hältst du von diesem Fest? Welche persönlichen und gottesdienstlichen Erinnerungen hast du an dieses Fest? Welche Bedeutung hat dieses Fest für dich?«

2. Station – Auf halbem Weg zwischen Treffpunkt und Kirche
- Ein kurzes Gebet: Lieber Gott – ich danke dir dafür, dass du uns die Möglichkeit für Rast und Ruhe an diesem Feiertag gegeben hast. Segne den heutigen Tag. Amen.

2. Strecke – 30 Min.
- In der letzten halben Stunde genießt man in Ruhe den Gesang der Vögel und das

Läuten der Kirchenglocken. So vorbereitet, ist der Geist empfänglich für den bevorstehenden Kirchgang zum Fest.

4. Station – *In der Gemeindekirche*
- Oster- oder Pfingstgottesdienst

Eine Seelsorgewanderung mit einem/r Konfirmanden/in

Unter vier Augen mit dem Pastor – geistliche Begleitung eines jeden Konfirmanden
Es ist sinnvoll, den Konfirmanden im Laufe des Unterrichts die Gelegenheit zu geben, unter vier Augen mit dem Pastor sprechen zu können. Das gibt den Konfirmanden hoffentlich die Unbefangenheit, sich später im Leben zu trauen, sich mit ihren Problemen an den Pastor zu wenden. Viele Menschen sehnen sich nach einer authentischen Begleitung in ihrer Beziehung zu Gott sowie in ihrer eigenen Gebetspraxis. Am besten findet eine solche Begegnung auf einer Wanderung statt. Vergleiche dazu die geistliche Begleitung des Christentums par excellence: die Begegnung der Jünger mit Christus auf dem Weg nach Emmaus (Lk 24,13–35). Durch die tägliche Andacht und das Einleben in die Welt der Bibeltexte kommt der Bibel mit der Zeit eine immer größere Bedeutung in den Gedanken des Menschen zu, sodass der Mensch allmählich auf diese Weise dazu gelangen kann, sein Leben in einer – bildlich gesprochen – »biblischen Landschaft« zu wandern. Die Geschehnisse des Alltags werden dann anfangen, sich spontan in den biblischen Begebenheiten oder Personen widerzuspiegeln. Die Bibeltexte können so in konkreten Lebenssituationen beratend zur Seite stehen.

Individuelle Seelsorge-Wanderungen mit einem einzelnen Konfirmanden und seinem Gemeindepastor/seiner Pastorin
- Dauer: 1 Stunde
- Länge: 2–3 km – Man geht langsamer, wenn man ein Gespräch führt.
- Ort: in der Natur fern von öffentlichen Straßen

Vorbereitung
- Mit allen Konfirmanden eine feste Zeit für ein Gespräch mit dem Pastor, der Pastorin vereinbaren; jeweils eine halbe Stunde im Frühjahr und im Herbst

Ein Pastor steht immer für Gespräche, Seelsorge und die Beichte zur Verfügung. Es ist ganz selbstverständlich, den Konfirmanden geistliche Begleitung und Glaubenshilfe anzubieten, damit die betreffende Person entdecken kann, wo Gott in seinem oder ihrem Leben präsent ist. Die Themen können dabei sein: die familiäre Gemeinschaft des Glaubens, Schuldgefühle, die Einsamkeit des Herzens, die Sehnsucht danach, Gott näher zu kommen, Hilfe für tägliche Rituale, Hilfe dabei, Scham und Schüchternheit hinter sich zu lassen, Hilfe, beten zu lernen und dem Glauben Ausdruck zu verleihen. Dies alles kann spontan während einer Wanderung, einer Konfirmandenfreizeit oder im Anschluss an den Konfirmandenunterricht geschehen. Eine andere Möglichkeit ist, ganz bewusst zweimal eine halbe Stunde mit jedem Konfirmanden für ein Gespräch einzuplanen.

Die Emmaus-Erzählung zeigt, wie Erkenntnis und Erfahrung in einem geistigen Raum aufeinandertreffen, in dem die Gemeinschaft um das Abendmahl und im Gebet im Mittelpunkt stehen. Der Pastor, die Pastorin sollte sich trauen, dem Kind auf Augenhöhe zu begegnen und selbst als Pilger durch das Leben zu wandern, wo Glaube und Zweifel Hand in Hand gehen.

Man kann also das Kind/den Jugendlichen dazu einladen, die Landschaft seines Leben vor sich zu sehen – und danach die Frage zu stellen: Was trägst du mit dir in deinem geistigen Gepäck? Wie ist dein persönlicher Lebensweg, deine Glaubensreise abgelaufen? Wonach sehnst du dich? Wenn wir uns auf diese Weise darin üben, über unser Leben zu sprechen, ein Leben mit Gott, dann wird die Geschichte des Kindes allmählich mit der Geschichte Gottes verwoben. Dem Kind/dem Jugendlichen wird dabei geholfen, jene Wege deutlicher zu sehen, die Gott mit ihm/ihr in den verschiedenen Lebensphasen gemeinsam gewandert ist. In Bezug auf jene Phasen, in denen das Leben schwer gewesen ist und es sich so angefühlt hat, als sei Gott weit weg gewesen, kann der Erwachsene dabei behilflich sein, dem Kind zu verstehen zu geben, dass Gott uns auch auf unseren Wüstenwanderungen im Leben begleitet.

Die geistliche Begleitung besteht in erster Linie darin, das Kind auf dem Weg des Gebets und Lebens zu begleiten. Dies geschieht in der Überzeugung, dass es Christus selbst ist, der der Weg ist, auf dem wir dem Leben begegnen, und der uns jene Wahrheit schenkt, von der er meint, der Einzelne sei in der Lage, sie zum jeweiligen Zeitpunkt empfangen zu können. Die Erlaubnis zu bekommen, einen anderen Menschen auf dem Weg zu Gott begleiten zu dürfen, ist ein großes Geschenk. Beide können die Wahrheit durch die Worte aus Jesaja 12,3 erfahren: »Ihr sollt mit Freude Wasser aus den Quellen der Erlösung schöpfen!«

Einige Kinder und Jugendliche haben besonderen Bedarf, mit einem Erwachsenen über ihre Probleme und Sorgen zu sprechen. Es kann dabei um Einsamkeit gehen in Verbindung mit Glaubensfragen, Zweifel und Anfechtung, mit Streitereien der Eltern, Mobbing usw.

Auf einer Emmaus-Wanderung bietet es sich an, etwas von dem miteinander zu teilen, was einem auf der Seele liegt. Man kann auf der Wanderung die Konzentration auf die Glaubensgeschichte des Kindes legen, seinen »geistlichen Lebenslauf«, und miteinander darüber sprechen, was in besonderem Maße Einfluss auf den eigenen Glauben gehabt hat. In solchen Gesprächen eröffnet sich die Möglichkeit, dass das Kind zu seiner eigenen Glaubenssprache findet. Um das Kind zum Reden zu bringen, kann der Pastor/Leiter aus der eigenen Glaubensgeschichte erzählen: wann und wo er/sie getauft wurde, wer ihn/sie über das Taufbecken gehalten hat, wer die Taufpaten waren, ob es Fotos vom Tauftag gibt, welche Familienmitglieder anwesend waren, ob es die Taufgeschenke noch gibt (eine Kinderbibel, einen Silberlöffel mit Namen und Datum, eine Taufkerze oder Ähnliches), hat die Familie den Kirchgang praktiziert, wurden biblische Geschichten erzählt oder vorgelesen – wenn ja, von wem, wurde ein Abendgebet gebetet, wurden

Gute-Nacht-Lieder gesungen – wenn ja, von wem, ist man in den Kindergottesdienst gegangen, war man Pfadfinder, wie spielte sich der Konfirmandenunterricht ab usw.?

Seelsorge-Wanderungen mit Konfirmanden und erwachsenen Gemeindemitgliedern

In einer großen Gemeinde kann ein einziger Pastor nicht die Aufgabe übernehmen, mit jedem Konfirmanden einzeln zu sprechen. Häufig ist es aber möglich, engagierte Menschen dazu zu bewegen, behilflich zu sein: den Küster, den Organisten, Kirchenvorsteher und andere Ehrenamtliche und Mitarbeiter der Gemeinde, die Lust, Energie und Zeit haben, mitzuwandern, sowohl was den äußeren als den inneren Teil der Wanderung betrifft. Das Gespräch muss ein gegenseitiges sein, sodass der Erwachsene auch etwas von dem teilen kann, was dem Jugendlichen auf der Seele liegt. Vor der Gesprächs-Wanderung kann der Pastor die Gemeindeglieder anrufen, ihnen die Themen vorstellen und sie dazu auffordern, das Gespräch auf Gegenseitigkeit auszurichten. Das Beste ist, dass die Konfirmanden und der Erwachsene sich jeweils Gedanken darüber machen, welche Fragen man gerne besprechen möchte – und sich vor der Wanderung eine Liste machen. Mit den Konfirmanden kann dies in Gruppenarbeit vorbereitet werden, sodass sie einander Anregungen geben können.

- Dauer: 1 Stunde
- Länge: 2–3 km
- Ort: in der Ungestörtheit der Natur

Vorbereitung
- Mit Menschen aus der Gemeinde verabreden, dass sie zusammen mit den Konfirmanden eine Wanderung unternehmen – entweder über die Kirchenzeitung, durch einen Anruf oder ein Treffen. Bereite sie auf ein geistiges Gespräch vor und lass sie selbst ihre Fragen an die Konfirmanden formulieren.
- Die Konfirmanden gruppenweise Fragen an die Erwachsenen aufschreiben lassen.
- Eventuell findet man in folgenden Fragen eine Anregung für den Gesprächseinstieg:

Gesprächsfragen für Konfirmandinnen und Konfirmanden
- Was ist das Wichtigste, das dir der Konfirmandenunterricht gebracht hat?
- Was ist für dich der Höhepunkt im Gottesdienst?
- Mit wem kannst du über die großen Fragen des Lebens sprechen, über den Glauben und solche Dinge?
- Wünschst du dir etwas Religiöses zur Konfirmation?
- Was ist deine Lieblingsgeschichte in der Bibel?
- Welche der Perlen aus den »Perlen des Lebens« ist deine Lieblingsperle? Warum gerade diese?

- Was hast du in deinen Pilgerstab geritzt – wofür stehen die Symbole?
- Welchen Bibelspruch hast du dir ausgesucht? Warum gerade diesen?
- Wie soll deine Konfirmation abgehalten werden?
- Wer soll zu deiner Feier kommen?
- Was wünschst du dir?
- Konfirmation – dein »Credo«: Woran glaubst du denn jetzt?

Fragen an die Erwachsenen
- Welche Vorstellungen hast du von Gott? Wie sah dein erstes Gottesbild aus? Wie sieht es jetzt aus?
- Wie betest oder sprichst du zu Gott? Wie sieht deine religiöse Praxis heute aus?
- Wer hat dir biblische Geschichten erzählt, als du ein Kind warst?
- Wer hat dir das Beten beigebracht?
- Warum gehst du eigentlich in die Kirche?
- Was gefällt dir am Gottesdienst am besten?
- Taufe – wann und wo wurdest du getauft, wer war dabei (Familie und Paten) und hast du noch ein Taufgeschenk von damals? Welche Bedeutung hat die Taufe heute für dich?
- Woran erinnerst du dich aus deiner eigenen Konfirmandenzeit – Unterricht, Kirchgang, Bibelsprüche, Feste, Kleidung, Geschenke?
- Wenn du verheiratet bist: Wurdest du in der Kirche getraut? Gegebenenfalls: Warum habt ihr euch für eine kirchliche Trauung entschieden?
- Welche der *sieben Schlüsselwörter des Pilgers* (siehe Seite 163ff.) wählst du aus? Langsamkeit, Freiheit, Einfachheit, Sorglosigkeit, Stille, Gemeinschaft oder Geistlichkeit? Warum hast du dir gerade dieses ausgesucht?

8 km – ein paar Stunden wandern

Karfreitag – eine Kreuzweg-Wanderung

Vorbereitung
- Eine Route wird geplant: draußen in der Natur (1.–6. Station), über den Friedhof (7.–10. Station) und in der Kirche, im Chor vor dem Kreuz (11.–14. Station), insgesamt 1 km.
- Es werden Gesangbücher für die Gruppe ausgeliehen.
- Der Leiter nimmt *Bildillustrationen eines Kreuzwegs* in seinem Rucksack mit. Im Buch *Korsvejen* (*Der Kreuzweg*) findet man Illustrationen zu den 14 Kreuzwegs-stationen, die bei jeder Station gezeigt werden können. (Siehe www.vedkirken.

dk, Illustrationen der 14 Kreuzwegsstationen von Pater Adolph Meister in zwei verschiedenen Versionen)

- Der Leiter geht an der Spitze, eventuell mit einem Prozessionskreuz, indem oben an seinem Pilgerstab ein Querstab angebracht wird.
- Der Leiter liest Bibeltexte aus der Passionsgeschichte vor und stimmt die Lieder an.
- Die Gruppe trifft sich im Freien zum vereinbarten Zeitpunkt.

Einleitung

Wir beginnen unsere Kreuzweg-Wanderung im Namen des Vaters, des Sohnes und des Heiligen Geistes. Amen. (Alle bekreuzigen sich.)

In dieser Karwoche werden wir in den Fußspuren Jesu wandern. Nach alter Tradition gehen wir die 14 Kreuzwegsstationen in Erinnerung an den Leidensweg Jesu. Die Via Dolorosa, der Weg des Schmerzes, ist ein bestimmter Weg in der Altstadt Jerusalems. Die Route steht für den Weg, den Jesus zu seiner Kreuzigung gegangen ist. In frühchristlicher Zeit ist der Brauch entstanden, dass die Menschen an den Stellen anhielten und beteten, an denen etwas Besonderes passiert war. In Jerusalem ist die Via Dolorosa durch neun der insgesamt 14 Kreuzwegsstationen gekennzeichnet. Die letzten fünf Stationen befinden sich in der Grabeskirche. Da nicht jeder nach Israel reisen kann, um den letzten Fußspuren Jesu zu folgen, werden wir nun unseren eigenen Kreuzweg gestalten, dessen Stationen in der Kirche und draußen in der Natur sind.

Gebet

Unser Herr Jesus Christus. Du hast selbst gesagt, dass dort, wo zwei oder drei in deinem Namen versammelt sind, du mitten unter ihnen bist. Sei mit uns an diesem Karfreitag, an dem wir uns auf das Rätsel der Kreuzes besinnen werden. Gib uns den Mut, im Glauben deinem Weg zu folgen. Amen.

1. Station – Auf einem Hügel/Galgenberg/Hünengrab –
Jesus wird zum Tode verurteilt
- Lk 23,13–25 wird vorgelesen.
- Das Lied *EG 97 Holz auf Jesu Schulter* wird gesungen.
- 1. Strecke – 5 Min. – in einer Gruppe gehen.

2. Station – Beim Krankenhaus/Pflegeheim –
Jesus nimmt das Kreuz auf seine Schultern
- Joh 19,17 wird vorgelesen.
- Jeder denkt für sich in Stille an die Kreuze, die wir im Leben tragen müssen – vielleicht werden wir von Kummer und Sorgen oder Krankheit geplagt.
- 2. Strecke – 5 Min. – einer nach dem anderen geht im Gänsemarsch und in Stille.

3. Station – Bei einem Bach/See/Meer –
Jesus fällt das erste Mal unter der Last des Kreuzes

- Phil 2,8 wird vorgelesen.
- Die Strophen des Kirchenliedes *EG 91,1–2 Herr, stärke mich, dein Leiden zu bedenken* werden gesungen.
- 3. Strecke – 5 Min. – paarweise im Gespräch über die Kreuze, die wir tragen müssen.

4. Station – Im Park oder einem Garten mit Frühlingsblumen –
Jesus begegnet seiner Mutter

- Das Lied *GESG 38 Were you there, when they crucified* wird gesungen.
- 4. Strecke – 5 Min. – paarweise im Gespräch über die Menschen, die uns am nächsten stehen.

5. Station – Am Waldrand/unter Bäumen –
Simon von Kyrene wird dazu gezwungen, Jesus zu helfen

- Lk 23,26 wird vorgelesen.
- In Stille denkt jeder für sich darüber nach, wer uns hilft, wenn wir es schwer haben.
- 5. Strecke – 5 Min. – einer nach dem anderen geht im Gänsemarsch und in Stille.

6. Station – Draußen vor der Friedhofsmauer –
Veronika reicht Jesus das Schweißtuch

- Nacherzählung der frommen Legende von Veronika, die mit ihrem Tuch zu Jesus hinläuft und sein Gesicht abtrocknet. Als Belohnung für ihre Liebestat bekommt sie den Gesichtsabdruck Jesu auf ihrem Tuch.
- In Stille denkt jeder für sich daran, wem wir helfen können.
- Die Strophe des Kirchenliedes *GESG 38 Were you there, when they crucified* wird gesungen.
- 6. Strecke – 5 Min. – im Zweiergespräch über eine Situation, als einem geholfen wurde.

7. Station – Bei einem Erinnerungsdenkmal/Kreuzen auf dem Friedhof –
Jesus fällt zum zweiten Mal unter der Last des Kreuzes

- Strophe von *GESG 38 Were you there, when they crucified* wird gesungen.
- 7. Strecke – 5 Min. – im Zweiergespräch über eine Situation, als man (physische) Schmerzen hatte.

8. Station – An der Nordseite der Kirche/einer zugemauerten Frauentür –
Jesus spricht zu den trauernden Frauen

- Lk 23,27–31 wird gelesen.
- Strophe von *GESG 38 Were you there, when they crucified* wird gesungen.

- 8. Strecke – 5 Min. – paarweise erzählen wir einander von einer geliebten verstorbenen Person.

9. Station – Bei einem Gemeinschaftsgrab –
Jesus fällt ein drittes Mal unter der Last des Kreuzes
- Strophe von *GESG 38 Were you there, when they crucified* wird gesungen.
- 9. Strecke – 5 Min. – paarweise erzählen wir einander von dem letzten Treffen mit einer geliebten verstorbenen Person.

10. Station – Am Eingang der Kirche – *Jesus wird seiner Kleider beraubt*
- Lk 23,34 wird vorgelesen.
- Strophe von *GESG 38 Were you there, when they crucified* wird gesungen.
- 10. Strecke – 5 Min. – paarweise erzählen wir einander von dem Erlebnis, einen Verstorbenen gesehen zu haben.

11. Station – Im Kirchenvorraum – *Jesus wird ans Kreuz genagelt*
- Lk 23,32–34 wird vorgelesen.
- *EG 97 Holz auf Jesu Schulter* wird gesungen.
- 11. Strecke – 5 Min. – paarweise erzählen wir einander von einer Beerdigung oder Beisetzung, an der wir teilgenommen haben.

12. Station – Vor dem Kruzifix der Kirche – *Jesus stirbt am Kreuz*
- Lk 23,44–46 wird vorgelesen.
- Wir gehen eine Weile in Stille und denken daran, dass Jesus unsere Kreuze für uns trägt, wenn wir es wagen, sie ihm im Gebet anzuvertrauen.
- 12. Strecke – 5 Min. – im Gänsemarsch und in Stille.

13. Station – Im Chor – *Jesus wird vom Kreuz genommen*
- Lk 23,50–53 wird vorgelesen.
- *EG 175 Ausgang und Eingang* wird gesungen.
- 13. Strecke – 5 Min. – in einer Schar gehen und den Kanon weitersingen.

14. Station – Am Taufbecken – *Jesus wird ins Grab gelegt*
- Lk 23,53–56 wird vorgelesen.
- Das Vaterunser wird gemeinsam gebetet.
- Der Segen wird zugesprochen.

DIE SIEBEN SCHLÜSSEL ZUR SEELE DES PILGERS – UMGESTALTET FÜR KINDER UND JUGENDLICHE

Der Verfasser und Pilgerpastor Hans-Erik Lindström aus Vadstena hat sieben Schlüsselwörter formuliert, die die Situation des Pilgers auf seiner Wanderung kennzeichnen:

Freiheit, Einfachheit, Langsamkeit, Stille, Sorglosigkeit, Gemeinschaft und Geistlichkeit. Diese Wörter sind auch Ausdruck für die Sehnsucht des modernen Menschen nach Ganzheitlichkeit in einer zerstreuten Gesellschaft. In unserer modernen Gesellschaft mangelt es an den Tugenden des Pilgerlebens. Hans-Erik Lindström hat diese Begriffe in *Pilgrimsliv – Håndbog for Vandringsfolk* (liegt nicht auf Deutsch vor) erwachsenen Lesern dargelegt.

Eines der Wörter wird beim Wanderer vielleicht besonderen Anklang finden, weil er es als etwas wiedererkennt, wonach er sich sehnt. Auf diese Weise kann das Wort zu einem Schlüssel zu den tiefsten Schichten der Seele werden. Für Jüngere sind Freiheit, Einfachheit, Langsamkeit, Stille, Sorglosigkeit, Gemeinschaft und Geistlichkeit Begriffe, die noch nicht vollständig erfassbar werden, doch es zeigt sich, dass sie auch brauchbare Schlüssel zur Sehnsucht einer Kinderseele sein können.

Wanderung zu den sieben Pilgerwörtern
- Dauer: 7 mal 20 Minuten.
- Länge: Die Länge der Wanderung ist vom Alter und von der Kondition der Teilnehmer abhängig. Die Wanderung kann eine Stunde dauern oder auch einen ganzen Tag.
- Ort: im Freien. Nähere Angaben werden zu den einzelnen Stationen und Strecken gemacht.

Vorbereitung
- Diese Wanderung macht man am besten, wenn das Gras nicht nass und das Wetter recht mild ist.
- Man macht einen Probelauf der Wanderung mit den Begleitern, den erwachsenen Helfern.
- Die Wanderung enthält sieben Stationen und sieben Strecken. Jede Strecke sollte man zu Fuß in 20 Min. schaffen.
- Für die dritte Station wäre ein Strand schön, an dem man Schneckenhäuser als Symbol für Langsamkeit finden kann. (Wenn dies nicht möglich ist, bringt der Leiter einfach selbst einige Schneckenhäuser mit – gut wäre, für jedes Kind eines.)
- Die sieben Stationen werden unten beschrieben.
- Die Stationen werden unterwegs auf einer Karte eingezeichnet, sodass man sich merken kann, wo man Halt machen soll.
- Alle Kinder und Erwachsenen nehmen in ihrem Rucksack eine Wasserflasche, Saft und Obst mit. Nach Absprache zwischen den Erwachsenen können die Kinder auch ein wenig Essen für ein gemeinsames Buffet mitnehmen.
- Der Leiter nimmt Blasenpflaster, vier Wasserbälle, eine Tischdecke für das Essen und Toilettenpapier mit.
- Der Leiter hat einen Kanon vorbereitet, der als Tischgebet genutzt wird, zum Beispiel *EG 336 Danket, danket dem Herrn*
- Der Leiter hat außerdem ein paar andere Lieder für die Tour auswendig gelernt,

sodass auch diese zum gemeinsamen Singen gebraucht werden können, für Kinder zum Bespiel *Summ, summ, summ, Bienchen summ herum. Oder EG 225 Komm, sag es allen weiter; EG 209 Ich möcht', dass einer mit mir geht.*

1. Station – *Vor der Kirchentür – Freiheit*

- Vorstellung der Wanderung zu den sieben Pilgerwörtern: Wir unternehmen eine kleine Wanderung. Es wird eine besondere Wanderung werden, bei der wir an einige wichtige Dinge in unserem Leben denken. Das Wichtige ist in sieben Wörtern enthalten – sieben kleine Schlüssel, die uns einen Zugang zu unserem tiefsten Inneren ermöglichen. Wir nennen diese sieben Wörter »Pilgerwörter«. Ich spreche jetzt einmal alle Wörter ganz langsam. Freiheit. Einfachheit. Langsamkeit. Stille. Sorglosigkeit. Gemeinschaft. Geistlichkeit. – Nun sollt ihr hören, was ich mir zur Freiheit gedacht habe. Das hier ist Freiheit. Der Leiter zieht sich seine Stiefel und Strümpfe aus, nimmt den Rucksack ab und dreht sich mit weit ausgebreiteten Armen im Kreis herum oder wie man sonst auf körperliche Weise das Gefühl von befreiter Leichtigkeit zum Ausdruck bringen möchte.
- Andacht zum Pilgerschlüssel *Freiheit*: Freiheit bedeutet, nichts zu müssen, genau das zu tun, was man will: zum Bespiel genauso wie ich es gerade eben getan habe – die Schuhe von sich schmeißen und ins Blaue hinausgehen. Es könnte auch bedeuten, an einem Sonntag im grünen, duftenden Gras zu liegen und in den blauen Himmel und die dahinziehenden weißen Wolken zu schauen. Einfach nur da zu liegen und vielleicht eine Möwe zu erblicken und die frische Luft zu spüren. Freiheit bedeutet auch, einfach losgehen und loslaufen zu können, ohne etwas zu müssen – einfach nur genau hier zu sein. Lasst uns gemeinsam im Gras liegen und versuchen, unserer Freiheit in diesem Augenblick nachzuspüren (5 Minuten »Freiheit«).
- 1. Strecke – »Jetzt sollen uns unsere Stiefel hinaus ins Freie bringen!« Alle gehen einfach in einer großen Schar – es gibt keinen Zwang und keine zu lösenden Aufgaben bis zur nächsten Station.

2. Station – *Auf einem trockenen Rasen oder einer Wiese – Einfachheit*

- Alle nehmen den Rucksack ab und legen sich in einem Kreis auf den Boden.
- Andacht zum Pilgerwort *Einfachheit*: Schließe deine Augen und stell dir vor, dass du *alles*, was du besitzt, draußen vor deine Eingangstür stellst. Denke dabei wirklich an alles; an dein Kopfkissen, deine Gummistiefel, deine Lieblingsdinge aus der Weihnachtskiste. Nun liegen all diese Dinge auf einem großen Haufen. Versuche diese Situation vor dir zu sehen. (An dieser Stelle sollte den Teilnehmern ein wenig Zeit gelassen werden, damit sich die Vorstellung einstellen kann.) Auf einer Pilgerwanderung kann man nicht so viele Dinge mitnehmen – denn der Pilger muss mit seinen Kräften sparsam umgehen. Denk einmal darüber nach, auf welche Dinge du gut verzichten könntest (eine Minute Denkpause). Jetzt sind wir draußen, um ein paar Stunden zusammen zu gehen. In unseren Rucksäcken

befindet sich nur das Allernotwendigste, denn sie dürfen nicht zu viel wiegen. Etwas Essen und Wasser, Kleidung zum Wechseln und Pflaster reichen allemal aus. Je leichter der Rucksack ist – desto leichter geht es sich. So kann es einem auch zu Hause ergehen. In all den Dingen, die man besitzt, muss man ja auch Ordnung halten und man muss sie pflegen. Deshalb ist es so schön, dass wir heute einmal ausprobieren, wie es ist, sich mit sehr wenig Dingen zu begnügen – und dennoch das Größte bei uns zu haben: einander, die Natur und Gott.

- 2. Strecke – (Zu zweit in einer langen Reihe.) Wir gehen jetzt zu zweit in einer langen Reihe weiter. Wir erzählen einander dabei, an welche Dinge wir gedacht haben, auf die wir gut und gerne verzichten könnten.

3. Station – Gern am Meer – Langsamkeit

- An diesem Ort müssen wir langsam sein, denn es kann herrlich sein, langsam zu sein – es ist jedenfalls besser, als gestresst zu sein.
- Obst und Getränke können ganz langsam verzehrt werden, während der Leiter eine Andacht zum Thema dieser Station hält.
- Andacht zum Pilgerwort *Langsamkeit*: Als Pilger üben wir uns darin, uns genauso langsam wie eine Schnecke fortzubewegen. Wir müssen keinen Bus bekommen oder pünktlich sein. Es geht hier nicht um einen Wettkampf, möglichst schnell das Ziel zu erreichen. Es kann schwierig sein, langsam zu sein. Wann sind wir eigentlich langsam? Vielleicht morgens, wenn wir gerade aufgewacht sind und den Tag frei haben! – Oder an einem Sommertag am Strand, wo wir uns einfach treiben lassen und langsam zum Meer hinuntergehen und die Füße ins Wasser strecken, um zu spüren, wie warm es ist. – Heiligabend sind wir auch langsam, wenn wir um den Tannenbaum sitzen und Lieder singen. – Denk einmal darüber nach, wann du selbst das letzte Mal langsam gewesen bist. Wie hat sich das angefühlt? Ist es leicht oder schwer? Langsam zu gehen kann wirklich schwierig sein. Wir sind ja so auf Effektivität ausgerichtet und häufig mit mehreren Sachen gleichzeitig beschäftigt. Die Schnecke ist einfach langsam, weil sie nicht anders kann. Sie ist erschaffen, um langsam zu sein, und doch sagen wir abwertend über sie: »Die Zeit vergeht im Schneckentempo.« In unserer Zeit wird es nicht als positiv angesehen, langsam zu sein. Doch in alten Zeiten wurde gesagt: »Eile mit Weile«, und man konnte sich keinen Respekt verschaffen, indem man schnell sprach und auf Effektivität ausgerichtet war. Wenn man sich Respekt verschaffen wollte, dann hat man sich ganz langsam und ruhig wie eine Schnecke fortbewegt. Versucht euch einmal eine Schnecke in Bewegung vorzustellen: Wie sieht sie aus? (Pause zum Nachdenken – die Kinder antworten.) Ich sehe die Schnecke königlich und würdevoll dahingleiten. In gleicher Weise wollen wir nun in Ruhe und ohne Eile weitergehen und dabei Zeit haben, zu erleben und zu schauen, zu schnüffeln und zu spüren.
- 3. Strecke – In einer großen Schar. Jeder bekommt ein Schneckenhaus – oder sucht sich eins, wenn man sich am Meer aufhält. Der Leiter sagt: Das Schnecken-

haus ist ein Zeichen für Langsamkeit, und wir halten es in der Hand, während wir weitergehen, sodass wir uns selbst daran erinnern, im Schneckentempo voranzuschreiten. Bevor wir losgehen, nehmen wir ein Stück Obst aus dem Rucksack – das essen wir genauso langsam – dann schmeckt es viel intensiver. Jetzt haben wir etwas in beiden Händen. Wir gehen gemeinsam in einer großen Schar.

4. Station – Ein ungestörter Ort – Stille

- Andacht zum Pilgerwort *Stille*: An diesem Ort sind wir still. »Jetzt ist aber Ruhe hier!« So ein Kommando bekommt ihr hier nicht zu hören. Ihr müsst selbst dafür sorgen, still zu sein. Ihr habt bestimmt schon einmal das »Schweigespiel« gespielt. Es verläuft immer so, dass am Ende jemand anfängt zu lachen, weil man nicht sprechen darf. Aber es gibt auch eine andere Art von Stille, für die man sich entscheiden kann. Man kann es genießen, still zu sein. Wenn man zum Beispiel auf einer Wanderung viele schöne Landschaften erblickt und dabei in Gesellschaft von Menschen ist, die man gern hat, ohne dass man darüber sprechen muss, wie herrlich es sich anfühlt und wie schön es ist, dann kommen all die guten Gefühle in einem zusammen und bewegen sich. Mit guten Freunden kann man still sein, ohne dass ein peinliches Schweigen entsteht. Selbst in einer Gruppe kann man in Stille gehen. In der Stille bemerken wir vielleicht unseren eigenen Herzschlag. Wir spüren dann alles sehr intensiv, auch unseren Atem. Man spürt einfach, wie man geht und wie es einem geht. Wahrhaftig, ich lebe! Danke, Gott, für das Leben! Wir schließen die Augen und lauschen eine Minute lang den Geräuschen der Natur. Der Leiter fragt die Kinder, was sie hören konnten. Der Leiter zitiert das Gedicht:

Bei Gottes Herz werde ich getragen
umfangen von seinen Armen
während das Geheimnis vertieft wird
flüstert der Vater leise meinen Namen.

(Jonas Jonson)

- 4. Strecke. Die nächste Strecke gehen wir im Gänsemarsch, einer nach dem anderen ganz leise, während wir den Geräuschen lauschen und spüren, wie es uns geht. Man darf gern zu den Erwachsenen kommen und flüsternd mitteilen, wenn man über etwas traurig ist oder wenn man einen Stein im Schuh hat.

5. Station – Auf einem Spielplatz oder einer Wiese, wo man Ball spielen kann – Sorglosigkeit

- Andacht zum Pilgerwort *Sorglosigkeit*: Jeder von uns kann traurig sein oder Probleme haben, an die er die ganze Zeit denken muss, weil er sie nicht vergessen kann. So ist es nun mal im Leben. Doch wir können miteinander über unsere Probleme reden. Das kann uns helfen, uns besser zu fühlen – auch wenn die

Probleme selbst nicht verschwinden. Vielleicht ergibt sich aber auch eine Lösung des Problems, indem man mit anderen darüber spricht. Wir können auch Gott von all dem erzählen, was uns traurig macht und vor dem wir Angst haben. Jesus sagt, dass wir uns auch selbst erlauben sollen, fröhlich zu sein – genau wie die Vögel des Himmels und die Blumen auf den Feldern. Sie können zwar nicht denken wie wir Menschen, doch sie können uns zeigen, wie Gott sich selbst um die kleinsten Tiere und Pflanzen sorgt. Für die Schwalben gibt es Mücken und für die Blumen Wasser, Erde und Sonnenschein. Und Gott hat uns so erschaffen, dass wir gern spielen. Wir können Ball spielen und seilspringen, Verstecken spielen und im Wasser planschen und singen. Ich habe vier Wasserbälle mitgenommen – mit denen wir spielen, bevor wir weitergehen.

- 5. Strecke – Alle gehen in einer großen Schar weiter.

6. Station – *Ein schöner Ort – Gemeinschaft*

- Hier essen wir unser mitgebrachtes Essen.
- Andacht zum Pilgerwort *Gemeinschaft*: Ich finde, dass wir auf dieser Wanderung zu einer Art großen Familie geworden sind! Wir sind alle Pilger, Gottes Kinder, und in dieser Weise sind wir »Brüder und Schwestern im Herrn«. Es ist schön, einem Ort anzugehören und zu wissen, dass man nicht allein ist. Wir passen aufeinander auf in unserer Gemeinschaft und wir können voneinander lernen. Wenn einer nach dem anderen in der Gruppe wandert, kann man bemerken, worin man selbst gut ist und worin andere gut sind. Zusammen können wir sehr viel bewirken. Das wissen die Ameisen am besten: Eine kleine Ameise kann allein nicht viel ausrichten, aber zusammen können Ameisen einen riesengroßen Ameisenhaufen bauen. Wir werden nichts bauen. Aber wir sind Freunde und teilen miteinander – auch unsere Gedanken und das, was uns froh oder traurig macht, teilen wir miteinander. Und wir helfen einander. Wir werden nun zu Mittag essen. Alle haben etwas in ihrem Rucksack mitgebracht, das wir auf unserem gemeinsamen Mittagstisch ausbreiten wollen.
- Das gesamte Essen wird auf der Tischdecke schön angerichtet.
- Wir singen ein Tischgebet *EG 336 Danket, danket dem Herrn*.
- Es bietet sich an, hier auf die Toilette zu gehen.
- 6. Strecke – Alle gehen in einer großen Schar weiter.

7. Station – *Zurück am Ausgangspunkt vor der Kirchentür – Geistlichkeit*

- Andacht zum Pilgerwort *Geistlichkeit*: »Guckt einmal, was ich um den Hals trage (zeigt ein Kreuz). Warum, glaubt ihr, trage ich es? (Die Kinder machen Vorschläge). Ich trage es, weil ich gerne zeigen möchte, dass ich an Jesus als Sohn Gottes glaube. Ich zeige das Kreuz nicht, weil ich damit angeben will. Aber ich will zeigen, dass es eine Freude und ein paar Geschichten gibt, die ich mit anderen teilen möchte. Ich werde euch etwas von Jesus erzählen. Einmal war er auf einen Berg hinaufgegangen. Dort erzählte er seinen Jüngern vom Gebet: Wenn ihr zu

Gott betet, könnt ihr die Dinge so sagen, wie sie sind: Ihr könnt Danke für etwas sagen, ihr könnt über etwas traurig sein, schimpfen und um Hilfe bitten. Als Kinder Gottes können wir alles Mögliche sagen, genau wie Kinder es gegenüber ihren Eltern tun. Und wenn uns nichts einfällt, wofür wir beten können, dann können wir das Vaterunser beten, das Jesus uns zu beten gelehrt hat und mit dem wir sowohl für uns selbst als auch für andere Menschen beten können.

- Hier an unserer Endstation sind wir wieder dahin zurückgekehrt, wo wir angefangen haben, und hier werden wir die Wanderung beenden, indem wir gemeinsam das Vaterunser beten. Eventuell kann man den Kindern beibringen, das Vaterunser mit dem Körper zu beten (siehe Seite 197f.).

25 km – einen ganzen Tag wandern

Mit dem Thema Gottesdienst von Kirche zu Kirche wandern

Eine feierliche Art, die Zusammenarbeit zwischen den Gemeinden auszubauen, ist eine ganztägige Pilgerwanderung, bei der alle Kirchen der Gegend besucht werden. Im Folgenden beschreibe ich am Beispiel unserer Gemeinde, wie so etwas gestaltet werden kann. Ausgangspunkt: Vier Monate vor der Durchführung der Gottesdienste treffen sich je ein Vertreter aus den sieben Gemeinden zu einer gemeinsamen Besprechung über die Arbeitsteilung. An jedem Ort wird einer Gemeindegruppe die Verantwortung für die Organisation einer kurzen Andacht/Theaterspiel/Gesang/Tanz u. a. übertragen, die gemeinsam mit Kindern aus der Gemeinde (Minikonfirmanden, Pfadfinder oder Konfirmanden) durchgeführt werden sollen. Nach der Wanderung kann eine Erfrischung serviert werden (Wasser, Obst, Kaffee und Kuchen) oder Mittagessen (Sandwichs, Suppe oder Ähnliches). Gute Zeitpunkte wären die zweiten Feiertage, also Ostermontag oder Pfingstmontag. Die Kirchenwanderung enthält mehrere Stationen, die von dem festen Teil des Hauptgottesdienstes aus angelaufen werden. Sieben Kirchen werden im Laufe des Tages besucht. Die Themen bauen auf den Teilen des Hauptgottesdienstes auf, sodass in jeder einzelnen Kirche die Konzentration auf ein anderes Thema gelegt wird.

Man wandert in einer Schar, außer auf von Autos befahrenen Straßen, wo man im Gänsemarsch geht.

1. Station – Vorspiel – Kirche
- Musikgottesdienst mit Chorgesang, Orgelmusik, gemeinsamem Singen oder einem Gitarrensolo. Der Organist plant die Andacht zusammen mit dem Kinderchor, der Kirche und ortsansässigen, musikalisch begabten Jugendlichen.

2. Station – Kollekte – Kirche

- Eine Gruppe Laien hat sich im Voraus mit den einzelnen Bestandteilen des Vaterunsers beschäftigt. Das Resultat dieser Gruppenarbeit wird vorgelesen.
- Danach betet die Gemeinde das Vaterunser.
- Eine Gruppe Kinder hat daran gearbeitet, ein Gebet für den Gottesdienst zu formulieren. Dieses wird vorgelesen.
- Danach werden alle dazu aufgefordert, eine Kerze anzuzünden und ein stilles Gebet zu sprechen.

3. Station – Lesung aus dem Alten Testament – Kirche

- Vorlesung mit anschließender Reflexion.
- Eine Geschichte aus dem Alten Testament wird als Theaterstück von Kindern aufgeführt.

4. Station – Das Evangelium aus dem Neuen Testament – Kirche

- Ein Mitglied des Gemeindekirchenrates/Kirchenvorstands hat sich im Voraus mit einem Text aus dem Evangelium (z. B. seinem Lieblingstext) beschäftigt und legt seine Betrachtungen in Form einer Predigt oder einer Meditation dar.
- Danach wird das Evangelium in einem kleinem Theaterstück von einer Gruppe Kindern vorgeführt.

5. Station – Abendmahl – Kirche

- Eine Gruppe Kinder hat für die Abendmahlsfeier Brot gebacken und Traubensaft besorgt. Man kann sich dafür entscheiden, ein Wandelabendmahl an mehreren Stellen um den Altar herum abzuhalten. Die Kinder und Jugendlichen können hier beim Austeilen des Brotes mithelfen.

6. Station – Segen – Kirche

- Kirchenmitarbeiter, Kirchensänger und Küster leiten mit eigenen Worten ein, welche Bedeutung der Segen für ihn/sie hat.
- Pfadfinder/Konfirmanden haben im Voraus ein Brainstorming zum Thema gemacht und den Segen, so wie sie ihn verstehen, auf Transparenten bildlich dargestellt.
- Jede Person kommentiert kurz seine eigene Zeichnung.
- Danach wird die Gemeinde nach vorne gebeten. Alle werden jeweils einzeln von zwei mitwirkenden Pastoren gesegnet. Am Schluss sprechen sich die Pastoren selbst gegenseitig den Segen zu.

7. Station – Nachspiel – Kirche

- Die Musik des Nachspiels könnte von liturgischem Tanz begleitet werden. Anregungen dafür unter www.christliche-ag-tanz.de

8. Station – Im Gemeindezentrum/Unterrichtsraum der Konfirmanden/Bürgerhaus

- Gemeinsames Essen und Gespräche über die Wanderungen und Stationen des Tages.
- Nach der Mahlzeit kann man die Gemeindeglieder eventuell in sieben Gruppen aufteilen, mit jeweils einem Teilnehmer aus jeder Gemeinde in einer Gruppe, also sieben Personen in jeder Gruppe, sowohl Erwachsene als Kinder. Wenn die Räumlichkeiten es erlauben, wäre es ideal, die Gruppen für eine Stunde in verschiedene Räume zu schicken. Dort werden die Erfahrungen des Tages ausgetauscht. Dabei wird von folgender Frage ausgegangen: Was hat mich heute bewegt? Es sollte natürlich freiwillig sein, ob man sich hierzu äußern möchte. Gleichzeitig sollte betont werden, dass jeder Experte für seine eigenen Erfahrungen ist, deshalb sollen diese eigenen Erfahrungen innerhalb der Gruppe auch nicht diskutiert werden.

Wir gehen dem Frühling entgegen – eine Pilgerwanderung mit Konfirmanden

- Dauer: ein ganzer Tag von 9 bis 17 Uhr
- Länge: 20 km
- Ort: eine abwechslungsreiche Gegend

Vorbereitung

- In den Unterrichtsstunden vor der Wandertour haben die Konfirmanden etwas über Pilgerwanderungen gelernt – aus historischer und theologischer Perspektive. Der Unterricht war auf folgendes Thema konzentriert: die äußere und innere Reise des Lebens. Jedes Unterrichtsmodul kann vom Unterrichtenden in verschiedensten Zusammenhängen mit dem Pilgermotiv verknüpft werden: mit dem Pilgermotiv in biblischen Geschichten, in Andachten, in den wiederholten Wanderungen mit eigenen Pilgerstäben, in Gebeten, in der Taufe, im Abendmahl, in Konfirmationsgottesdiensten, in der Wahl der Bibelstellen. Hat man erst einmal begonnen, die innere Landschaft hinter der äußeren zu sehen, sind der Fantasie keine Grenzen gesetzt. Der Pastor/Unterrichtende hat von seinen eigenen Erfahrungen mit Pilgerwanderungen erzählt und seinen Bericht eventuell mit einer Diashow ergänzt. Danach wird das Thema Lebenswanderung angesprochen, indem über ihre verschiedenen Phasen, die »rites de passage«, die Übergänge im Leben gesprochen wird. Aus weltlicher Perspektive kann sich dies zum Beispiel auf folgende Phasen beziehen: Abschied von Schnuller und Windel, Übergang vom Krabbel- zum Gehstadium, Einschulung, die Übergangsjahre vom Kind zum Jugendlichen, die erste richtige Liebesbeziehung, Auszug von zu Hause, der erste Arbeitstag, die Trauung, das erste Kind, die Scheidung, ein Todesfall in der Familie, die Wechseljahre, die Midlife-Crisis, der Übergang zum Pensionsalter, die Aufgabe der eigenen Wohnung und der Einzug ins Altenheim. Zu der äußeren, sichtbaren Reise können wir uns verhalten. Die innere Reise ist hingegen schwerer zu erklären: der geistliche Weg, der Weg des Gebets. Aus kirchlicher Perspektive helfen uns die Rituale durch vier verschiedene Phasen hindurch: Taufe, Konfirmation, Trauung und Beisetzung/Beerdigung. Die Kirchen dienen als Rastplätze auf dem Weg. Dort bekommen wir geistliche Nahrung für die Fortsetzung unseres Lebensweges.

- Die Konfirmandinnen und Konfirmanden haben im Laufe des letzten halben Jahres folgende Kirchenlieder auswendig gelernt: *EG 209 Ich möcht', dass einer mit mir geht, GESG 222 Möge die Straße, GESG 298 Wir haben Gottes Spuren festgestellt* oder *EG 395 Vertraut den neuen Wegen* und natürlich *das Vaterunser* und *das Glaubensbekenntnis.*

- Jeder Konfirmand hat sich einen Konfirmationsspruch ausgesucht, der ihm/ihr im besonderen Maße etwas bedeutet (siehe den Abschnitt zu den Bibelsprüchen zu Pilgerthemen auf Seite 217).

- Wir sind in den Gärten der Eltern gewesen und haben Stäbe und Stöcke gefunden, aus denen wir Pilgerstäbe geschnitzt haben. Einer der Stäbe ist mit einem Querstab versehen, sodass er die Form eines Kreuzes hat und als Prozessionskreuz genutzt werden kann.

- Einige haben auch ein paar Äste und Zweige gesammelt, aus denen Kreuze gemacht worden sind, die mit Bändern zusammengebunden sind und mit einem längeren Band versehen werden, um sie als Halskette zu nutzen.

- Andere sind am Strand gewesen und haben Muscheln gesammelt, in die sie kleine Löcher gebohrt haben – oder sie haben einen Lochstein gefunden. An die Muscheln oder Steine werden Bänder angebracht, sodass man sie als Halskette nutzen kann.

- Ein Termin wird vereinbart: an einem Samstag im Frühjahr oder auch an einem Werktag, wenn der Konfirmandenunterricht sich über einen ganzen Tag erstrecken kann.

- Für die Ganztageswanderung wird eine Route von ca. 20 km geplant. Karten über Routen sind in Bibliotheken und auf dem Amt erhältlich. Die Route wird im Voraus abgelaufen – zum einen, um die Zeit zu messen, zum anderen, um geeignete Rastplätze, u. a. bei einer Kirche, einplanen zu können. Es wird empfohlen, eine Stunde (ca. 4 km) am Stück zu gehen und danach eine Viertelstunde Pause zu machen (für das Mittagessen mit Abendmahl muss eine ganze Stunde eingeplant werden).

- Es wird ein Bus für die Fahrt zum und vom Ausgangspunkt der Wanderung bestellt.
- Der Küster der örtlichen Kirche wird kontaktiert, um sicherzustellen, dass die Kirche geöffnet ist und dass keine kirchlichen Veranstaltungen zu diesem Zeitpunkt stattfinden.
- Ebenfalls werden die Grundbesitzer kontaktiert, unter anderem, um sicher zu gehen, dass in dem Gebiet, in dem die Wanderung veranstaltet wird, keine Jagd stattfindet!
- Ein oder mehrere Erwachsene werden eingeladen mitzukommen, sodass ein Erwachsener an der Spitze und einer am Ende der Gruppe gehen kann.
- Freiwillige aus der Gemeinde sorgen dafür, dass ein »Pilgerabendessen« im Gemeindezentrum bereitsteht. Es kann eine einfache Mahlzeit sein, zum Beispiel bestehend aus einer Suppe mit grobem Brot und Obst oder Kuchen.
- Den Eltern der Konfirmanden wird eine Informationsmitteilung geschickt, um gewissen Einstellungen der Eltern wie der folgenden entgegenzuwirken: »Mein Kind kann doch keine 20 km gehen. Und es gibt auch keine Toiletten unterwegs. Darum soll mein Kind nicht an der Pilgerwanderung teilnehmen!« Es ist wichtig, die Eltern im Voraus in einem Brief oder auf einer Elternversammlung über die »Strapazen« zu informieren und zu erklären, warum wir tun, was wir tun. Es ist wichtig, eine positive Erwartungshaltung aufkommen zu lassen, sodass die jungen Pilgerwanderer sich auf die Wanderung freuen!
- Beispiel für eine Informationsmitteilung:

Liebe Konfirmandin, lieber Konfirmand,
nun nähert sich die Zeit für unsere kleine Pilgerwanderung in der Gegend X, Datum.
Ich freue mich sehr darauf, zusammen mit euch zu wandern! Wir werden gemeinsam dem Frühling entgegengehen, und gleichzeitig werden wir mit der äußeren Wanderung von ca. 20 km in dem naturschönen Gebiet auch eine innere Wanderung unternehmen und uns gedanklich auf den Tag der Konfirmation vorbereiten. Die Tour ist in diesem Sinne mehr als nur ein Wochenendausflug oder eine Pfadfindertour. Die Wanderung soll uns an die Wanderung des Lebens erinnern: Woher kommen wir und wohin gehen wir?
Wir werden genügend Zeit haben, miteinander zu sprechen, während wir gehen. Wir werden auch die Kirche in X besuchen und uns ihr Altarbild anschauen, das wir versuchen werden zu deuten. In Verbindung mit der Mittagspause werden wir eine Pilgermesse halten, einen Gottesdienst mit Abendmahl draußen in der Natur. So wie die Jünger es in Palästina getan haben und wie auch die ersten Mönche es taten, als sie mit dem christlichen Glauben hier in dieses Land kamen. Eine Strecke werden wir in Stille gehen. Wenn wir in Stille gehen, dann bekommt jeder einen Satz, über den er

meditieren soll. Der Küster/ein anderer Erwachsener wird uns begleiten. Am Ende essen wir im Gemeindezentrum zusammen zu Abend. Dort werden wir es uns gemütlich machen und die Möglichkeit haben, unsere Gedanken zur Wanderung miteinander zu teilen.

Wir treffen uns vor der X Kirche, von dort fährt der Bus um 8.15 Uhr ab. Die Veranstaltung endet am gleichen Ort um 19 Uhr.

Mitzubringen ist Folgendes: Pilgerstab, Auf und werde – Der geistliche Begleiter für Pilgerwege, vernünftige Wanderstiefel oder Joggingschuhe, Perlen des Lebens, warme Kleidung, Regenkleidung, ein großes Verpflegungspaket, Getränke, Obst, Rosinen, Schokolade. Geld und Handys sollt ihr nicht mitnehmen!

Pax et bonum!

Friede und alles Gute!

Der Pastor bringt außerdem mit:

- hartgekochte Hühnereier (die Menge soll der Teilnehmerzahl entsprechen)
- rundes Brot sowie Saft für das Abendmahl
- kleine Schokoladen-Eier (die Menge soll der dreifachen Teilnehmerzahl entsprechen)
- sprießende Blumenzwiebeln (die Menge soll der Teilnehmerzahl entsprechen)
- Digitalkamera

1. Station – Im Bus

- Wir singen ein Morgenlied *(Auf und werde, 45)*
- Vor Beginn werden verschiedene Regeln durchgegangen. Wir helfen einander unterwegs. Die Erwachsenen haben Pflaster dabei. Man überholt nicht den Erwachsenen, der an der Spitze geht. Es geht nicht darum, schnell davonzurasen, sondern die Wanderung unterwegs zu genießen!
- Vor der Wanderung und nach jeder Pause stellen wir uns in einem Kreis auf und sprechen das Gebet der Heiligen Birgitta: »Herr, zeige uns deinen Weg und gib uns den Mut, ihn zu gehen!«

1. Strecke – ca. 4 km – 1 Stunde, in einer Schar wandern.

- Normaler Spaziergang, bei dem die Jugendlichen in einer Schar gehen und die Freude erleben können, draußen in der Natur zu gehen.

2. Station – ca. 15 Min.

- Obstpause.
- Durchsicht der Wanderkarte mit jenen, die sich dafür interessieren, die Strecken, die wir gehen, auf der Karte nachzuverfolgen.
- Die Kinder dürfen Schokoladen-Eier suchen, die in einem begrenzten Gebiet in der Natur versteckt worden sind, in gleicher Weise wie die Frauen am Ostermor-

gen am Grab nach Jesus gesucht haben. Nach Eiern zu suchen steht als Symbol dafür, nach dem ewigen Leben zu suchen: »Wer sucht, der findet!«

- In einem Kreis sprechen wir das Gebet der Heiligen Birgitta.

2. Strecke – ca. 4 km – 1 Stunde, in Zweiergruppen
- In Zweiergruppen sprechen wir über das Thema: Frühling, ein neuer Anfang, Hoffnung, Freude – welche Bedeutung haben diese Worte für mich?

3. Station – 1 Stunde. Ein schöner Ort – an einem See, am Meeresufer oder an einer Waldlichtung
- Gottesdienst mit Abendmahl.
- Mittagspause, freies Spiel.
- Aufforderung an alle, Dinge in der Natur zu suchen, die die Botschaft von Ostern symbolisieren: eine kleine Blume oder ein immergrüner Zweig. Wenn die Kinder nichts finden können, kann man ihre Aufmerksamkeit auf die Sonne lenken, die die Auferstehung Jesu Christi symbolisiert.
- In einem Kreis beten wir das Gebet der Heiligen Birgitta: »Herr, zeige uns deinen Weg und gib uns den Mut, ihn zu gehen!«

3. Strecke – ca. 4 km – 1 Stunde, in Stille, einer nach dem anderen im Gänsemarsch

4. Station – ca. 15 Min. – In einer Kirche
- Wir leihen uns die Gesangbücher der Kirche aus und singen *EG 365 Vertraut den neuen Wegen,* danach wird Ps 118,19–29 gelesen.
- Der Pastor, die Pastorin hält eine kurze Andacht zum Osterevangelium: Mk 16,1–8 (die Frauen am Grab).
- Wir singen *EG 99 Christ ist erstanden.*
- Im Kreis sprechen wir Birgittas Gebet.

4. Strecke – ca. 4 km – 1 Stunde, jeweils zu zweit in einer langen Reihe wandern
- Im Zweiergespräch unterhalten wir uns über das Thema: Ostern und Auferstehung – welche Bedeutung haben diese Worte für mich?

5. Station – ca. eine halbe Stunde. Ein Ort, an dem es einen Hügel, einen Abhang oder eine Düne gibt.
- Hier wird der alte Osterbrauch »Eierlauf« veranstaltet: Hartgekochte Eier werden den Hügel hinuntergerollt. Das Ziel ist, dass die Eier aufeinandertreffen und platzen. Danach werden die Eier gegessen. Das geplatzte Ei ist Symbol für die Auferstehung und das ewige Leben.

5. Strecke – ca. 4 km – 1 Stunde, in einer Schar wandern
- Unterwegs singen wir die drei Lieder, die wir auswendig gelernt haben – so wie

auch die mittelalterlichen Pilger unterwegs gesungen haben. Wenn die Stimmen erst einmal gelöst sind und die Stimmung gut ist, werden die jungen Menschen oftmals selbst in Gesang ausbrechen.

6. Station – 5 Min. Abschluss der Pilgertour
- Alle Kinder bekommen eine sprießende Blumenzwiebel als Symbol für das Osterevangelium, dass Gott alles neu erschafft.

50 km – zwei Tage wandern

Wochenendwanderung über zwei Tage
(auch für Pfadfinderleiter und andere Gruppenleiter)

Vorbereitung
- Planung der Route mit Übernachtung in Zelten oder in Hütten.
- Ein Begleitauto transportiert Essen und Gepäck.
- Es wird mit einem Pastor vereinbart, dass er einen Pilgergottesdienst bei der Ankunft am Samstag halten wird.
- Es wird mit einem Pastor vereinbart, dass er einen Gottesdienst mit Abendmahl im Freien am Sonntagnachmittag halten wird. Dann geht es bloß noch darum, den Pilgerstab in die Hand zu nehmen und die Wanderstiefel anzuziehen. Pfadfinder und andere Gruppenleiter haben große Erfahrung mit Wandertouren, das heißt, es bietet sich an, den Pilgergedanken in diese Arbeit einzubringen.

Die Liturgie für den Gottesdienst mit Abendmahl in der Kirche
- Vorspiel (wenn ein Organist anwesend ist; wenn nicht, dann könnte jemand vielleicht Flöte oder Mundharmonika spielen)
- Begrüßung: Pax et bonum – Friede und alles Gute!
- Der Pastor erzählt kurz etwas über die Kirche/Gemeinde.
- Lied
- Lesen der Bibel (eventuell das Evangelium des darauffolgenden Sonntags), kurze Reflexion
- Abendmahlslied
- Abendmahlsgebet: Gelobt seist du, unser Gott, der Schöpfer der Welt, für das Brot und den Wein, die wir von deiner Güte empfangen haben. Dieses Brot und dieser Wein, aus der Erde hervorgebracht durch die Arbeit der Menschen, bringen wir vor dich. Lass es für uns zum Brot des Lebens und zum Kelch der Erlösung werden.
- Vaterunser (im Chor)

- Einsetzungsworte
- Austeilung
- Dankgebet:
  Gott, wir danken dir für die gottesdienstliche Gemeinschaft in Jesus Christus.
  Danke, dass wir durch das Abendmahl an dir und deinem Reich teilhaben. Leite
  und fordere uns und mach uns für andere Menschen offen, sodass der Heilige
  Geist sich unter uns ausbreiten kann. Amen.
- Segen
- Lied
- Nachspiel (Vorgehensweise wie beim Vorspiel)

Wochenend-Pilgerwanderung von der eigenen Kirche zu einer Besuchskirche – Gottes Volk auf Wanderschaft

Vorbereitung
- Es werden Übernachtungen in Pfadfinderhütten, Kirchen oder Gemeindezentren
  gebucht. (Für die beiden letztgenannten Orte muss beim Gemeindekirchenrat/
  Kirchenvorstand um Erlaubnis gefragt werden.)
- Informationsmitteilung an die Eltern.
- Die Eltern werden beauftragt, für die Wanderung einzukaufen und Essen vorzube-
  reiten (warmer Kakao und Brötchen, Mittagessen, Frühstück sowie Kirchenkaffee).

Alle bringen mit:
- Perlen des Lebens
- Pilgerstab
- Gesangbuch
- Wanderschuhe
- Regenkleidung
- Butterbrot, Trinkflasche und Obst
- Schlafsack und Isomatte
- Waschsachen und Nachtzeug
- evtl. Medizin, wenn nötig

Der Pastor, die Pastorin bringt außerdem mit:
- ein rundes Brot mit einem eingeritzten Kreuz
- eine Flasche Traubensaft
- eine kleine Schale, in die der Traubensaft eingeschenkt wird
- Routenkarte
- Blasenpflaster und Erste-Hilfe-Set
- Handy sowie die Telefonnummern der Personen, die gebeten wurden, zur Verfügung zu stehen, falls jemand sich verletzen sollte und mit einem Auto abgeholt
  werden müsste.

- Digitalkamera für die folgenden Motive: eine große Schar Konfirmanden, der See, ein steiniger Weg, Pause, Andacht im Wald, eine große wandernde Schar, der Bus, die Mahlzeiten, ein Seeufer, ein Wald usw.
- einen Pilgerstab, der oben zu einem Kreuz geformt ist.
- Der Gottesdienst für Sonntagmorgen wird mit den übrigen Kirchenmitarbeitern besprochen.

Stationen und Strecken

1. Station – Samstagmorgen, Treffpunkt ist in der Gemeindekirche
Andacht
- Morgenlied: *EG 629 Sieh, da hebt die Sonne sich übers Meer*
- Kurze Einleitung: Wir werden uns jetzt auf eine Wanderung begeben. Wenn man eine weite Strecke vor sich hat, ist es wichtig, dass man vorher genügend gegessen hat. Das bezieht sich auch auf die geistliche Reiseverpflegung. Deshalb wird die erste Strecke, die wir gehen, nicht so lang sein, sondern wir werden bereits Halt machen, wenn wir zum See, Park, Strand oder an einen anderen Ort gekommen sind, der wie »die grüne Kathedrale unseres Herrn« ist. Dort wollen wir einen Gottesdienst im Freien halten. Dort beginnt unsere Pilgerwanderung damit, dass wir zusammen das Abendmahl abhalten.

1. Strecke – Wir gehen in einer Schar

2. Station – Am Morgen – Abendmahl – Gottesdienst am Seeufer
- Die Konfirmanden sitzen und haben Ausblick auf den See. Der Pilgerstab des Unterrichtenden ist vor dem See in die Erde gesteckt worden – als eine Art »Altarbild«.

Andachtsritual
- *GESG 347 Wo ein Mensch Vertrauen gibt* wird gesungen.
- Andacht – In der Zeit, als Jesus auf der Erde umherwanderte, wurde er zum Begleiter vieler verschiedener Menschen. Er sprach mit ihnen, hörte ihnen zu, berührte sie und kümmerte sich um sie. Er gab ihnen die Kraft, nach Hause zu gehen und das Leben zu leben, das das ihrige war. Auch heute begegnet er uns und begleitet uns auf unserer Lebenswanderung. Ein Ort, an dem wir ihm begegnen und in besonderer Weise seine Nähe spüren können, ist das Abendmahl. Lasst uns die Hände falten und beten: Jesus Christus, du, der ununterbrochen durch Berge und Ebenen gewandert bist, durch Wüsten und am Strand, durch Städte und auf dem Land; du, der du alles auf deiner Wanderung auf der Erde geteilt hast, danke dafür, dass du auch zusammen mit uns heute wanderst. Danke dafür, dass du uns im Brot und Wein des Abendmahls nahe bist. Amen.
- Das Vaterunser wird gemeinsam gebetet.

- *EG 98 Korn, das in die Erde* wird gesungen.
- Die Einsetzungsworte des Abendmahls. Wandelabendmahl: Frisch gebackenes Brot wird in Wein/Traubensaft eingetaucht, der in eine Schale gegossen wurde. Der Pastor spricht das Abendmahlgebet: Lieber Gott. Wir danken dir für die Reiseverpflegung auf unserer Wanderung und bitten dich: Gib uns den Mut des Glaubens auf der Reise des Lebens! Amen.
- Der Segen wird ausgesprochen.
- *GESG 356 Lass uns den Weg der Gerechtigkeit gehn* wird gesungen.
- Bevor wir gehen, bildet die Gruppe einen Kreis. Alle geben sich die Hände und sagen im Chor: *Herr, zeige uns den Weg und gib uns den Mut, ihn zu gehen!*

2. Strecke – ca. 1 ½ Stunden – In einer Schar

3. Station – ca. ½ Stunde – Mittagspause mit selbst mitgebrachtem Essen

3. Strecke – 1 ½ Stunden – Durch einen Wald, zu zweit in einer Reihe
- Bevor wir gehen, bildet die Gruppe einen Kreis. Alle geben sich die Hände und sagen im Chor: *Herr, zeige uns den Weg und gib uns den Mut, ihn zu gehen!*
- Unterwegs sprechen die Konfirmanden im Zweiergespräch über die Konfirmationssprüche, die sie sich ausgesucht haben. Warum gerade diesen Spruch, wieso spricht er mich besonders an, wie verstehe ich ihn, warum habe ich diesen Bibelspruch gewählt zur Begleitung meines Lebens?

4. Station – ca. ½ Stunde Pause
- Einstieg für eine meditative Wanderung: In unserem Leben erleben wir häufig viel Lärm und große Hast. So ging es den Jüngern Jesu auch. Nach einer solchen Periode des Stresses sagt Jesus zu seinen Jüngern: »Kommt mit hinaus an einen öden Ort, an dem ihr allein sein und euch ein wenig ausruhen könnt!« (Mk 6,31) Das ist es, was wir jetzt versuchen wollen: in Stille zu gehen, gemeinsam, mit Gott. Unterwegs werden wir genügend Zeit haben, die Gedanken nach oben zu richten, zu Gott zu beten und ihm für all das zu danken, was wir im Leben bekommen haben: die Natur, Freunde, Familie, unsere Fähigkeiten usw. Hilfreich dabei ist, die Perlen des Lebens hervorzuholen und den Ausgangspunkt für euer Gebet in einer der Perlen zu nehmen: in der Gottesperle (die große goldene) oder in den Geheimnisperlen (die drei kleinen Perlmuttperlen).

4. Strecke – 1 Stunde – In Stille wandern, einer nach dem anderen im Gänsemarsch

5. Station – Das Gemeindezentrum/der Unterrichtsraum der Konfirmanden
- Hier werden wir von der Gemeinde mit warmem Kakao und Brötchen empfangen.

5. Strecke – Vom Gemeindezentrum zur Kirche

6. Station – In der Kirche

- Es wird eine kurze Schlussandacht gehalten. Hier kann man allgemein und mit einfachen Worten einen Rückblick auf die Wanderung werfen. Es ist wichtig, dass jeder vor dem Hintergrund seiner eigenen Erfahrungen die Analogie zwischen der Pilgerwanderung und der Wanderung des Lebens wahrnehmen kann. Man kann eine solche Retrospektive mit ein paar einzelnen Begebenheiten ausschmücken, die die Erinnerung und das Einfühlungsvermögen wach halten. – Im Folgenden wird ein Vorschlag für einen Abschluss vorgestellt, in dem sich die meisten Pilgerwanderer sicherlich wiedererkennen werden: Jetzt sind wir am Ziel dieser Pilgerwanderung angekommen – ein Bild für die Wanderung des Lebens. Wir haben erfahren, auf Wegen zu gehen, die leicht waren, und wir sind auch auf steinigen Pfaden gewandert. Manche waren vielleicht kurz davor aufzugeben. Wir haben die Freude erfahren, sich endlich ausruhen zu können. Wir haben Spaß gehabt. Wir haben miteinander über wichtige Dinge gesprochen und wir haben mit Gott gesprochen. All dies kann als Bild für die Wanderung des Lebens angesehen werden. Bald müssen wir wieder nach Hause. Nach Hause in den Alltag zurück – nach Hause, um unseren Lebensweg fortzusetzen. Gemeinsam miteinander und gemeinsam mit Gott. Lasst uns deshalb von hier gehen und einander mit den folgenden Worten verabschieden: Friede und alles Gute!
- Wir geben einander die Hände und grüßen uns gegenseitig mit diesen Worten zum Abschied.
- Als Abschiedworte aus der Bibel können wir Jesus sagen hören: »Fürchtet euch nicht, glaubt nur!« (Mk 5,36)
- Lasst uns beten, während wir die goldene Gottesperle der Perlen des Lebens festhalten: Lieber Gott, danke dafür, dass du mit uns gehst und uns niemals im Stich lässt. Segne du unseren Weg durchs Leben, lass uns finden, was wir suchen, und zum Schluss das Ziel in Freude erreichen. Amen.
- Wir singen *EG 171 Bewahre uns, Gott, behüte uns, Gott*

6. Strecke – Von der Kirche zum Gemeindezentrum

7. Station – Im Gemeindezentrum

- Wir essen zu Abend.
- Danach werden die Konfirmanden in drei Gruppen eingeteilt, die jeweils das Eingangs-, Ausgangs- und das Fürbittgebet sprechen.
- Wenn die Lieder für den nächsten Tag geübt worden sind, machen es sich die Teilnehmer mit Musik, Spielen, Obst, Kuchen, Saft und Tee gemütlich. Alle gehen schlafen – und zwar nicht zu spät!

Sonntagmorgen
- Frühstück, Aufräumen.
- Eltern und Geschwister stoßen mit Autos hinzu, um am Konfirmandengottesdienst in der Besuchskirche zusammen mit der dortigen Gemeinde teilzunehmen.
- Die Wanderung wird mit einem Gottesdienst über Psalm 119 abgeschlossen, siehe die folgenden Seiten.

Konfirmandengottesdienst über Psalm 119,1: »Glücklich sind, die ohne Tadel leben, die im Gesetz Gottes wandeln«

Vorbereitung
- Der Pastor, die Pastorin und die Konfirmanden haben die oben beschriebene Pilgerwanderung unternommen.
- Ein Großbild-Projektor wird in der Kirche aufgestellt.
- Eine Leinwand wird aufgestellt.
- Brot und Wein für das Abendmahl werden auf den Altar gestellt.
- Die Konfirmanden haben die Gebete verfasst und das Vorlesen geübt.
- Nach dem Gottesdienst versammeln sich die Kirchgänger zu einem gemeinsamen Kirchenkaffee/Limonade.
- Konfirmanden und Pastor/Pastorin ziehen ein.
- Die Konfirmanden singen und tragen ihr selbst verfasstes Kirchengebet vor.

Liederauswahl
Als Lieder sollten diejenigen gesungen werden, die die Konfirmandinnen und Konfirmanden auch auf ihrer Wanderung begleitet haben.

Lesungen
- Lesung aus dem Alten Testament Ps 23
- Lesung aus dem Neuen Testament Joh 14,1–7

Die Foto-Predigt
Das Thema des heutigen Gottesdienstes ist Wanderung; die Wanderung als Bild für unser Leben. Manchmal beschreiben wir unser Leben als eine Wanderung von der Wiege bis zum Grab.

Auf unserer Konfirmandenfreizeit am Wochenende war das Thema auch die Wanderung. Ja, gestern sind wir im wortwörtlichen Sinne draußen gewesen und sind gewandert. Wir sind von unserer eigenen Kirche zu einem See gegangen und durch einen Wald zu dieser Kirche, bei der wir heute Nacht übernachtet haben.

• Foto 1: Eine große Schar Konfirmanden

Ich denke, dass diese Wanderung, die wir gestern zusammen unternommen haben, zu einem guten Abbild für unser Leben geworden ist, denn wir haben fast alles erlebt.

• Foto 2: Der See

Wir haben die Freude daran erlebt, zusammenzusein und draußen in der Natur Gottes zu sein. Wir haben erlebt, dass wir es uns haben gut gehen lassen und dass es einfach immer nur geradeaus gegangen ist.

• Foto 3: Ein steiniger Weg

Doch wir mussten auch Widerstand erleben, denn der Weg war nicht immer einfach zu gehen. Zwischendurch war er uneben und steinig und es hat sich angefühlt, als ob es immer nur weiter bergauf gehen würde.

• Foto 4: Ruhepause

Wir haben auch die Freude über Ruhezeiten erleben dürfen. Wir haben erfahren, wie gut es tut, die Möglichkeit zu bekommen, neue Kraft zu sammeln und das Dasein wieder aus einer viel helleren Perspektive zu betrachten.

• Foto 5: Andacht im Wald

Und dann haben wir erlebt, dass es Zeit wurde, über Gott zu sprechen. Aber auch Zeit, mit Gott zu sprechen und zusammen still zu sein. Wir haben unsere Wanderung als Pilgerwanderung bezeichnet. Pilgerwanderungen sind in der christlichen Kirche seit sehr langer Zeit bekannt. In den letzten 500 Jahren hat uns der Pilgergedanke in den protestantischen Kirchen im Norden nicht weiter beschäftigt. Seit ein paar Jahren hat man allerdings an vielen Orten des Landes angefangen, sich damit zu beschäftigen. Das ist unter anderem deshalb geschehen, weil die Menschen erfahren haben, dass es einem etwas ganz Besonderes gibt, wenn man gemeinsam geht. Auf einer Wanderung bekommt man häufig die Möglichkeit, in Ruhe und Frieden die Gedanken kreisen zu lassen, über etwas Wichtiges nachzudenken, über seinen Glauben nachzudenken und mit Gott zu sprechen. Die Pilgerwanderung eröffnet außerdem die Möglichkeit für Gespräche, in denen Gedanken miteinander geteilt werden können. Die Pilgerwanderung wird auf diese Weise zu einem Abbild dafür, wie wir auf dem Weg des Lebens Gott und einander begleiten.

• Foto 6: Eine große Schar, die wandert

Als das Christentum noch ganz neu war, wurden noch nicht die Bezeichnungen »Christentum« und »die Christen« verwendet. In den ersten Jahrzehnten nach dem Tod und der Auferstehung Jesu sprach man hingegen vom »Weg« und von »denen, die dem Weg folgen«.

Jesus war selbst ein Reisender, immer auf Wanderschaft von Gegend zu Gegend. Er war immer unterwegs. Christ zu sein bedeutet nicht, das Ziel erreicht zu haben oder die Antworten auf die großen Fragen des Lebens gefunden zu haben, sondern auf dem

Weg zu sein, auf einer Reise, einem Weg zu folgen, auf dem jemand vorausgegangen ist, und zwar Jesus von Nazareth. Er ist Gottes lebendiger Wegweiser.

Es knüpfen sich viele Vorstellungen an den »Weg« als Lebenssymbol. Wege können sehr unterschiedlich aussehen. Es kann eine Autobahn sein, auf der wir davonrasen und keine Zeit zum Anhalten haben. Es kann auch eine Hauptstraße sein, die größere Städte miteinander verbindet, auf der wir recht schnell fahren und eine gute Aussicht nach allen Seiten haben. Es kann aber auch eine kleinere Landstraße sein, die sich zwischen Hügeln, Tälern, Wald und kleinen Dörfern dahinwindet. Selbst wenn es bedeutet, einen Umweg zu machen, entscheiden wir uns manchmal für diese Wege, weil sie die schönsten sind. Es kann ein Pfad sein, von dem aus wir alles ganz nah sehen und die Gerüche in unserer Nase spüren können – auf dem wir allerdings auch müde werden und uns verlaufen können.

In gleicher Weise verhält es sich mit unserem Leben. Die Wege des Lebens können ganz unterschiedlich sein. Manchmal rast man davon – manchmal vergeht die Zeit im Schneckentempo. Manchmal gibt es Hügel, die schwer zu besteigen sind, andere Male geht es leichtfüßig bergab. Wir kennen nicht immer das Ziel unserer Wanderung oder Reise. Trotzdem sind wir dauernd in Bewegung, ansonsten wären wir nicht am Leben. Es geht nicht so sehr darum, wie der Weg aussieht, den wir in einem Moment betreten, sondern wie wir uns verhalten, während wir auf diesem Weg sind. Um zu lernen, uns zu unserer eigenen Lebenswanderung zu verhalten, kann es sinnvoll und bereichernd, ja sogar notwendig sein, tatsächlich eine Wanderung oder Reise zu unternehmen, das heißt, eine äußere Wanderung zu machen, um etwas über seine innere Wanderung zu lernen.

Hin und wieder können Zweifel aufkommen, ob wir den rechten Weg im Leben gewählt haben. So erging es auch den Jüngern Jesu. Sie zweifelten auch, und deshalb baten sie ihn einmal: »Herr, zeig uns den Weg!« Und Jesus antwortete: »Ich bin der Weg, die Wahrheit und das Leben!« (Joh 14,6) Das ist ein guter Spruch, den man mit sich auf seine Lebenswanderung nehmen kann: Jesus ist der Weg, die Wahrheit und das Leben! Ein anderer Spruch, den man gut bei sich haben kann, sind die letzten Worte Jesu zu seinen Jüngern: »Ich bin bei euch alle Tage bis an der Welt Ende!« (Mt 28,20) Diese Worte werden bei der Taufe gesprochen und erinnern uns daran, dass wir niemals allein sind. Jesus ist unser Reisebegleiter im Leben. Vielleicht können wir ihn nicht sehen, doch er geht den ganzen Weg mit uns. Wir sind niemals allein. Zu jeder Zeit – im Glauben und im Zweifel, in Freud und Leid können wir die Hände falten und Verbindung mit ihm aufnehmen.

EIGENE NOTIZEN:

Die Bibel
durch die »Pilgerbrille« betrachtet

13 Andachten für Jugendliche

Hat man erst einmal damit begonnen, die Bibel aus der Perspektive der Füße zu lesen, fällt es einem die ganze Zeit ins Auge: Die Berichte der Bibel sind voll von Aufbrüchen, Wanderungen, Rastplätzen, Begegnungen auf dem Weg und der Sehnsucht danach, das Ziel zu erreichen. Vom Garten des Paradieses bis zum himmlischen Jerusalem ist die Bibel ein Pilgerbuch, voll von Füßen, Wallfahrten, Missionsreisen und Pilgerwanderungen.

Als Pfadfinderleiter, Pastorin, Gruppenleiterin und Katechetin kann man jedes Treffen oder jede Lektion mit einer Andacht würzen, die Körper und Seele mit einbezieht. Das bringt Abwechslung in den Unterricht, und es ist mittlerweile allgemein bekannt, dass wir uns Inhalte besser merken können, wenn wir sie mit Handlungen verknüpfen können. Die Andachten können natürlich auch von Pfadfinderleitern und Konfi-Teamern verwendet werden.

Fußwaschung

- Dauer: 30 Min.
- Ort: in der Kirche

Vorbereitung
- Einkauf eines Klassensatzes Abwaschschüsseln, Waschlappen, Handtücher und Flüssigseife, die in der Kirchenvorhalle platziert werden.
- Ein Ghettoblaster wird im Chor aufgestellt, zum Beispiel mit der CD The Danish Hildegard Ensemble: *Ave Maria, Monastic Chants in the Middle Age*, Fønix Musik.

Andacht zu 2 Mose 3,5 Zieh deine Schuhe von deinen Füßen, denn der Ort, darauf du stehst, ist heiliges Land!
So befiehlt Gott Moses, als er ihm in einem brennenden Dornbusch in der Wüste begegnet. In Wirklichkeit ist es eben so, wie wir Gott begegnen müssen: »barfüßig«. Das

heißt ohne Lederfutteral, ohne Schuhe, also erdverbunden, ohne Maske und Verkleidung. Gott können wir nur offen und ehrlich begegnen. »Die Stätte, auf der du stehst, ist heiliger Boden.« Das Heilige ist also nicht weit weg, fern von unserer eigenen Wirklichkeit und unserem Alltag. Das Heilige ist uns ziemlich nah. Sich Gott zu nähern bedeutet, sich sich selbst zu nähern. Vielleicht ist es das, worum es bei der Reise des Lebens geht: sich selbst und Gott näher zu kommen! – Bei der Fußwaschung, am Abend des Gründonnerstags, als Jesus die Füße seiner Jünger wäscht, sagt er: »Denn ich habe euch ein Beispiel gegeben, damit ihr auch tut, wie ich euch getan habe.« (Joh 13,15) Bemerkenswert ist hier, dass Jesus niemals nur den Kopf der Menschen ansprach. Nein, er sorgte sich um den ganzen Menschen: Er berührte die Menschen, heilte sie, hegte Fürsorge in Worten und Taten. Die Bibel aus der Perspektive der Füße zu lesen, ist eine Dimension, die in der Regel übersehen wird, und deshalb möchten wir heute versuchen, den Worten der Bibel mit dem Körper zu lauschen, aus der Perspektive der Füße.

Wir werden nun in die Kirchenvorhalle gehen und unsere Schüsseln mit lauwarmem Wasser und Seife füllen. Wenn wir einander die Füße gewaschen haben, gehen wir ganz gemächlich in die Kirche hinein. Wir setzen uns hin und stellen dabei die Füße in die Schüssel. So bleiben wir ca. 15 Min. lang sitzen, hören der Musik zu und denken daran, dass wir uns an einem heiligen Ort befinden, dem Haus Gottes.

Gott geht mit uns

- Dauer: 15 Min.
- Länge: 300 m
- Ort: Rundwanderung mit demselben Ort als Anfangs- und Endstation in oder vor der Kirche, auf dem Friedhof oder in der Natur.

Andacht

In der Bibel wird uns oft gesagt, dass wir keine Angst haben müssen, sondern guten Mutes sein sollen. Oft liest man, dass Menschen Angst hatten, aber hinterher eingesehen haben, dass sie nicht hätten ängstlich sein müssen. Gott war die ganze Zeit bei ihnen, sie waren nicht allein.

5 Mose 31,6 *Seid getrost und unverzagt, fürchtet euch nicht und lasst euch nicht vor ihnen grauen; denn der Herr, dein Gott, wird selber mit dir ziehen und wird die Hand nicht abtun und dich nicht verlassen.*

Diese Worte kann man gut auswendig lernen und an sie denken. Gott geht mit uns, den ganzen Weg durch das Leben. So heißt es auch in einem alten Segenswunsch aus dem 4. Jahrhundert, St. Patricks Gebet (die Kinder wiederholen jede Zeile im Chor, nachdem der Erwachsene sie gesprochen hat):

185

Möge der Herr vor dir gehen,
um dir den rechten Weg zu zeigen.

Möge der Herr an deiner Seite gehen,
sodass er dich in seine Arme nehmen
und dich vor Gefahren beschützen kann
von der linken und der rechten Seite.

Möge der Herr hinter dir gehen und dich bewahren
vor der bösartigen Falschheit der Menschen.

Möge der Herr unter dir sein und dich erheben,
wenn du fällst – und dich aus der Schlinge retten.

Möge der Herr in dir sein und dich trösten,
wenn du missmutig bist.

Möge der Herr um dich herum sein,
um dich zu verteidigen,
wenn Menschen über dich herfallen.

Möge der Herr über dir sein und dich segnen!
Ja, möge der gnädige Gott dich segnen
heute und morgen!
Amen.

Jetzt werden wir einen kleinen Gang machen in der Kirche, um die Kirche herum und über den Friedhof.

Wir gehen ganz ruhig und langsam und erinnern uns dabei in unserem Innern an den schönen Gedanken, dass Gott mit uns geht! 5 Mose 31,6 wird langsam wiederholt, bevor sich die Schar in Bewegung setzt.

Gott hält uns in der Hand

- Dauer: 30 Min.
- Länge: 1 km
- Ort: im Freien

Vorbereitung
- Jeder hat seinen eigenen – oder einen geliehenen Pilgerstab in der Hand.
- Eine kleine 15-minütige Route wird geplant.

Bei dieser Wanderung fällt den Jugendlichen im Gespräch auf, dass andere Jugendliche auch Probleme haben. Sie sind nicht allein, und das ist eine befreiende Erfahrung. Zugleich üben sie sich darin, die Sprache des Glaubens zu sprechen, wenn sie von ihren »geistlichen Lebensläufen« berichten.

Andacht
Ps 23,1–5: *Der Herr ist mein Hirte, mir wird nichts mangeln. Er weidet mich auf grüner Au und führt mich zum frischen Wasser. Er erquickt meine Seele. Er leitet mich auf rechter Straße um seines Namens willen. Und ob ich schon wanderte im finstern Tal, fürchte ich kein Unglück, denn du bist bei mir; dein Stecken und Stab trösten mich.*

1. Station – Der Pilgerstab
- Wir nehmen unseren Pilgerstab in die Hand und spüren seine Ausformung: Es fühlt sich gut an, den Pilgerstab festzuhalten und sich auf ihn zu stützen. Er hilft uns auf dem Weg … Stellt euch vor, genauso nah, wie der Stab in unserer Hand ist, ist uns auch Gott nah! Unsichtbar hält er uns in der Hand, nicht nur jetzt, sondern auf dem ganzen Weg durchs Leben. Ihr habt eure Lieblingssymbole und Lieblingsbibelstelle eingeritzt als Zeichen für eure geistige Stütze auf dem Weg.

1. Strecke – 15 Min. – Im Zweiergespräch wandern
- Jetzt werden wir eine Strecke mit dem Pilgerstab in der Hand gehen, während wir uns im Zweiergespräch von den Menschen erzählen, die uns rein geistlich etwas bedeutet haben. Welche Erfahrungen haben wir ganz konkret mit Menschen gemacht, die zum Beispiel das Abendgebet mit uns gesprochen haben, uns biblische Geschichten erzählt oder mit uns über Gott gesprochen haben? Wir suchen uns eine Person für das Gespräch aus, mit der wir normalerweise nicht so viel sprechen.
- Versammlung im Kreis: Der Erwachsene zitiert wieder aus Ps 23, aber dieses Mal nur Satz für Satz, den die Kinder im Chor wiederholen.
- Gebet: Lasst uns – jeder für sich – in Stille Gott für die Menschen danken, die uns etwas bedeutet haben und uns auf dem Weg eine Stütze gewesen sind.
- 1 Minute Stille. Amen.

Sehnsucht

- Dauer: 15 Min.
- Ort: in der Kirche

Vorbereitung
- Die Altarkerzen werden in der Kirche angezündet.
- Ein Ghettoblaster wird in der Kirche bereitgestellt.
- Die CD *Canto Gregoriano – Coro de monjes del Monasterio Benedictino de Santo Domingo de Silos* (EMI Classics, CMS 5 65217 2) oder ähnliche meditative Musik.

Andacht
Ps 25, 1–2 + 4: *Ich sehne mich nach dir, Herr, ich vertraue auf dich, mein Gott … Zeig mir deine Wege, Herr, lehre mich deine Pfade!*
Der erste Schritt bei einer jeden echten Pilgerreise ist die Sehnsucht. Versucht einmal, darüber nachzudenken, wonach ihr euch sehnt! Vielleicht gibt es ein Problem, das gelöst werden muss. Vielleicht sehnt ihr euch danach, so verstanden zu werden, wie ihr seid. Oder ihr sehnt euch nach neuen Freundschaften. Pilger zu sein bedeutet immer auch, einzuräumen, dass man Hilfe braucht.
- Gebet: »Zeig mir deine Wege, Herr, lehre mich deine Pfade!«
- Vielleicht könnt ihr im Gesang der Mönche einen Ausdruck für Sehnsucht finden!
- Die CD wird ca. 5 Minuten lang abgespielt. Die Konfirmanden dürfen sich dabei im Kirchenraum so hinsetzen oder -legen, wie sie möchten.

Heiliger Tanz

- Dauer: 15 Min.
- Ort: in der Kirche

Vorbereitung
- Ein Ghettoblaster wird in der Kirche bereitgestellt.
- Eine CD wie *Voyeur* mit David Sanborn, France WE 835 (Jazz-Funk-Musik, mit vielen verschiedenen Instrumenten: Saxophon, Schlagzeug, Klavier, Gitarre und Bass) oder andere Musik, die sich zum Tanzen eignet, wird ausgeliehen.

Ziel dieser Art der Gestaltung ist es, den Konfirmanden ein anderes Erleben des heiligen Raumes zu ermöglichen und sie hoffentlich dazu zu bringen, diesen Raum für sich einzunehmen, sodass sie ein persönliches Verhältnis zu ihm aufbauen und sich in der Kirche zu Hause fühlen. Es ist überraschend, grenzüberschreitend und herrlich zu erleben, dass Gottes Haus geräumig ist. Es ist etwas anderes als die steifen Kirchenbänke, die festgelegten Rituale und die alten Lieder. In der Kirche begegnen wir dem lebendigen Gott; nicht einem toten Museumsgegenstand! Wie ein Mädchen hinterher gesagt hat: »Künftig werden wir uns immer daran erinnern, dass wir in der Kirche getanzt haben!«

Andacht zu Ps 150
- Ps 150 wird in der Kirche vorgelesen.
- Gott kann auf sehr unterschiedliche Weise gepriesen werden, und dabei können viele verschiedene Instrumente behilflich sein, nicht nur die Orgel! In afrikanischen Kirchen benutzt man manchmal Trommeln, in indischen Kirchen Schellen und in südamerikanischen Kirchen Flöten. Jetzt soll jeder auf seine ganz eigene Art versuchen, mit seinem ganzen Körper *Gott in seinem Heiligtum zu preisen* mit Tanz, mit Gesten usw. Der gesamte Kirchenraum darf für das »heilige Spiel« genutzt werden. Man darf dabei gern mit dem Körper kommunizieren, aber nicht mit Worten. Danach wird die oben genannte CD angemacht. Ca. 10 Minuten lang dürfen die jungen Menschen sich zur Musik entfalten.
- Hinterher setzen wir uns zusammen und sprechen darüber, wie es gewesen ist. Am Ende wird der Psalm noch einmal vorgelesen.

Licht im Dunkeln

- Dauer: 30 Min.
- Ort: An einem dunklen Wintermorgen gehen wir mit Fackeln in den Händen auf dem Friedhof oder in einem Gebiet vor Pfadfinderhütten umher.

Vorbereitung
- Fackeln kaufen.
- Der Leiter ist die Strecke am Vortag selbst abgegangen, sodass die sieben Stationen festgelegt sind, und er hat dabei auch berücksichtigt, dass der Segen gesprochen werden soll, wenn die Sonne aufgeht. Den genauen Zeitpunkt kann man im Voraus aus der Zeitung erfahren.
- Der Leiter der Wanderung hat alle unten aufgeführten Bibelstellen aufgeschrieben.

Unterwegs
Wir halten in kleinen Abständen an, stellen uns in einen Kreis und sagen im Chor: »Dein Wort ist meines Fußes Leuchte und ein Licht auf meinem Weg.« (Ps 119,105)

Danach zitiert der Pastor/Leiter, die Pastorin/Leiterin verschiedene Bibelstellen, jedes Mal jeweils eine Bibelstelle:

- Dein Wort ist meines Fußes Leuchte und ein Licht auf meinem Weg. (Ps 119,105)
- Der Herr ist mein Licht und mein Heil. (Ps 27,1)
- Kommt, lasst uns im Licht des Herrn wandern. (Jes 2,5)
- Das Volk, das im Finstern wandelt, sieht ein großes Licht. Und über denen, die im Dunkeln wohnen, scheint es hell. (Jes 9,1)
- Jesus sagt: Ich bin das Licht der Welt. Wer mir nachfolgt, soll nicht im Dunkeln wandeln, sondern das Licht des Lebens haben. (Joh 8,12)
- Gott ist das Licht und es gibt nichts Dunkles in ihm. (1 Joh 1,5)
- Der Herr segne dich und behüte dich! Der Herr lasse sein Angesicht leuchten über dir und sei dir gnädig! Der Herr erhebe sein Angesicht auf dich und gebe dir Frieden! (4 Mose 6,24–26)

Die Taufe

- Dauer: 15 Min
- Ort: beim Taufbecken

Vorbereitung
- Taufwasser wird in die Taufschale gegossen.
- Gesangbücher werden ausgeteilt.
- Ps 121 wird kopiert und ausgeteilt.

Andacht zu Mt 28,20
Alle Kinder, auch ihr, die nicht getauft sind, sind selbstverständlich willkommen, an der Gemeinschaft am Taufbecken teilzuhaben, denn es ist Jesus selbst, der mit den Worten einlädt: *Lasst die Kinder zu mir kommen …!* Bei der Taufe wurde unser Name mit Gottes Namen verflochten. Er versprach, bei uns zu sein an allen Tagen bis ans Ende der Welt (Mt 28, 20). Bei der Taufe wurde das Kreuz vor unserer Stirn und Brust gezeichnet, das heißt vor Hirn und Herz, so wie man es überall auf der Erde in den christlichen Kirchen zu tun pflegt.

Das Taufwasser wurde eingegossen (der Pastor, die Pastorin gießt jetzt das Wasser in die Schale) und wir wurden mit Namensnennung als Gottes Kinder angesprochen. Vielleicht haben wir Fotos von unserer Taufe gesehen oder die Erwachsenen davon erzählen hören. Jeder denkt jetzt an seine Taufe: Zu welcher Jahreszeit hat sie stattgefunden, hatten wir ein besonderes Taufkleid an? Wir sehen in Gedanken die Kirche vor uns, das Taufbecken, unsere Eltern, Paten und andere Familienmitglieder.

Hier ertönten die alten Segensworte das erste Mal über uns, jene Worte, die wir gerade zusammen im Chor gesprochen haben: Der Herr behüte deinen Ausgang und deinen Eingang von nun an bis in Ewigkeit.

Jetzt wollen wir uns in besonderer Weise an unsere Taufe erinnern, indem das Kreuz vor unserer Stirn gezeichnet wird. Wenn man nicht getauft sein sollte, kann man dennoch nach vorn kommen und das Zeichen des Kreuzes bekommen.

- Die Kinder stellen sich in einer langen Reihe auf. Der Pastor taucht seinen Zeigefinger in das Taufwasser und zeichnet das Kreuz auf die Stirn eines jeden, indem er zu jedem Einzelnen sagt: *»Du bist Gottes geliebtes Kind!«*
- *GESG 162 Kind, du bist uns anvertraut* wird gesungen.
- Ps 121 wird im Wechsel gelesen, zum Beispiel in einem Mädchen- und Jungenchor, die um das Taufbecken herumstehen.

Gott liebt uns

- Dauer: 15 Min.
- Ort: in der Kirche

Vorbereitung
- Die Altarkerzen sind angezündet.

Andacht
Jesaja 43,1–4: *Nun sagt der Herr, der dich erschaffen hat: Fürchte dich nicht, denn ich habe dich erlöst, ich habe dich bei deinem Namen gerufen, du bist mein. Denn ich bin der Herr, dein Gott. Du bist in meinen Augen kostbar, hoch geachtet, und ich liebe dich!*

Manchmal prallen Wörter an uns ab, gehen zum einen Ohr hinein und zum anderen wieder hinaus. So kann es uns auch mit den Worten der Bibel gehen. Wir nehmen sie dann einfach als Dudelei wahr. In diesem Fall kann es hilfreich sein, seinen eigenen Namen in den Text zu übertragen, sodass wir die Worte Gottes als direkte Ansprache an jeden von uns vernehmen können. Sie gelten wirklich uns! Wir sind nach dem Ebenbild Gottes erschaffen worden und unendlich viel wert. Wir knien am Altar nieder und lassen die Worte ganz langsam in unserem Herzen Platz nehmen, während wir in Stille an den Stellen, an denen die Wörter »du« oder »dich« vorgelesen werden, unseren eigenen Namen einsetzen.

Jes 43,1–4 wird vom Leiter/Pastor so langsam vorgelesen, dass den Zuhörern Zeit gelassen wird, in Stille ihren Namen einzusetzen: »Nun sagt der Herr, der dich (NN) erschaffen hat: Fürchte dich nicht, denn ich habe dich (NN) erlöst, ich habe dich bei deinem Namen gerufen (NN), du bist mein. Denn ich bin der Herr, dein (NN) Gott. Du (NN) bist in meinen Augen kostbar, hoch geachtet, und ich liebe dich (NN)!«

Nach einer Weile in Stille betet der Leiter/Pastor: »Lieber Gott: Danke, dass du jeden von uns liebst und uns beim Namen kennst. Danke, Gott, für deine Schöpfung, die ich bin! Amen.«

Die Schritte der Boten

- Dauer: 15 Min.
- Ort: ein Rasen oder eine Wiese

Vorbereitung
- Finde einen unbeobachteten Rasen oder eine Wiese.

Andacht zu Jes 52,7 – Wie lieblich sind auf den Bergen die Füße der Freudenboten!
Wir können mit unserem Mitschüler auf gutem Fuß stehen, einen Fuß in die Tür bekommen, mit beiden Füßen im Leben stehen und kalte Füße bekommen. In alten Redewendungen wird der Fuß verwendet, um grundlegende Gefühle zum Ausdruck zu bringen und die Beziehung zwischen den Menschen zu erklären. Doch auch im wortwörtlichen Sinne sind unsere Füße für uns sehr wichtig. Dennoch reden wir selten von unseren Füßen. Wir schenken ihnen nicht viel Aufmerksamkeit. Man hört nicht oft von Leuten, die dank ihrer Füße berühmt geworden sind. Und dennoch sind es die Füße, die uns tragen. Wie groß und schwer wir auch sein mögen, welchen Auftrag wir auch haben, es sind die Füße, die dem Körper einen wichtigen Dienst erweisen.

Es gibt eine Statistik darüber, wie weit unsere Füße uns eigentlich tragen: 2000 Schritte am Tag (bei einer Schrittlänge von ½ Meter), 14 000 Schritte in der Woche, 28 km im Monat und 336 km im Jahr. Ein Abendländer mit 60 Jahren ist so gesehen fast einmal um die Erde gegangen, während ein Asiat oder Afrikaner das Doppelte läuft. In Asien und Afrika gibt es nicht so viele Transportmittel wie bei uns: Autos, Busse und Züge – deshalb müssen sie die »Pferde der Apostel« nutzen, wie die Füße auch genannt werden.

Unsere Füße bekommen gar nicht die Aufmerksamkeit und Pflege, die anderen Transportmitteln zuteil wird. Wir sprechen selten von unseren Füßen und zeigen sie auch nicht gern. Sie riechen allerdings auch nicht immer so gut. Füße sind etwas sehr Privates und Intimes.

Beim Propheten Jesaja sind Füße eng mit der Frohen Botschaft verbunden: Wie lieblich sind auf den Bergen die Füße der Freudenboten! (Jes 52,7) Im Neuen Testament wandert Jesus umher, spricht mit den Menschen, berührt sie, heilt sie und ruft die Jünger zur Wanderung auf. Seither ziehen die Missionare mit dem Evangelium hinaus, in alle Gegenden der Welt, ja sogar bis nach Dänemark.

Es ist kein Zufall, dass Gottes Sohn sich nicht eine Dienstwohnung angeschafft und seinen Jüngern Audienz gewährt hat. Er ist immer unterwegs gewesen. Die Botschaft vom kommenden Reich Gottes wurde durch die Verkünder der Freude in die Welt getragen. Es gab damals kein anderes Medium, weder Radio noch Fernsehen. Das Evangelium war auf persönliche Begegnungen angewiesen, von Angesicht zu Angesicht. Es gelang Jesus, viele zum Gehen zu motivieren. Er bewegte die Menschen dazu, im Glauben zu wandern. Manchmal müssen auch wir uns physisch bewegen, um uns mental von der Stelle bewegen zu können.

Jetzt wollen wir raus auf den Rasen gehen und spielen, dass wir die Verkünder der Freude sind: Wir kommen mit nichts weniger als dem Evangelium! Jeder stellt sich vor, dass er/sie persönlich dazu ernannt worden ist, der Verkünder der Freude zu sein, und wir haben die fantastische Aufgabe bekommen, es der ganzen Welt zu erzählen! (5 Min. individuelles Theaterspiel:) Nun kontaktiert jeder auf seine eigene Weise, mit Worten und mit dem ganzen Körper, die anderen in der Gruppe und erzählt ihnen die freudige Botschaft, das Evangelium: »Gott liebt dich!« Das kann in Form von Umarmungen, einem Händedruck, Hüpfen und Springen gemacht werden – der Fantasie sind keine Grenzen gesetzt.

Sich im Freien entfalten zu dürfen, verbunden damit, selbst die großen Worte von Gottes Liebe weiterzugeben, löst eine große Heiterkeit und Freude aus. Gleichzeitig werden Schüchternheit und Tabus überwunden. Die jungen Menschen bekommen so die Möglichkeit, sich darin zu üben, religiös zu sprechen und das in Worte zu fassen, was wir alle uns wünschen zu hören. Auf diese Weise werden die Konfirmanden langsam und einzeln darin trainiert, Jünger zu sein, Verkünder der Worte Gottes.

Gottes Schöpferwerk

- Dauer: 15 Min.
- Ort: ein schöner Ort in der Natur

Vorbereitung
- Das Gesangbuch wird mitgebracht.

Andacht
An einem schönen Ort singen wir *EG 503 Geh aus, mein Herz*. Dänemark (und auch Deutschland) hat viele schöne Ecken. Seine Natur lässt uns ans Paradies denken. Wälder, Felder, Wiesen, Hügel, Flüsse und Meere, die Wolken am Himmel, Licht und Dunkelheit, Sonne und Sterne, all das lässt die Erinnerung an die Schöpfung der Welt aufkommen: das Paradies, aus dem wir stammen und zu dem wir nach beendeter irdischer Wanderung zurückkehren werden. Im ersten Teil des Glaubensbekenntnisses bekennen wir uns zu »Gott Vater, dem Schöpfer des Himmels und der Erde«. Die Natur, »Gottes grüne Kathedrale«, das Schöpferwerk predigt auf seine ganz eigene Weise von der Größe

Gottes, von den Wundern des Lebens, Gottes guten Gaben. Wir können uns von den Personen und den Worten inspirieren und bewegen lassen, denen wir in den Erzählungen der Bibel begegnen. Einen frisch ausschlagenden Wald zu erleben ist herrlich, doch sein Ausschlagen ist auch Zeichen für Gottes Schöpfermacht. Der Wind in den Baumkronen erinnert uns an Gottes Nähe, seinen Atem. Der Sonnenaufgang erfreut durch seine Schönheit, doch er bringt auch das Licht aus dem Garten des Paradieses.

Deshalb kann Jesus sagen: »Seht die Lilien des Feldes, wie sie wachsen: Sie mühen sich nicht, auch spinnen sie nicht. Ich sage euch aber, dass selbst nicht Salomo in all seiner Herrlichkeit bekleidet war wie eine von diesen. Wenn aber Gott das Gras des Feldes, das heute steht und morgen in den Ofen geworfen wird, so kleidet, wird er das nicht viel mehr euch tun, ihr Kleingläubigen? So seid nun nicht besorgt … Trachtet aber zuerst nach dem Reich Gottes und nach seiner Gerechtigkeit! Dann wird euch alles zufallen.« (Mt 6,28–30+33).

Wir werden nun gemeinsam in Gruppen versuchen, die kostenlosen Gaben des Lebens aufzuzählen, und herausfinden, wie viel wir zusammen bei der »Bank der kostenlosen Freuden« einzahlen können. Wir sind einen Moment still und jeder denkt an die vielen kostenlosen Freuden im Leben. Zum Abschluss singen wir gemeinsam: Laudato si …

Fürchte dich nicht!

- Dauer: 15 Min.
- Ort: vor einer Kirche

Vorbereitung
- *EG 607 Fürchte dich nicht … wird eingeübt.*

Andacht
- Mk 5,36 *Fürchte dich nicht, glaube nur* wird vorgelesen.

Ein 16-Jähriger hat einmal an einen »Zeitungsbriefkasten« geschrieben: »Lieber Briefkasten! Ich bin 16 Jahre – was soll ich tun?« – Wir könnten alle die gleiche Frage stellen: »Ich bin 36 – 51 – 84 – was soll ich tun?« Doch diese Frage kann nicht eindeutig beantwortet werden. Im Übrigen variiert die Antwort je nach Alter.

Ich kenne jemanden, die zu ihrer Konfirmation einen Bibelspruch bekam, ein paar gute Worte von Jesus, die ihr nahegingen: »Fürchte dich nicht, glaube nur!« (Mk 5, 36) Sie hat ihren Konfirmationsspruch immer gemocht. Oft musste sie an ihn denken, und sogar heute noch hat er für sie eine große Bedeutung, wenn sie sich in irgendeiner Situation die Frage stellt: »Was soll ich tun?« Und die Antwort lautet: »Fürchte dich nicht, glaube nur!«

Viele Menschen *haben* oft Angst. Wir haben Angst vorm Alter; Angst davor, Fehler zu machen; Angst vor der Einsamkeit; Angst vor Terror; Angst vor den Streitereien der Eltern; Angst vor allem Möglichen. Aber Gott möchte nicht, dass wir solchen Ängsten Nährboden geben sollen. Alles ist mit Gott verbunden, weil das Evangelium davon, dass wir Gottes geliebte Kinder sind, alle Angst in ein neues Licht rückt.

Wir gehen in der Kirche umher, so wie die Pilger es in alten Tagen getan haben (gegen den Uhrzeigersinn, dem Sonnenaufgang entgegen, dem Anfang entgegen, Gott entgegen) und singen das eingeübte Lied.

Stille

- Dauer: 15 Min.
- Ort: im Kirchenraum

Vorbereitung
- Den Kirchenraum reservieren.

Andacht
Jesus sprach zu ihnen: »Geht ihr allein an eine einsame Stätte und ruht ein wenig aus!« (Mk 6,31)

Viele von uns haben im Alltag viel tun, mit der Schule, den Hausaufgaben und Freizeitbeschäftigungen. Es ist ganz einfach, sich vom Fernseher, Computer usw. unterhalten zu lassen. Vor allem dann, wenn man sich nicht traut, mit sich allein zu sein. Wann haben wir im Laufe des Tages die Möglichkeit, allein zu sein? Sollen wir etwa allein auf einen großen Baum klettern? Was passiert dann? Wenn man wirklich allein ist – welche Gedanken tauchen in einem auf? In der Stille spricht Gott am deutlichsten zu uns. Die Stille ist gewissermaßen die erste Sprache Gottes, Gottes Muttersprache. Am Anfang war nur die Stille, vor den Schöpferworten Gottes. Es kann ein Geschenk sein, die Stille auszuprobieren, sich im Gebet nach innen und oben zu richten: zu lauschen, was Gott uns sagen will.

Jesus war häufig allein, besonders, wenn er vor wichtigen Entscheidungen stand. Er zog sich zurück, ging z. B. für 40 Tage in die Wüste, war allein im Garten Gethsemane. Auch die Jünger hatten viel zu tun – »sie hatten nicht einmal Zeit zum Essen«. Nach einer solchen Zeit des Hochbetriebs sagt Jesus zu ihnen: »Geht allein an eine einsame Stätte und ruht ein wenig aus!« Das ist es, worin wir uns üben müssen: mit Christus zusammen an einem einsamen Ort sein – allein – in Ruhe – nach der Aufforderung Jesu und nach seinem Vorbild und dem seiner Jünger. Lasst uns deshalb ganz in Ruhe auf den Kirchenbänken liegen und lauschen, was Gott zu uns sagt: »Du bist auserwählt, heilig und geliebt!« (Kol 3,12) Stellt euch vor, euer Herz sei wie ein Schwamm, der langsam die folgenden wunderbaren Worte in sich aufsaugt: DU bist nach dem Ebenbild Gottes erschaffen worden; bei der Taufe nannte er dich beim Namen. Stell dir vor, Gott liebt genau DICH!

Die Jugendlichen legen sich ruhig auf die Kirchenbänke und bleiben dort in Stille 10 Minuten liegen.

Gebet und Vaterunser

- Dauer: 15 Min.

Vorbereitung
- Einen Ort ausfindig machen, an dem ausreichend Platz ist – entweder in der Kirche oder draußen in der Natur.
- Der Unterrichtende hat selbst die Vaterunser-Gebärden eingeübt, die von der Bibliodramalehrerin Christel Heise aus Potsdam angeregt wurden.
- Die Seiten (mit den Darstellungen zum Vaterunser) werden kopiert und an die Schüler ausgehändigt, sodass sie zu Hause üben können.

Andacht
»Jesus sagt: Bittet, so wird euch gegeben werden; sucht, und ihr werdet finden; klopft an, dann wird euch geöffnet werden! Denn jeder Bittende empfängt, und der Suchende findet, und dem Anklopfenden wird geöffnet werden.« (Lk 11,9–10)

In allen Religionen ist das Gebet ein Bestandteil der Glaubenspraxis. Der Kontakt zu Gott ist das A und O. Doch in den verschiedenen Religionen betet man auf unterschiedliche Weise. Dabei werden ganz verschiedene Positionen eingenommen:
- Juden stehen mit einem Buch in der Hand und wiegen sich in gebeugter Haltung wiederholte Male vor und zurück, während sie aus der Heiligen Schrift laut vorlesen.
- Muslime setzen sich auf einer Matte auf die Knie und beugen den ganzen Oberkörper nach vorn, sodass der Kopf und die Unterarme den Boden berühren. So beten sie zu Allah.
- Christen falten die Hände und schließen vielleicht auch die Augen, um sich besser darauf konzentrieren zu können, zu Gott zu beten.

Das Vaterunser (Mt 6,9–13) ist das Gebet, das Jesus seine Jünger zu beten gelehrt hat, und nun werden wir versuchen, es mit dem ganzen Körper zu beten! Siehe die folgenden Seiten.

Das Vaterunser
in Gesten ausgedrückt

Vater unser – *Die Arme werden vor der Brust gekreuzt und der Blick wird nach unten gerichtet.*

im Himmel! – *Die Arme werden in einem Halbkreis nach oben gehoben. Der Blick wird ebenfalls nach oben gerichtet.*

Geheiligt werde dein Name, – *Die Fingerspitzen berühren den Mund.*

dein Reich komme, – *Die Arme werden über den Kopf geführt. Dabei sind die Handflächen nach oben gerichtet. Die Arme werden dann langsam, immer noch mit den Handflächen nach oben, in einem großen Kreis nach unten geführt. Der Blick folgt dabei den Händen.*

dein Wille geschehe, wie im Himmel – *Die Arme werden nach oben geführt, die Handflächen zeigen dabei nach unten. Die Hände treffen sich über dem Kopf.*

so auf Erden; – *Die Handflächen zeigen nach unten und die Arme werden seitlich ganz hinuntergeführt in eine ruhende Position. Der Blick folgt den Händen.*

unser tägliches Brot gib uns heute, – *Man tut so, als ob man mit den Händen Brot bricht, und danach formt man mit den Händen eine Schale.*

und vergib uns unsere Schuld, – *Die Arme werden vor der Brust gekreuzt, während der Kopf leicht nach unten gebeugt wird.*

wie auch wir vergeben unseren Schuldigern, – *Die Arme werden geöffnet und nach unten gestreckt mit ausgestreckten Handflächen nach oben.*

und führe uns nicht in Versuchung, – *Die Arme werden angewinkelt, während die Hände zu Fäusten geballt und auf Höhe der Schultern gehoben werden.*

sondern erlöse uns von dem Bösen. – *Die Hände werden gelöst und nach oben gerichtet, die Arme werden nach unten und außen gestreckt.*

Denn dein ist das Reich und die Macht – *Die Arme zeichnen einen Kreis von unten nach oben,*

und die Herrlichkeit in Ewigkeit! – *bis sie wieder über dem Kopf zusammenkommen. Der Blick folgt den Armen.*

Amen. – *Die Hände werden vor der Brust gekreuzt, ohne den Kopf dabei zu senken.*

Gottesdienste
mit Pilgerthemen

Von Elisabeth Lidell

Pilgergottesdienst

Vorbereitung

- Ghettoblaster und CD werden im Chor aufgestellt: *Den danske Salmeduo* (Dänische Lieder neu arrangiert von Hans Esbjerg, Tobias Sjögren & Christian Vuust) (Music Mecca) CD 2068 – CD Sarah Kaiser, Gast auf Erden, Nr. 2: Befiehl du deine Wege.
- Am Eingang werden Gesangbücher und noch nicht angezündete Teelichter in Kerzenhaltern ausgeteilt.
- Dias und Leinwand in der Kirche aufstellen.
- einen Kerzenbaum oder eine Installation, die die gleiche Funktion erfüllt
- Vorspiel: Maurice Duruflé: *Ecce advenit*.
- ein Bild von der Emmaus-Szene als Postkarte
- das häufig verwendete Motiv *Der Wandersmann* von Arne Haugen Sørensen (Vandringsmand, zu finden unter: www.arnehaugensorensen.com)
- ein Paar Wanderstiefel
- ein kleiner Tisch, der im Chor stehen soll.
- ein Pilgerstab
- Dias von einem Weg

Einleitung des Pastors aus dem Chor
Der Mönch Franz von Assisi (1182–1226) verzichtete auf Ehre und Reichtum, um sein Leben mit Gott im Gebet zu heiligen und sich solidarisch mit den Kranken und Armen zu zeigen. Für Franz und seine Brüder wurde die Wallfahrt zu einem Teil des Lebens, weil sie fast die ganze Zeit »als Pilger und Fremde« unterwegs waren. Dieser »kleine Arme Gottes«, der den Franziskanerorden gründete, grüßte die Leute mit den Worten, mit denen wir heute den Gottesdienst einleiten wollen, nämlich mit dem Friedensgruß des Franz von Assisi: »Pax et bonum« – »Friede und alles Gute!«

Einleitendes Gebet. Gott, unsere Sehnsucht führt uns hinaus auf Wanderungen. Danke, dass du unser Begleiter auf dem Weg bist. Herr, zeige uns den Weg und gib uns den Mut, ihn zu gehen! Amen.

Lied: GESG 298: Wir haben Gottes Spuren festgestellt

Lesung: Ps 121

Reflexion über die sieben Schlüssel zur Pilgerseele
- Nachdem der Gruppe die sieben Pilgerschlüssel vorgestellt wurden (siehe Seite 163), kann man sie bitten, darüber nachzudenken, welcher der sieben Schlüssel sie besonders anspricht: Welches Wort möchte man in seinem Leben zur Wirklichkeit werden lassen?
- Danach wird jeder Einzelne dazu aufgefordert, eines der Wörter auszuwählen.
- Die Schlüsselwörter werden noch einmal langsam vorgelesen und jeder soll sich nun in Stille eins aussuchen.
- Danach wird ihnen 5 Minuten gegeben, um in der Stille über folgende Frage nachzudenken: Warum habe ich mir gerade dieses Wort ausgesucht?
- 5-minütiges Gespräch – sie setzen sich zu zweit zusammen und tauschen sich über ihre Wahl der Pilgerwörter aus. Möglichweise kann man auch erklären, warum das gewählte Pilgerwort zurzeit für eine Mangelware im eigenen Leben steht.

Das Vaterunser wird gemeinsam gebetet.

Lied: EG 432 *Gott gab uns Atem, damit wir leben*

Lesung: Lk 24,28–32 – Die Wanderung nach Emmaus

Bilderpredigten zu
- einem Bild von der Emmaus-Szene – Postkarten werden an alle ausgeteilt oder auf dem Großbildschirm gezeigt.
- *Vandringsmanden (Der Wandersmann)* von Arne Haugen Sørensen – Postkarten werden an alle ausgeteilt oder auf dem Großbildschirm gezeigt.
- einem Paar Wanderstiefel, das auf einem Tisch im Chor aufgestellt wird
- einem Pilgerstab
- Dias von einem Weg
- J. S. Bachs Orgelchoral: *Ach, bleib bei uns, Herr Jesu Christ* BWV 649.

Lied: GESG 388 *Es kommt die Zeit, dass sich die Träume erfüllen*

Vorstellung der Lichtprozession durch den Pastor
- Was ist unsere tiefste Sehnsucht? Darüber können wir uns Gedanken machen, wenn wir unsere Teelichter mit nach oben nehmen und sie an der großen Kerze am Altar oder Kerzenbaum, der Christus-Kerze, anzünden. Er ist es, der von sich selbst sagt: »Ich bin das Licht der Welt. Wer an mich glaubt, wird nicht wandeln in der Finsternis, sondern wird das Licht des Lebens haben!«
- Der Kerzenbaum ist beim Taufbecken platziert und soll uns an die Taufe erinnern, an unsere eigene Taufe, bei der die Pilgerwanderung mit den Worten begann:

»Der Herr behüte deinen Ausgang und deinen Eingang von nun an bis in Ewigkeit.«

- Nachdem jeder sein Licht angezündet hat, können wir unsere eigene Mini-Pilgerwanderung mit den brennenden Kerzen machen. Der Weg führt zum Altar hinauf und einmal um ihn herum; vielleicht können wir uns auch bei der Altarschranke hinknien, ein Gebet sprechen und über die Wanderung unseres eigenen Lebens reflektieren. Welche Sehnsucht treibt uns an, den nächsten Schritt im Leben zu machen?
- Abschließend kann man seine Kerze an einem beliebigen Ort in der Kirche abstellen – auf dem Tisch, dem Altar oder in einer Fensterbank. Lasst uns, so wie die beiden Jünger in Emmaus, zusammen mit Christus wandern. Er ist der Weg, die Wahrheit und das Leben.

Kerzenwanderung
(während das erste Lied der oben genannten CD abgespielt wird, ca. 5 Min.)

Gebet: Lasst uns das Gebet sprechen, das die Mönche in der Klosterkirche von Roncevalles auf dem Jakobsweg in Spanien beten. Dieses Gebet ertönt dort in der Kirche seit dem Jahr 1078. Heute wollen wir dieses Gebet sprechen und in Gedanken bei unserer Lebenswanderung sein: »Gott, segne unsere Schritte, lass uns finden, wonach wir suchen, und am Ende unser Ziel in Freude erreichen! Amen.«

Segen

Lied: EG 511 *Weißt du, wie viel Sternlein stehen*

Nachspiel: J. S. Bachs Orgelchoral *Ach, bleib bei uns, Herr Jesu Christ* BWV 649.

Allerheiligen –
Ein Pilgergottesdienst mit Konfirmanden und ihren Eltern

- Dauer: 1 Stunde
- Länge: Siehe unter den Zeitangaben zu den jeweiligen Stationen, nach denen man sich einigermaßen richten kann, nachdem man vor dem Gottesdienst eine Probewanderung der Strecke gemacht hat.
- Ort: in der Kirche und um die Kirche herum

Vorbereitung
- Die Konfirmanden bekommen eine Einladung mit nach Hause für diese etwas andere Feier von Allerheiligen.

- Eine Fackel pro Person kaufen.
- Die Fackeln und einen Eimer Wasser draußen vor die Kirche stellen, falls etwas schief gehen sollte.
- Gesangbücher stehen bereit.
- In der Kirche brennen Kerzen.
- Einen mit Erde gefüllten Kasten und eine Schaufel im Chor aufstellen.
- Ein Ghettoblaster zum Abspielen der CD wird im Chor bereitgestellt.
- Folgende CD wird ausgeliehen: Maurice Duruflé: *Vox Danical/Ebbe Munk/Bo Grønbech* (Danica DCD 8140).
- Der Pastor kopiert Bibeltexte und Meditationen.
- zwei Eimer Sand

Stationen und Strecken

1. Station – Auf dem Kirchplatz
- Alle zünden ihre Fackeln an.
- Begrüßung: An diesem dunklen Herbstabend, an dem die Blätter von den Bäumen fallen, versammeln wir uns, um Allerheiligen auf eine etwas andere Art und Weise zu feiern. Die Wehmut der Jahreszeit zwischen Herbst und Winterdunkelheit lässt uns über die Kürze des Lebens nachdenken. Heute Abend wollen wir besonders an unsere geliebten Verstorbenen denken.
- Wir singen *GESG 27 Von guten Mächten wunderbar geborgen*

1. Strecke – ca. 15 Min. – Wir wandern in Zweiergruppen über den Friedhof
Auf kleinen Friedhöfen kann man entlang der Kirchenmauer gehen in Gedanken an jene, die in früherer Zeit nicht in geweihter Erde beerdigt werden konnten. Die Wanderung kann eventuell ausgeweitet werden, indem man an der Mauer entlang zurückgeht. Wir gehen zwei und zwei und erzählen uns von unseren geliebten Verstorbenen.

2. Station – Am Gemeinschaftsgrab
- Lesung von Offb 21,1–7. Die Vision von der großen, weißen Schar vor Gottes Thron.
- Wir singen *EG 147 Wachet auf, ruft uns die Stimme*

2. Strecke – ca. 5 Min. – Wir wandern einer nach dem anderen in Stille über den Friedhof
- Im stillen Gedenken kann jeder für sich Gott für das danken, was uns unsere Verstorbenen mit in unser Lebensgepäck gegeben haben, zum Beispiel für unsere Großeltern, die sich immer Zeit für uns genommen, Wärme und Fürsorge gezeigt, von alten Erinnerungen erzählt, Familiengeschichten und Märchen erzählt sowie Einstellungen und wichtige Gedanken zum Leben weitergegeben haben.
- Die Fackeln werden gelöscht und draußen vor der Kirche in den Sandeimern abgestellt.

3. Station – In der Kirche um das Taufbecken herum
- Die Worte, die bei der Taufe und am Sarg ertönen, werden vorgelesen: *Gepriesen sei Gott, der Vater unseres Herrn Jesus Christus, der uns in seiner großen Barmherzigkeit wiedergeboren hat zu einer lebendigen Hoffnung durch die Auferstehung Jesu Christi aus den Toten.* (1 Petrus 1,3)
  So wie die gleichen Worte zum Anfang des Lebens wie zum Abschluss des Lebens gesprochen werden, können wir uns immer in Gottes guten Händen wissen.
- Im Stehen singen wir den *Kanon GESG 198 Der Himmel geht über allen auf*

4. Station – Auf den Kirchenbänken sitzend
- Der Pastor hält eine Rede über die Beisetzung:

Auf einer Wanderung hat man viel Zeit, sein eigenes Leben aus der Vogelperspektive heraus zu betrachten: Woher komme ich? Wohin gehe ich? Was ist das Ziel meiner Lebenswanderung? Das sind die Grundfragen des Lebens.

Im Christentum sind diese großen Fragen in den Worten konzentriert, die über dem Sarg gesprochen werden, wenn die drei Schaufeln voller Erde darauf geworfen werden. Wenn wir von unseren Lieben Abschied nehmen und wenn wir selbst im Sarg liegen, dann heißt es im Beerdigungsritual: »Aus der Erde bist du gekommen, zu Erde wirst du werden, aus der Erde wirst du wieder auferstehen.«

Was aber steckt hinter diesen etwas merkwürdigen Worten von der Erde? Aus der Erde bist du gekommen: Auf den ersten Seiten der Bibel hören wir, wie die Alten über Gott und die Welt dachten und auch über den Platz der Menschen in dieser Welt.

Von der Erde bist du gekommen (eine Schaufel voll Erde wird gewendet).

In Spanien kann man auf dem alten Pilgerweg wandern, dem Jakobsweg, auf staubigen Wegen. Die Mittelalterroute führt nach Santiago de Compostela, wo Millionen von Menschen in den vergangenen 1000 Jahren Gott gesucht haben. Im Frühling kann man dort eine Sinnes-Explosion der Farben erleben. Besonders die Erde ist beeindruckend: In einigen Gegenden ist sie rot, in anderen weißgrau, braun oder schwarz. Die Erde bringt die wundervollsten Gewächse hervor: Mohnblumen, wilde Orchideen, Wein, Oliven. Unterwegs kann man in Herbergen und Klöstern übernachten und an den Messen der Mönche in den alten Kirchen teilnehmen. An einem Ort spricht der Pastor ein Pilgergebet, wie es schon seit 1078 in dieser alten Klosterkirche gesprochen wird: »Gott segne unsere Schritte, sodass wir finden, was wir suchen – und am Ende unser Ziel in Freude erreichen!« Dieses Gebet könnte gut als Überschrift über der Lebenswanderung des Menschen stehen, von der Wiege bis zum Grab, von der Geburt bis zum Tod.

Auf der Wanderung kann man Friedhöfe besuchen. Die Gräber erzählen uns von der örtlichen Kultur, von den Sitten und Bräuchen, und erinnern uns daran, wie unfassbar kurz und wertvoll unser Leben ist. Das Portal eines kleinen Dorffriedhofes in Navarra ist ein *memento mori*, das wie ein Gruß von den Toten an uns Lebende ist: »Was du bist, bin ich gewesen – und was ich bin, wirst du sein!« Das sind die Grundbedingungen des Lebens, und eigentlich wissen wir das ganz genau. In einem 3000 Jahre alten Psalm von David wird dies auf poetische Weise zum Ausdruck gebracht: »Der Herr weiß, dass wir erschaffen sind, und denkt daran, dass wir Staub sind. Das Leben der Menschen ist wie das des Grases, es blüht wie die Blumen des Feldes; wenn der Wind über es hinwegweht, ist es nicht mehr dort, wo es gestanden hat; sieht man es nicht mehr.« (Ps 103, 14–16)

Zu Erde wirst du werden (eine Schaufel voller Erde wird gewendet).
Dieser Teil ist nicht so schwer zu verstehen, doch wie werden wir auferstehen? – Das ist am schwersten zu begreifen. Lasst uns einmal einen Blick auf die Natur werfen. Dort gibt es ein Muster: Zersetzung und Aufbau, Vernichtung und Geburt. Das ist ein Gegensatzpaar starker und geheimnisvoller Kräfte, die einander in der Dialektik des Daseins bedingen und ausbalancieren. Der Samen ist dafür das klassische Bespiel. Jesus verwendet es in einem der Gleichnisse: »Wenn das Weizenkorn nicht in die Erde fällt und stirbt, bleibt es allein; wenn es aber stirbt, bringt es viel Frucht.« (Joh 12,24) Das Bild spricht für sich: innen in dem trockenen, eingeschrumpften, scheinbar leblosen Samen schlummern biochemische Kräfte.

Hier findet man die Zeichnung im Detail für ein neues Weizenkorn: die Wurzeln, die gegliederte Ähre, die Frucht. Doch die Zeichnung wird nicht zur Wirklichkeit, bevor nicht diese eine Bedingung erfüllt ist: nämlich dass der Samen stirbt, seine Struktur und Substanz verliert – genau das, was in unserem Körper nach einer Mahlzeit passiert, manifestiert das gleiche Prinzip, nämlich dass gerade in dieser molekularen Todesarbeit die Zukunft erschaffen wird: Fragmente werden zu etwas Neuem zusammengesetzt, zu neuen, einzigartigen Proteinen nach den Anweisungen unserer eigenen Chromosomen. Dasselbe passiert in der Natur: Im Winter hält die Erde Winterschlaf, wird durch den Frost steinhart und ist anscheinend tot. Doch es zeigt sich, dass die Erde ständig schwanger ist. Denn in ihr gibt es latent all das, was wir im Frühling Wirklichkeit werden sehen im hellgrünen Buchenwald oder in den roten Tulpen in den Gärten. – Überall können wir das Geheimnis des Weizenkorns entdecken: Leben durch Tod. Und Jesus erhöhte das Prinzip des Weizenkorns zu seinem eigenen Prinzip: Karfreitag starb er am Kreuz, um drei Tage danach aufzuerstehen, so wie es im Neuen Testament bezeugt ist.

Mt 28,1–8 – Die Auferstehung Jesu – wird nacherzählt.

Wir müssen uns also vor nichts fürchten, denn wenn unsere Wanderung hier auf der Erde zu Ende ist, ertönen bei der Beisetzung die starken Worte:

Von der Erde sollst du wieder auferstehen! (eine Schaufel voller Erde wird gewendet).

- Das Vaterunser wird gemeinsam gebetet.
- Im Stehen singen wir das Lied *EG 391 Jesus, geh voran, auf der Lebensbahn.*
- Segen
- Die Kirchenglocken läuten drei Mal drei Schläge.
- Nachspiel: Die Musik Allerheiligens wird von der oben genannten CD abgespielt. Die Gemeinde bleibt sitzen und hört der Musik zu.

Dreikönigstag – Ein Abendgottesdienst

- Dauer: 30 Min.
- Länge: 200 m
- Ort: in und um die Kirche herum

Vorbereitung
- Eine Dreikönigskerze wird im Chor angezündet.
- Fackeln stehen in Sandeimern an der Kirchentür bereit.
- Eine Weihnachtskrippe wird in der Kirche aufgestellt. Es kann eine Krippe sein, die man aus einem Urlaub in Israel oder Mexiko mitgebracht hat – oder man hat in Zusammenarbeit mit einem Klassenlehrer Schüler eine Weihnachtskrippe herstellen lassen, die bereits seit dem 1. Advent in der Kirche steht. Das Christkind wird aber erst an Heiligabend in die Krippe gelegt.
- Gesangbücher und das Pilgerbüchlein »*Auf und werde*« werden ausgehändigt.
- Der Pastor nimmt eine Bibel mit auf die Wanderung.

Stationen und Strecken in und außerhalb der Kirche

1. Station – In der Kirche
- Der Bericht vom Aufbruch und der Reise der weisen Männer (Mt 2,1–12) wird vorgelesen.
- *GESG 30 Stern über Bethlehem* wird gesungen.
- Einleitende Gedanken zu der Pilgerwanderung der Heiligen Drei Könige.

Viele lieben den Bericht von den Heiligen Drei Königen. Sie sind in gewisser Weise die ersten christlichen Pilger. Auf Gottes Aufforderung hin brachen sie von Osten auf, auf dunklen und unbekannten Wegen folgten sie dem neuen Stern, bis er über dem Stall von Bethlehem zum Stehen kam, in dem das kleine Jesuskind war. Sie ahnten nicht, wohin diese Reise führen würde, doch sie zogen dennoch hinaus – im Glauben und Vertrauen darauf, dass sie ankommen würden. Sie vertrauten darauf, dass sie nicht allein reisten, denn Gott war bei ihnen. – Heute Abend werden wir auch einen Gang machen – auf den kleinen, verwinkelten Pfaden des Friedhofes. Wir wollen uns von den weisen Männern inspirieren lassen, nicht indem wir rein physisch nach Bethlehem in Israel wandern, sondern in unseren Herzen nach Bethlehem, zu dem Kind in der Krippe gehen. Unterwegs werden wir Halt machen und sowohl mit geistlicher als auch körperlicher Reiseverpflegung angefüllt werden.

1. Strecke – Vom Kirchenraum nach draußen unter den Winterhimmel – in einer Schar wandern

2. Station – Offener Platz auf dem Friedhof
- Die Heiligen Drei Könige zogen hinaus, als sie den Stern am dunklen Nachthimmel aufleuchten sahen. Auch wir gehen hier unter Gottes gewaltigem Sternenhimmel. Wir befinden uns auf einer Wanderung, die Wanderung heute Abend ist nur ein kleiner Teil unserer Lebenswanderung. Von der Wanderung des Lebens und den Sternen erzählt das Lied *EG 511 Weißt du, wie viel Sternlein stehen*
- Jetzt können wir in Stille ein bisschen über diese Worte nachdenken, während wir weitergehen und jeder an den Weg nach Bethlehem, das Bethlehem unseres Herzens, denkt.

2. Strecke – Vom offenen Platz zu dem Bereich vor dem Eingang der Kirche – Einer nach dem anderen im Gänsemarsch und in Stille

3. Station – Vor dem Eingang der Kirche
- Reflexion: Die drei weisen Männer sahen nur einen Stern, einen ungewöhnlichen und sehr hellen Stern. Sie gingen hinaus, um zu sehen, für wen er leuchtete. Sie gingen voller Verwunderung und suchend. Sie gingen im Glauben und Vertrauen. Der Stern wies ihnen den Weg, sodass sie sich nicht verlaufen konnten. Er war wie ein Leuchtturm, der sie rettete. Was lenkt uns auf unserer Wanderung? *Wir haben auch einen Leitstern, und wenn wir ihm gern folgen, kommen wir zu Jesu Christ.* Vielleicht tragen wir die Worte Jesu unbewusst in uns. Manchmal vergessen wir sie, doch andere Male trösten sie uns und führen uns auf den rechten Weg. Egal, wie es uns geht, Jesus ist das Licht, das im Dunkeln scheint. Jesus ist der, der uns bei der Taufe versprochen hat, bei uns zu sein an allen Tagen bis zum Ende der Welt. Auf diese Worte hin wandern wir. Jetzt wollen wir weiterwandern unter dem (Sternen-)Himmel, während wir das Lied *GESG 149 Mache dich auf und werde licht* singen und um die Kirche herumgehen: gegen den Uhrzeigersinn, dem Anfang entgegen – nach altem Brauch.

3. Strecke – Gegen den Uhrzeigersinn um die Kirche herum – schweigend, in einer Schar

4. Station – Zurück vor dem Eingang der Kirche
- Jes 60,1–6 wird vorgelesen

4. Strecke – In die Kirche hinein zur Weihnachtskrippe – in einer Schar

5. Station – Um die Weihnachtskrippe herum
- Reflexion: Nun haben wir die Erzählung von der Reise der drei weisen Männer gehört. Mit dieser Anregung möchte jetzt jeder für sich in Stille über seine eigene Glaubenswanderung zu Jesus Christus nachdenken. Vielleicht ist diese Wanderung nicht einfach gewesen, doch wir sind trotz allem auf der Spur geblieben, da wir ja heute Abend hier in die Kirche gekommen sind.

- Das Vaterunser, gemeinsam gesprochen
- Segen
- *GESG 222 Möge die Straße* wird gesungen.

Lichtmess – eine Abendwanderung mit Gottesdienst

- Dauer: 1–2 Stunden
- Länge: 100 m
- Ort: Kirche und Gemeindezentrum

Vorbereitung
- Teelichter werden gekauft und am Eingang der Kirche ausgeteilt.
- Im Chor wird ein Stück Alufolie, das zu einem Kreuz geformt wurde, auf den Boden gelegt, um die Kerzen daraufstellen zu können.
- Ein Kerzenbaum oder ein Tisch mit Teelichtern wird hingestellt.
- Eine Gruppe aus der Gemeinde hat eingekauft und eine leckere, warme Wintersuppe zubereitet, zum Beispiel mit gelben Erbsen, Speck und Bratwust. Sie deckt die Tische und schmückt sie mit Kerzen und kleinen Sträußen aus Winterlingen und Schneeglöckchen.
- Saft und Wasser werden eingekauft.
- Die Gesangbücher werden in der Kirche verteilt.

Stationen und Strecken

1. Station – In der Kirche
- Während des Vorspiels tragen die Konfirmanden/Pfadfinder die Kerzen herein, die im Chor auf die Alufolie gestellt werden.
- Begrüßung: Der 2. Februar ist die Mitte und der Wendepunkt des Winters. Lichtmess bedeutet »die Messe der Lichter« und ist eine alte Übersetzung des Lateinischen *missa candelarum*. An Lichtmess weihte man in der alten katholischen Kirche die Wachskerzen, die man im nächsten Jahr in der Kirche gebrauchen würde. Heute Abend feiern wir Lichtmess, um Gott für das Licht zu danken und um uns darüber zu freuen, nicht nur über das Sonnenlicht, das nun deutlich wieder zurückkehrt, sondern für all das Licht, das in Jesus Christus entzündet wurde.
- Eingangsgebet
- *GESG 149 Mache dich auf und werde licht* wird im Kanon gesungen.
- Die Worte Jesu aus Joh 12,46 werden vorgelesen: »Ich bin in die Welt gekommen als ein Licht, damit jeder, der an mich glaubt, nicht in der Finsternis bleibe.«

- Danach wird die Gemeinde auf die Pilgerwanderung eingeladen.

1. Strecke – Kerzenwanderung in der Kirche
- Alle zünden ihre Kerzen beim Kerzenbaum oder bei dem Tisch mit Teelichtern an und stellen ihre Kerzen auf das »Kreuz« auf dem Boden im Chor.

2. Station – Alle stehen im Chor
- Gebet, Vaterunser und Segen
- *EG 23 Gelobet seist du, Jesu Christ* wird im Stehen gesungen.

2. Strecke – Von der Kirche zum Gemeindezentrum/Bürgerhaus
- Nach dem Gottesdienst werden alle eingeladen, mit ins Gemeindezentrum oder Bürgerhaus zu kommen zu einem gemeinsamen Winteressen.
- Nach dem Essen werden Winterlieder gesungen.

Christi Himmelfahrt – Waldgottesdienst

Der frisch ausgeschlagene Buchenwald, die grüne Kathedrale Gottes, ist ein guter Ort, um sich zu treffen, Gottesdienst zu feiern und um zu spielen. Kurz gesagt: um den Frühling zu genießen. Die Erfahrung zeigt, dass Familien mit Kindern gern einen Waldspaziergang mit einem Gottesdienst im Grünen verbinden. Wenn es regnet, wird der Gottesdienst trotzdem durchgeführt, da einige immer auftauchen werden.

- Ortsansässige Künstler werden engagiert: Musikkreis der Pfadfinder/SängerInnen/Jugendliche/Musikbegabte/Tänzer/Kinderchor.
- Der Gottesdienst wird in der Tagespresse/im Kirchenblatt angekündigt.
- Eine Lautsprecheranlage wird gemietet oder ausgeliehen.
- Ein großes Holzkreuz wird von den Pfadfindern aufgestellt.
- Das Programm wird gedruckt. Die Menge richtet sich nach der Anzahl der zu erwartenden Teilnehmer.
- Zusammenarbeit mit den ortansässigen Kindern und Jugendlichen hinsichtlich des Vorspiels, des Zwischenspiels und des Nachspiels. Eventuelle Kontaktaufnahme mit den Musiklehrern der Schule oder mit der Musikschule.

Vorspiel mit den ortsansässigen Kindern und Jugendlichen
Begrüßung
- 40 Tage nach Ostern wurde Jesus in den Himmel aufgenommen, und 40 Tage nach Ostern feiern wir Christi Himmelfahrt. An diesem Tag danken wir Gott dafür, dass er durch Christus den Weg zum Himmel für uns geöffnet hat. Jesus

ist nicht verschwunden, er ist nicht fort. Wenn wir sagen, dass er zur Rechten Gottes sitzt, dann bedeutet es, dass er jedem Menschen nah ist. Als Jesus Abschied von jenen nahm, die ihm gefolgt waren, sagte er: Ich bin bei euch alle Tage bis an der Welt Ende (Mt 28,20)!

- Eingangsgebet (einfaches, frei formuliertes Gebet)

Vorschlag für das Eingangsgebet
Dieser Ort und dieser Augenblick ist deiner, Herr. Öffne unsere Gemüter für die Präsenz des Heiligen in der Ruhe unserer Körper …
Stille
In der Stille unserer Seelen …
Stille
In der Erde, die uns trägt …
Stille
In der Luft, die wir atmen …
Stille
In der Berührung des Windes …
Stille
Du umgibst uns, Gott, von allen Seiten. Danke! Amen.

Lied: EG 503 Geh aus, mein Herz

Lesung: Ps 113

Interludium: Gesang/Musik von den Kindern und Jugendlichen

Glaubensbekenntnis: Wird gemeinsam gesprochen.

Lied: EG 449 Die güldne Sonne

Lesung: Lk 24,46–53

Eine kinderfreundliche Predigt
Vorschlag für die Predigt: Die meisten Erzählungen in der Bibel finden unter freiem Himmel statt: auf dem Berg, auf dem Weg, auf dem Gras, am See usw. So sind auch wir jetzt zu einem Waldgottesdienst in Gottes grüner Kathedrale aus frisch ausgeschlagenen Bäumen versammelt. Alles Lebendige predigt zur Ehre Gottes. Die Erde bringt die schönsten Farben und Gerüche hervor, die Vögel singen, die Hummeln summen und die hellgrünen Buchen des Waldes bilden die Wölbung unserer Naturkathedrale. Hier ist der Raum hoch, und so soll es auch sein an Christi Himmelfahrt. Der Himmel ist wunderbar blau und geht bis ins Unendliche hinaus, wo Gott ganz oben wohnt, wie man zu sagen pflegt. Denn was sollte man sonst von jenem sagen, der all das erschaffen

hat, sogar das, was noch niemand bisher gesehen hat – wir können ja nicht einmal bis zu den Grenzen seines Himmelsraumes sehen, Himmel hinter Himmeln.

Wir feiern Christi Himmelfahrt nicht mit einem Gänsebraten oder mit Ostereiern. Dennoch können wir uns wohl alle eine Vorstellung von Jesu Himmelfahrt machen, so wie wir sie gerade eben in dem alten Glaubensbekenntnis formuliert haben: »Wir glauben an Jesus Christus, …, aufgefahren in den Himmel, er sitzt zur Rechten Gottes, des allmächtigen Vaters …«

Vielleicht können wir es von oben aus sehen und müssen dabei an die wundervollen Fernsehbilder von der Erde denken: an Satellitenbilder von der Erdkugel, die erleuchtet und schön dort draußen im Universum liegt, vollständig umschlossen von einem kolossalen Himmel …

Oder wir können es von unten aus betrachten, aus der Perspektive der Jünger, so wie ich es auf einem Altarbild in Schweden, in der Domkirche in Linköping, einmal gesehen habe. Dort sieht man Jesus als überdimensionale Gestalt zum Himmel auffahren, seine Füße werden nach oben getragen, doch gleichzeitig geht der eine Fuß über das Altarbild hinaus, auf dem Weg, in der Mitte der Gemeinde Fuß zu fassen, genau dort in der Kirche.

Als das Kronprinzenpaar Frederik und Mary in der Domkirche von Kopenhagen geheiratet haben, haben sich viele Menschen gewünscht, die Freude mit dem Brautpaar teilen zu dürfen, um daran erinnert zu werden, welchen Platz die Liebe im Leben einnimmt – und daran, wie wichtig es ist, den Kopf nach oben zu wenden und sich zu bedanken.

Hätten die Hochzeitsgäste vor der Restaurierung der Domkirche ihren Blick nach oben gerichtet, hätten sie eine übermalte Wölbung gesehen mit goldenen Sternen auf einem blauen Grund. Das ist Kennzeichen dafür, dass der Himmel uns im Gottesdienst näher kommt.

In der Rede des Kronprinzen an seine Frau gab es eine Formulierung, die sehr gut zu Christi Himmelfahrt passt: »Brauchen wir Licht für unsere Suche nach Antworten, erfordert es bloß, dass wir den Blick erheben und zum Himmel schauen. Dort ist die Ewigkeit, die uns den Weg weisen kann, der manchmal nicht mehr da ist …«

Holger Lissner hat dies auf andere Weise in seinem Lied zum Ausdruck gebracht: »Herr, du zeigst uns den Weg des Himmels, den Weg, der uns zum Leben führt. Der Himmel ist das Ziel, doch die Erde unser Weg, du selbst gehst hier an unserer Seite. Zeige uns doch den Weg, du Herr des Himmels, und gib uns Mut, ihn zu gehen.« (dänisches Gesangbuch DDS 613,4)

Das Ziel ist der Himmel… Von dort kommen wir, vom Morgen der Schöpfung, als Gott sah, dass alles gut war, und Adam und Eva die Herrlichkeiten des Paradieses genossen. Und danach sehnen wir uns, sehnen uns danach, nach Hause zu kommen, nach Hause zu Gott, in den Garten des Paradieses. An Christi Himmelfahrt begegnen sich Gott und die Menschen in der Sehnsucht.

Christi Himmelfahrt bedeutet nicht, Abschied zu nehmen, sondern die neue Präsenz Jesu willkommen zu heißen. Er verschwand körperlich, um uns geistig näherkommen zu können. Und so gesehen findet Christi Himmelfahrt die ganze Zeit statt. Wenn wir es mit dem Verstand nicht begreifen, können wir einfach die Schuhe ausziehen, barfuß gehen und auf diese Weise einer taufrischen Predigt lauschen.

Verstehen bedeutet, auf seinen eigenen Füßen zu stehen. An Christi Himmelfahrt ist dies so. Da muss die Natur die Worte der Bibel erklären, die Gottesoffenbarung in zwei Versionen: durch die Worte der Bibel und die Gnade der Natur. Begreift man die eine Version nicht, dann kann man sich an die andere halten.

Kinder verstehen die Hauptrolle, die den Füßen zukommt. Christi Himmelfahrt ist der Tag der Füße. Barfuß durch das taufrische Gras zu laufen – ja, es gibt wahrlich Gotteseinsichten, die nur die Füße verstehen.

Ausgangsgebet: Jesus Christus, du, der die ganze Zeit in Bergen und Ebenen gewandert ist, in der Wüste und am See, in Dörfern und Städten; du, der alles mit uns auf deiner Wanderung auf der Erde geteilt hast; danke, dass du mit uns wanderst und an unserer Pilgerfahrt teilhast. Im Namen Jesu Christi. Amen.

Kinderchor
Lied: EG 123 *Jesus Christus herrscht als König*

Vaterunser, gemeinsam.

Segen

Lied: EG 504 *Himmel, Erde, Luft und Meer*

Ausgangsgebet (einfaches, frei formuliertes Gebet)

Nachspiel: Von ortsansässigen Kindern und jungen Musikern

Pilgergottesdienst an einem Frühlingsabend in und um die Kirche herum mit den Eltern der Konfirmanden

- Dauer: 1 Stunde
- Länge: 500 m
- Ort: Friedhof und Kirche

Vorbereitung
- Die Einladungen an die Familien der Konfirmanden werden den Konfirmanden mit nach Hause gegeben.
- Ein Klassensatz von *Auf und werde* wird auf dem Kirchplatz bereitgestellt.

- Alle unten genannten Lieder finden sich in *Auf und werde*.
- Im Chor wird ein Ghettoblaster aufgestellt mit der CD *Officium* von Jan Gabarek, The Hillard Ensemble (ECM New Series) ECM 1525.
- Ein Kerzenbaum oder ein Tisch mit nicht angezündeten Teelichtern werden zusammen mit einer großen brennenden Kerze aufgestellt.
- Die Pilgerstäbe der Kinder stehen in der Kirche.
- Eventuell mit einem Chorsänger vereinbaren, dass er/sie bei der Leitung des Gesangs behilflich ist.
- Das Sündenbekenntnis wird kopiert/Das Ritualbuch nimmt der Pastor selbst.
- Die Wanderstrecke wird im Voraus mit einigen Kirchenmitarbeitern abgelaufen.
- Eventuell kann man in Zusammenarbeit mit den Pfadfindern ein Kreuz anfertigen, das auf dem Friedhof aufgestellt wird.
- Psalm 103 (*Auf und werde*, S. 23)

Stationen und Strecken

1. Station – Auf dem Kirchplatz
- *Auf und werde* wird ausgeteilt.
- Die Kinder holen ihre Pilgerstäbe.
- Begrüßung, Friedensgruß und Gebet: Gott, unsere Sehnsucht führt uns auf Wanderungen. Danke, dass du uns auf dem Weg begleitest. Herr, zeige uns deinen Weg und gib uns den Mut, ihn zu gehen!
- Lesung von Ps 119,105 *Dein Wort ist meines Fußes Leuchte und ein Licht auf meinem Weg.*
- *Kanon: Herr, bleibe bei uns* (*Auf und werde*, S. 41)
- Einstieg zu einem geistlichen Gespräch: Der Bericht von Philippus und dem Kämmerer aus Äthiopien (Apg 8,26–39) wird nacherzählt. Es ist wichtig, in der Bibel zu lesen, doch diese Geschichte zeigt uns, dass bloßes Lesen nicht ausreicht. Wir müssen auch miteinander über die Welt des Glaubens sprechen. Wir müssen uns darin üben, die Sprache des Glaubens zu sprechen. Zu zweit werden wir deshalb jetzt ein Gespräch zu folgendem Thema führen: der Kirchgang. Was verbinden wir mit dem Wort, welche Bedeutung hat es für uns, in die Kirche zu gehen? Oder, was ist der Grund dafür, dass wir nicht in die Kirche gehen?

1. Strecke – ca. 5 Min. – Im Zweiergespräch über das Thema Kirchgang

2. Station – Die Gräber der Unbekannten
- Der Pastor leitet ein:
  Grabstätten ohne Stein und persönliche Daten werden »Gräber der Unbekannten« genannt. Das ist allerdings ein irreführender Ausdruck, denn wir sind alle von Gott gekannt, wie der Prophet Jesaja sagt. Jes 43,1–4 wird vorgelesen.
- Gemeinsames Singen von *Gott gab uns Atem* (*Auf und werde*, S. 40)

2. Strecke – ca. 5 Min. – In einer Schar in Stille über den Friedhof
- Wir gehen in Stille durch »den Garten der Toten« und nehmen Geräusche, Laute und Gottes Nähe wahr.

3. Station – Bei einem Kreuz auf dem Friedhof
- Wenn auf dem Friedhof ein Kreuz steht, geht man dorthin; wenn nicht, hat man vielleicht zusammen mit den Pfadfindern ein großes Holzkreuz hergestellt und aufgestellt. Sollte das nicht möglich sein, kann man zu einem Grabstein gehen, auf dem ein Kreuz ist.
- Der Pastor leitet ein: Das Kreuz erinnert uns an die Auferstehung Jesu und die Auferstehungshoffnung: *Er geht vor euch hin.* (Mt 28,7)
- Joh 11,15 wird vorgelesen: Jesus sagt: »Ich bin die Auferstehung und das Leben; wer an mich glaubt, soll leben, auch wenn er stirbt.«
- Die 1. Strophe von *Vertraut den neuen Wegen* wird im Stehen gesungen (*Auf und werde*, S. 55).

3. Strecke – ca. 3 Min. – Singend und wandernd in einer Schar auf dem Friedhof
- Die restlichen Strophen von *Vertraut den neuen Wegen* werden gesungen.

4. Station – An der Friedhofspforte
- Lesung von Ps 139 im Wechsel
- Gemeinsames Singen von *Meine Hoffnung und meine Freude* (*Auf und werde*, S. 48).
- Rezitation eines alten keltischen Segens. Das Segensgebet des irischen National-heiligen St. Patrick:
  Möge Christus vor dir sein und dir den Weg weisen.
  Möge Christus neben dir sein und dich geleiten.
  Möge Christus hinter dir sein und deinen Rücken abschirmen.
  Möge Christus unter dir sein und dich hochhalten, wenn du fällst.
  Möge Christus in dir sein und dich mit seinem Geist erfüllen.
  Möge Christus um dich herum sein und dich vor allem Bösen bewahren.
  Möge Christus über dir sein und dich segnen.
  So segne dich Gott Vater, Sohn und der Heilige Geist!
  (Traditionelles keltisches Gebet, *Carmina Gadelica*, bearbeitet von Peter Millar, Iona.)

4. Strecke – Wanderung zur Kirche in einer Schar und in Stille
- Glockenläuten, während die Gruppe in Stille zur Kirche geht.

5. Station – Draußen vor der Kirchentür
- Der Pastor zitiert Joh 10,9: Jesus sagt: »Ich bin die Tür. Wer durch mich hindurchgeht, wird erlöst werden; er wird ein- und ausgehen und Weide finden.«

- Lasst uns beten: Herr, unser Gott. Lass die Tür dieses Hauses breit genug sein, um alle empfangen zu können, die sich nach Liebe und Gemeinschaft sehnen, und lass die Tür schmal genug sein, um allen Neid und alle Überheblichkeit auszuschließen. Lass die Türschwelle der Kirche so niedrig sein, dass Kinder oder Füße, die sich leicht verlaufen, nicht über sie stolpern. Lass die Türschwelle aber zugleich so hoch und stark sein, dass sie die Macht des Teufels vertreibt. Gott, lass die Tür zu diesem Haus ein Tor zum ewigen Leben werden. Amen.
- Im Namen des Vaters, des Sohnes und des Heiligen Geistes wollen wir uns einzeln im Gebet und in der Stille sammeln und das bekennen, was wir von uns legen und in die vergebenden Hände Gottes legen wollen, während die Glocken läuten!
- Sündenbekenntnis
- Drei Mal drei Glockenschläge.
- Zusage über die Vergebung der Sünden
- Gemeinsames Singen von *Magnifikat* (*Auf und werde*, S. 47).
- Eines Tag, wenn der Weg zu Ende geht, wenn wir an der Pforte des Todes stehen, müssen wir uns nicht fürchten. Wir werden »in die Freude des Herrn hineingehen«.
- Der Pastor klopft drei Mal mit seinem Pilgerstab an die Tür, der Kirchendiener öffnet die Kirchentür, die in einen Kirchenraum führt, der nur von Kerzen erhellt wird.
- Die oben genannte CD wird abgespielt, während der Pastor die Gemeinde zum Taufbecken führt.

5. Strecke – Vom Eingang der Kirche zum Taufbecken

6. Station – Am Taufbecken
- Der Pastor gießt Wasser in das Taufbecken. Unsere Pilgerreise begann mit der Taufe, bei der wir daran erinnert wurden, dass wir Gottes Kinder sind und dass er bei uns ist an allen Tagen bis an das Ende der Welt. Hier hören wir nun die Worte aus Ps 121,8: *Der Herr behüte deinen Ausgang und deinen Eingang von nun an bis in Ewigkeit.* Amen. Jeder wird nun einzeln an seine Taufe erinnert, indem noch einmal das Kreuz auf seiner Stirn gezeichnet wird.
- Es gibt drei Möglichkeiten für die Zeichnung des Kreuzes:
  - Der Pastor taucht den Zeigefinger ins Wasser; einer geht nach dem anderen zum Taufbecken und empfängt das Zeichen des Kreuzes vom Pastor.
  - Man zeichnet sich gegenseitig das Zeichen des Kreuzes auf die Stirn.
  - Man zeichnet bei sich selbst das Zeichen des Kreuzes vor Stirn und Brust.
- Das Lied *GESG 222 Möge die Straße uns zusammenführen* wird zunächst einmal vom Pastor oder einem Chorsänger gesungen. Danach singen alle.

6. Strecke – Der Pastor führt die Gemeinde zum Seitenschiff

7. Station – Im Seitenschiff

- Der Pastor leitet ein: In der Bibel steht an vielen Stellen auf verschiedene Weise, dass wir keine Angst haben müssen. Heute Abend werden uns die Worte aus 5 Mos 31,6 stärken: »Seid stark und mutig, fürchtet euch nicht und erschreckt nicht! Denn der Herr, dein Gott, er ist es, der mit dir geht, er wird dich nicht aufgeben und dich nicht verlassen.«
- Die Gemeinde wird dazu eingeladen, die Kerzen anzuzünden und ein Gebet zu sprechen. Währenddessen spielt der Organist ein Zwischenspiel.

7. Strecke – Der Pastor führt die Gemeinde zum Altar

8. Station – Im Chor um den Tisch des Herrn

- Erzählpredigt zu Joh 6,1–15 – Die Speisung der Fünftausend: Eines Tages war Jesus auf einen Berg gegangen, um allein zu sein und zu Gott zu beten. Doch die Menschen hatten es bemerkt und folgten ihm. Und es waren sehr viele Menschen: 5000! Sie waren so gefesselt von den Erzählungen Jesu vom Reich Gottes, dass sie alles um sich herum vergaßen. Wie Kinder, die so in ihr Spiel vertieft sind, dass sie alles um sich herum vergessen. Doch plötzlich fiel den Jüngern ein, dass es schon spät war und dass der Weg zum nächsten Laden weit war. Woher sollten all diese Menschen zu essen bekommen? Jesus bat sie, sich in das grüne Gras zu setzen und all das mitgebrachte Essen einzusammeln. Doch nur ein einziger Junge hatte zu essen mitgenommen: fünf Brote und zwei Fische. Trotzdem befahl Jesus ihnen, das Essen unter den vielen Menschen aufzuteilen. Dann geschah das Wunder. Alle wurden satt, ja, es wurden obendrein hinterher noch die Reste eingesammelt: 12 Körbe voll! – Jesus ließ das Wunder nicht geschehen, um zu protzen oder damit die Leute zu ihm hochsehen. Es gab der Volksschar zu essen, weil es das war, was sie brauchten. So wird er seine Liebe auch mit uns teilen und seine Freude, seine Vergebung und sein ewiges Leben. Beim Abendmahl ist er uns im Brot des Lebens und im Wein der Erlösung ganz nah.
- Lied zum Abendmahl *GESG 183 Jesu Brot, Jesu Wein*
- Abendmahl. Einsetzungsworte, Vaterunser, gemeinsam. Austeilung in Stille.
- Lasst uns das Gebet sprechen, das die Mönche in der Klosterkirche von Ronchevalles, auf dem Jakobsweg in Spanien, beten. Dieses Gebet ertönt dort in der Kirche seit dem Jahr 1078. Heute wollen wir dieses Gebet sprechen und in Gedanken bei unserer Lebenswanderung sein: »Gott, segne unsere Schritte, lass uns finden, wonach wir suchen, und am Ende unser Ziel in Freude erreichen! Amen.«
- Pastor: Lasst uns mit Christus wandern, mit ihm, der der Weg ist, die Wahrheit und das Leben (Joh 14,6).
- Segen
- Glockengeläut, drei Mal drei Schläge
- Die erste Strophe des Liedes *Kommt mit Gaben und Lobgesang* (*Auf und werde*, S. 46)

- Pastor: Wir gehen nun aus der Kirche, während wir die letzten beiden Strophen des Liedes singen.

8. Strecke – Wir wandern singend aus der Kirche.

9. Station – Draußen vor der Kirche
- Pastor: Wir sind zum Ende unserer abendlichen Pilgerwanderung gelangt – eine Metapher für die Wanderung des Lebens und das Ende des Lebens. Wir gehen nun wieder hinaus in den Alltag, um uns selbst, unseren Mitmenschen und Gott zu begegnen. Lasst uns mit Gott gehen, einander die Hand reichen und uns gegenseitig verabschieden mit den Worten: Pax et bonum! Friede und alles Gute!
- Die Gemeinde verabschiedet sich untereinander mit diesen Worten.
- Einladung zum anschließenden gemeinsamen Essen und zum Erfahrungsaustausch im Gemeindezentrum oder im Unterrichtsraum der Konfirmanden.

Bibelsprüche
zum Wandern

Von Elisabeth Lidell

Konfirmationssprüche mit Wanderthemen

An vielen Orten ist es Tradition, dass die Konfirmanden einen Bibelspruch an ihrem Konfirmationstag bekommen. Bei uns gibt es den Brauch, dass der Konfirmand/die Konfirmandin sich seinen/ihren Bibelspruch selbst aussuchen darf.

Im Februar bekommen die Konfirmanden eine Liste mit verschiedenen Bibelsprüchen, von denen viele Wandermetaphern enthalten. Die Jugendlichen nehmen die Liste mit nach Hause, um sich in aller Ruhe einen Bibelspruch aussuchen zu können, der sie besonders anspricht. Daraufhin bekommen sie die Aufgabe, ihre Beweggründe für ihre Wahl zu beschreiben und aufzuschreiben. Schließlich lernen sie den Bibelspruch auswendig und schließen auf diese Weise den Spruch in ihrem Herzen als Wegweiser ein, den sie vielleicht später im Leben gebrauchen werden:

5 Mos 5,33 Wandelt in allen Wegen, die euch der Herr, euer Gott, geboten hat, damit ihr leben könnt und es euch wohlgeht.

5 Mos 10,12 Was fordert der Herr, dein Gott, noch von dir, als dass du den Herrn, deinen Gott, fürchtest, dass du in allen seinen Wegen wandelst und ihn liebst.

5 Mos 31,6 Seid getrost und unverzagt, fürchtet euch nicht (…); denn der Herr, dein Gott, wird selber mit dir ziehen und wird die Hand nicht abtun und dich nicht verlassen.

Ps 25,4 Herr, zeige mir deine Wege und lehre mich deine Steige!

Ps 56,14 Denn du hast mich vom Tode errettet, meine Füße vom Gleiten, dass ich wandeln kann vor Gott im Licht der Lebendigen.

Ps 86,11 Weise mir, Herr, deinen Weg, dass ich wandle in deiner Wahrheit.

Ps 119,1 Wohl denen, die ohne Tadel leben, die im Gesetz des Herrn wandeln!

Ps 119,105 Dein Wort ist meines Fußes Leuchte und ein Licht auf meinem Weg.

Sprüche 23,19 Richte dein Herz auf den rechten Weg.

Jes 9,2 Das Volk, das im Finstern wandelt, sieht ein großes Licht.

Jes 43,1–2 Und nun spricht der Herr, der dich geschaffen hat (…): Fürchte dich nicht, denn ich habe dich erlöst; ich habe dich bei deinem Namen gerufen; du bist mein!

Sach 10,12 Ich will sie stärken in dem Herrn, dass sie wandeln sollen in seinem Namen, spricht der Herr.

Mt 25,21 Geh hinein zu deines Herrn Freude.

Joh 8,12 Jesus sprach: Ich bin das Licht der Welt. Wer mir nachfolgt, wird nicht wandeln in der Finsternis, sondern wird das Licht des Lebens haben.

Joh 14,6 Jesus spricht: Ich bin der Weg und die Wahrheit und das Leben.

Apg 16,36 Nun kommt heraus und geht hin in Frieden!

Eph 2,10 Denn wir sind sein Werk, geschaffen in Christus Jesus zu guten Werken, die Gott zuvor bereitet hat, dass wir darin wandeln sollen.

Die Gedanken der Konfirmanden zu ihren selbst gewählten Konfirmationssprüchen

Ps 119,105 Dein Wort ist meines Fußes Leuchte und ein Licht auf meinem Weg!
Ich habe mir den Konfirmationsspruch: »Dein Wort ist meines Fußes Leuchte und ein Licht auf meinem Weg!« ausgesucht, weil mir seine Bedeutung gefällt! Die Worte Gottes werden uns immer leuchten, egal, wo wir uns zwischen Himmel und Erde befinden. Wenn wir es schwer haben, unseren Weg im Leben zu finden, dann können wir uns an die Worte Gottes halten, die uns auf den rechten Weg helfen. Das tun wir, indem wir unser Herz gebrauchen und unsere Gefühle zeigen, anstatt berechnend zu sein! – Das Wort Gottes kommt meistens aus der Bibel, doch man darf nicht vergessen, dass es auch von der Liebe und der Freude in der Seele des Körpers kommen kann. Der Grund dafür, dass Menschen Dummheiten begehen, ist, dass sie eine Abkürzung durch den Wald nehmen wollen und deshalb nicht dem Pfad folgen. Häufig verlaufen sie sich, und es kann schwer sein, den Weg zurück zu finden. Doch glücklicherweise sind die meisten Fehler verzeihlich. Gottes Wort lässt uns nicht im Stich.

Ps 25,4 Herr, zeige mir deine Wege und lehre mich deine Steige!
Gott zeigt uns seine Wege, wenn du sie selbst finden willst …Wenn man es später im Leben einmal bereut, dass man nicht den Wegen Gottes gefolgt ist, dann wird Gott einem dabei helfen, auf den richtigen Pfad zurückzukommen.

Mt 28,20 Und siehe, ich bin bei euch alle Tage bis an der Welt Ende
Gott ist die helfende Hand auf dem Weg durch die dunklen Seiten des Lebens. Das heißt, dass man Trost und Licht durch Gott finden kann, wenn man traurig ist oder es schwer hat. Das bedeutet nicht, dass Gott unser Leben steuert, sondern uns auf den Weg hilft.

Konfirmationspredigten

Wenn man im Konfirmandenunterricht mit der Pilgerthematik gearbeitet hat, dann bietet es sich an, im Konfirmationsgottesdienst die Wandermetapher als Thema zu nutzen. Hier folgen nun ein paar Beispiele als Anregung, wie die Wanderthematik in der Predigt aufgenommen werden kann.

Was haben wir in unserem Gepäck?
Von Elisabeth Lidell

Epistel – 1 Joh 2,28–3,3
Evangelium – Joh 4,1–42

Predigt
Liebe Konfirmandinnen und Konfirmanden! Neulich habe ich jemanden fragen hören, was das Beste an eurem Konfirmandenunterricht gewesen sei, und die Antwort lautete: die biblischen Geschichten. Diese Geschichten sind keine alten Ammenmärchen, sie werfen Licht auf unser eigenes Leben. Ihr seid offen und interessiert gewesen. Ihr habt euch danach gesehnt, von Gott, Jesus, dem Glauben und dem Christentum zu hören. Ja, ihr seid geradezu durstig nach Gottes Worten gewesen. Deshalb habe ich zu eurem großen Festtag einen ganz besonderen Bericht aus dem Neuen Testament ausgewählt, der vom Durst handelt – zunächst im wortwörtlichen Sinne und dann in übertragenem Sinn als existenzieller Durst, dem Durst nach dem Sinn des Lebens. Es ist der Bericht von der Frau aus Samaria, den ich, wie ich es zu tun pflege, nacherzählen werde (Joh 4,1–42).

Auch wir kennen es, scharfe Unterschiede herauszustellen und einander zu verurteilen. Vielleicht versuchen wir wie die Frau aus Samaria, unsere leere Seele auf verschiedene Weise zu sättigen. – Doch wie Jesus diese Frau nicht verurteilte, so wird er auch uns nicht verurteilen. Er möchte, dass wir in Freude Wasser aus der Quelle der Erlösung schöpfen. Wie aber können wir ihm heute begegnen? Wir können ihm in der Natur begegnen, in seinem Schöpferwerk. Wir können ihm begegnen, wenn wir die Hände falten und beten. Wir können ihm hier in der Kirche begegnen. Ihr erinnert euch daran, dass Jesus sagt: »Denn wo zwei oder drei versammelt sind in meinem Namen, da bin ich in ihrer Mitte!« (Mt 18,20) Auch in der Heiligen Schrift, der Bibel, können wir Gott begegnen, wenn wir die Worte hören, die zu uns gesagt werden. Und ich hoffe natürlich, dass ihr Gottes Worte in der Zeit des Konfirmandenunterrichts vernommen habt!

Als wir neulich auf unserer Pilgerwanderung dem Frühling entgegengegangen sind, haben wir uns auf einigen Strecken unterhalten, und einer von euch hat folgende Frage gestellt: »Was bedeutet es eigentlich, sich selbst zu finden?« Das ist ein Ausdruck gewesen, den ich gebraucht hatte. Ich kann mir schon vorstellen, dass es sich ein bisschen komisch anhören kann: Denn wie findet man sich denn eigentlich selbst?

Ich habe heute einen Rucksack mitgenommen, um einen Vorschlag für die Beantwortung der Frage zu geben. In den 13–14 Jahren, die ihr gelebt habt, ist eine Menge in euer Lebensgepäck gelegt worden. Viele Menschen haben etwas hineingelegt: eure Eltern, Geschwister, Großeltern, Freunde, Lehrer und natürlich auch ich als euer Pastor. Ihr tragt sicherlich eine Menge mit euch herum, dessen ihr euch gar nicht bewusst seid. Über manche Dinge seid ihr froh, während anderes eine Belastung für euch darstellen kann. Für alles in eurem Rucksack gilt, dass es ein Teil von euch ist, ein Teil eurer Identität.

Ich werde nun den Rucksack aufmachen und euch den Inhalt zeigen. – *Ein Kuscheltier* – als Ausdruck für die Geborgenheit, die euch umgeben hat, seit ihr ganz klein wart. Eine wundervolle Geborgenheit, die euch das ganze Leben hindurch begleiten kann.

Ein Kinderlöffel – als Ausdruck für all das, womit euch eure Eltern und andere gefüttert haben – sowohl im wortwörtlichen Sinn und in Form von Fürsorge, Liebe, Schimpfen usw.

Ein Wörterbuch – als Ausdruck für all das Wissen, das sich in eurem Lebensgepäck befindet – darüber könnt ihr euch auch freuen. Das ganze Leben über könnt ihr es weiter anfüllen.

Ein kleiner Stein – als Ausdruck für die Sammelmanie der Kindheit (und die damit verbundene Geduld der Eltern, wenn Taschen, Hosentaschen und Kofferräume mit Steinen und anderen wichtigen Dingen gefüllt wurden). Der Stein kann auch Ausdruck für die Stolpersteine der Jugend sein, für die Gefahren, denen ihr ausgesetzt werden könntet.

Ein Spiegel – als Ausdruck für all das, was ihr äußerlich sehen könnt: Pickel, eine schiefe Nase, die Frisur … für all das, von dem ihr euch wünscht oder nicht wünscht, dass es anderen auffällt. Vielleicht seht ihr in den Spiegel, um euch selbst kennen zu lernen. Doch Selbstbespiegelung kann zu einer gefährlichen Sache werden – »krankhafter Narzissmus« wird es nach einer griechischen Sage genannt. Ein Mensch findet nicht heraus, wer er oder sie ist, indem er oder sie sich im Spiegel betrachtet. Das ist der falsche Weg. Doch man findet auch nicht heraus, wer man ist, indem man abgleitet und sich der Meinung beugt, die andere von einem haben. Sich dem zu fügen, was alle meinen, ist auch nicht der richtige Weg.

Eine Taufurkunde – Wenn man getauft ist, wie ihr es seid, dann weiß man auch, wohin man gehört. Die Taufe ist nämlich auch das Zeichen dafür, dass wir zu Gott gehören, in gleicher Weise, wie wir zu unseren Eltern, unserer Familie, unserem Volk gehören. Durch die Taufe werden wir in die Gemeinschaft mit Gott und miteinander geführt. Bei der Taufe wurden wir mit Wasser aus der Quelle des Lebens überschüttet. Wir wurden von liebevollen Augen betrachtet, wir sind Angenommene. Vielleicht können wir spüren, wenn die Quelle austrocknet, doch dann wissen wir, was wir zu tun haben, um Kontakt mit der Quelle, dem lebendigen Gott aufzubauen. Wir sollen in Freude Wasser aus den Quellen der Erlösung schöpfen, wie es so schön in der Bibel heißt (Jes 12,3).

Das Neue Testament – als Ausdruck für den inneren Spiegel. Mit diesem Buch erhaltet ihr Zugang zu Gott, und in diesem Buch könnt ihr eure eigene Lebensgeschichte, eure Beziehung zu Gott spiegeln. Gott ist ein teilnahmsvoller Gott, der mit uns durch das Leben geht – im Unterschied zum Schöpfergott, der alles zurechtgelegt hat (vgl. Horoskope). Durch Gottesdienste, das Lesen der Bibel, Gebete und Gespräche können wir eine Vorstellung von Gottes Absicht mit unserem Leben bekommen. Ob wir richtig entscheiden oder uns irren, Gott geht mit uns in jeder neuen Situation.

Gleich werdet ihr zum Altar hochgehen und euren Taufbund bestätigen. Die guten Bibelsprüche, die Konfirmationssprüche, die ihr euch ausgesucht habt – und die wir euch gleich oben vom Altar sagen hören werden – ein paar Zeilen aus der Bibel haben euch etwas gesagt – haben euch ins Herz getroffen, damals, als ihr den guten Satz zum ersten Mal gelesen habt. Auf diese Weise wird das Vortragen eurer persönlichen Bibelsprüche zu einer Minipredigt für eure Familien.

Einer von euch hat es so ausgedrückt: »Ich habe meinen Konfirmationsspruch gewählt, weil mir seine Bedeutung gefällt! Die Worte Gottes werden uns immer leuchten, egal, wo wir uns zwischen Himmel und Erde befinden. Wenn wir es schwer haben, unseren Weg im Leben zu finden, dann können wir uns an die Worte Gottes halten, die uns auf den rechten Weg helfen. Das tun wir, indem wir unser Herz gebrauchen und unsere Gefühle zeigen, anstatt berechnend zu sein! – Das Wort Gottes kommt meist aus der Bibel, doch man darf nicht vergessen, dass es auch aus der Liebe und der Freude in der Seele des Körpers kommen kann. Der Grund dafür, dass Menschen Dummheiten begehen, ist, dass sie eine Abkürzung durch den Wald nehmen wollen und deshalb nicht dem Pfad folgen. Häufig verlaufen sie sich, und es kann schwer sein, den Weg zurück zu finden. Es ist menschlich, Fehler zu begehen. Das tun wir alle, groß und klein. Doch glücklicherweise sind die meisten Fehler verzeihlich. Gottes Wort lässt uns nicht im Stich!« – Ein anderer Konfirmand schreibt von der Liebe: »Es ist wichtig, dass man seine Familie, seine Freunde und das Leben liebt! Es lohnt sich, sich daran zu erinnern, dass es einen nicht geben würde, wenn es keine Liebe gäbe! Das Leben wäre eine Null, wenn man nicht geliebt werden oder niemanden lieben würde. Gott und Jesus sind für uns da, und es wird immer einen kleinen Engel geben, der auf uns aufpasst.« – Und noch ein Konfirmand hat geschrieben: »Gott hilft dir durch dein Leben: wenn du Probleme bekommst, wenn du krank wirst, wenn man sich in einer unangenehmen Situation befindet. Er hilft dir durch deine Sorgen hindurch und ist an deiner Seite, wenn du stirbst.« – Und ein weiterer Konfirmand sagte: »Gott zeigt dir seine Wege, wenn du sie selbst finden willst … Wenn man es später im Leben einmal bereut, dass man nicht den Wegen Gottes gefolgt ist, dann wird Gott einem helfen, auf den richtigen Pfad zurückzukommen.« Und zum Schluss: »Gott ist die helfende Hand auf dem Weg durch die dunklen Seiten des Lebens. Das heißt, dass man Trost und Licht durch Gott finden kann, wenn man traurig ist oder es schwer hat. Das bedeutet nicht, dass Gott unser Leben steuert, sondern uns auf den Weg hilft ...!«

Ja, wenn wir dem Bösen gegenüberstehen, dem Entsetzlichen, und Gott anklagen, geschieht dies vielleicht aus dem Gefühl heraus, dass wir Anspruch darauf hätten, dass das Leben aufwärts geht. Wir wünschen uns vielleicht ein angenehmes Leben voller Glück, ohne Schmerz und Sorge, ohne Leid und Tod. Doch so ist es nun einmal nicht im wirklichen Leben.

Manche Menschen trifft es im Leben allerdings härter als andere. Es gibt keine Erklärung für das Leiden. Doch wir können zu Gott beten, und er hat versprochen, zuzuhören.

Ihr, die Konfirmanden und Konfirmandinnen dieses Jahres, habt selbst ein Gebet formuliert, das wir heute zu dem unsrigen machen wollen: Lieber Gott: Danke, dass ich morgens aufwache – froh und gesund. Segne unseren Konfirmationstag und sei bei meiner Familie – sowohl bei denen, die leben, als auch bei denen, die bei dir im Himmel sind. Danke für die Liebe, die ich bekomme, und für jene, die ich geben kann. Sei mit mir, wenn ich in Schwierigkeiten gerate – und wenn ich neuen Menschen begegne. Wenn das Böse an meiner Seite steht, mögest du mir helfen. Wenn die Engel tanzen und die Liebe singt, spüre ich die Freude der Menschen und mein Wunsch ist in Erfüllung gegangen: Ich bin gesegnet! Amen.

Auszug aus der Konfirmationspredigt über die Wanderung nach Emmaus

Evangelium – Lk 24,13–35 wird nacherzählt

Predigt
Mich würde interessieren, woran ihr euch aus eurem Konfirmandenunterricht erinnern werdet, wenn ihr alt seid. Vielleicht werdet ihr euch an die Pilgerwanderung erinnern, bei der wir an einem kalten Frühlingstag ein Dutzend Kilometer gegangen sind, einen Gottesdienst mit Abendmahl im Freien abgehalten haben und eine Stunde lang in Stille gewandert sind, während jeder für sich darüber meditiert hat, für welche Gaben er sich bei Gott bedanken könnte.

In jedem Fall ist die Konfirmation für einen Teil von euch der Anfang für die Suche nach Gott. Einige Samen sind in euren Herzen gesät worden, und ihr habt den Rest eures Lebens, um »im Glauben zu wachsen«, wie man es auf eine etwas altmodische Art sagt. Der Weg ist geebnet, der Weg zu Gott.

Damals, als das Christentum noch ganz neu war, hat man noch nicht den Begriff »Christentum« oder »Christen« gebraucht. Stattdessen sprach man in den ersten Jahrzehnten nach Jesu Tod und Auferstehung vom »Weg« und von »denen, die dem Weg folgen«.

Jesus war selbst ein Reisender, der von Ort zu Ort wanderte. Er war immer unterwegs. Christentum bedeutet Bewegung, Prozess, bedeutet, auf der Reise zu sein. Christ zu sein bedeutet nicht, das Ziel erreicht zu haben oder Antworten auf die großen Fragen des Lebens gefunden zu haben, sondern auf dem Weg zu sein, auf einer Reise, einem Weg zu folgen, auf dem jemand vorausgegangen ist: Jesus von Nazareth.

Ihr lieben jungen Menschen seid in hohem Grad auf dem Weg! Das Leben, das vor euch liegt, kann symbolisch für eine Art Pilgerreise stehen, eine Wanderung von der Wiege bis zum Tod, von der Geburt bis zum Tod. Während des Konfirmandenunterrichtes seid ihr ein Stück des Weges mit mir zusammen gegangen. Hoffentlich ist die Konfirmationszeit eine Art Rastplatz für euch gewesen, auf dem ihr eine Pause machen konntet und ihr für die weitere Reise in die Welt des Glaubens auftanken konntet. Wir haben gemeinsam versucht, uns auf die Wanderung des Lebens zu besinnen, und ihr habt folgende grundlegende Fragen gestellt: Woher kommen wir und wohin gehen wir? Welchen Spuren folgen wir? So gesehen ist der Konfirmandenunterricht auch eine innere Reise gewesen, eine Reise zu Gott. Und diese Reise setzt sich im ganzen Leben fort. Manchmal ist der Weg einfach und hell, andere Male ist er mühsam und schwer. Wir können an Kreuzungen kommen. Und hin und wieder können wir in Zweifel geraten, ob wir uns für den richtigen Weg entscheiden.

Auch die Jünger, die treuen Begleiter Jesu, konnten in Zweifel geraten. Deshalb baten sie ihn: »Herr, zeig uns den Weg!« Und Jesus antwortete: »Ich bin der Weg, die Wahrheit und das Leben!« (Joh 14,6) Das ist eine *fette* Antwort, so hat es einer von euch neulich ausgedrückt. Das dürft ihr nie vergessen! Diese Worte müsst ihr in euren Rucksack packen. Wenn ihr eines Tages im Finstern umhertappt und völlig verzweifelt seid – denn das kann niemand von uns im Leben umgehen –, dann vergesst nie, dass es immer einen Ausweg gibt!

Vielleicht ist es einer eurer Mitmenschen, der euch aus der Klemme hilft, und ihr habt das Gefühl, als sei der Betreffende »vom Himmel geschickt« worden. Der Ausdruck: »Du bist ein Engel« weist darauf hin, dass unsere Nächsten, unsere Mitmenschen eine gute Gabe unseres Herrn an uns sind.

Wie ihr wisst, sind die Geschichten der Bibel nicht bloß alte Räubergeschichten aus vergangenen Zeiten. Es ist wichtig, die Worte Gottes als direkte Ansprache an uns zu verstehen. Manchmal kann es eine Hilfe sein, seinen eigenen Namen in den Bibeltext einzusetzen, sodass er ganz deutlich zu einer persönlichen Anrede an uns wird. Mit einer einfacheren Umschreibung des Propheten Jesaja – die Lesung, die wir vom Altar gehört haben – können wir heute die klare Ansage Gottes an euch auf folgende Weise vernehmen: »Fürchte dich nicht, du lieber Konfirmand! Fürchte dich nicht, denn ich habe dich freigekauft. Ich nenne dich beim Namen. Führt dich der Weg des Lebens durch Wasser, bin ich bei dir, führt er durch Flüsse, werden sie dich nicht überströmen; gehst du durch Feuer, wirst du dich nicht verbrennen, die Flamme verbrennt dich nicht. Denn ich bin der Herr, dein Gott; du bist kostbar in meinen Augen, hoch geachtet, und ich liebe dich!« (nach Jes 43,1–4) Das sind große, *krasse* Worte, würdet ihr wahrscheinlich sagen; Worte, die eure Reiseverpflegung sein sollen, eure geistliche Nahrung. Der alttestamentliche Psalmendichter drückt es auf etwas andere Weise aus: »Dein Wort ist meines Fußes Leuchte und ein Licht auf meinem Weg!« (Ps 119,105) »Und Gottes Wort, es leuchtete für euch in all seiner Pracht, als ihr getauft wurdet und seine Zusage bekommen habt, dass er bei euch sein wird an allen Tagen bis ans Ende der Welt!« (Mt 28,20) Ihr müsst euch deshalb auch vor nichts oder niemandem fürchten. Bei der Taufe rief er euch mit Namen, und jedem von euch wurde ins Ohr geflüstert: Du bist kostbar in den Augen Gottes, und er liebt dich!

Er ist euer Reisebegleiter durch das Leben. Ihr seid niemals allein. Vielleicht könnt ihr ihn nicht sehen. So wie die Jünger auf dem Weg nach Emmaus Jesus auch nicht wiedererkennen konnten. Doch er geht den ganzen Weg mit uns. Ihr seid niemals allein. Zu jeder Zeit – in Freude und in Leid – könnt ihr die Hände falten und Kontakt mit ihm aufnehmen und dabei vielleicht das mittelalterliche Gebet der Heiligen Birgitta sprechen: »Herr, zeige mir deinen Weg und gib mir den Mut, ihn zu gehen!«

An dem Tag, an dem eure Pilgerreise auf der Erde zu Ende geht, wenn das Leben zu Ende gelebt ist, dann wisst ihr, dass die fantastische Botschaft des Osterevangeliums ist, dass er uns vorausgegangen ist und mit offenen Armen im Paradies auf uns wartet. Amen.

Konfirmationspredigt
Von Anette Foged Schultz

Liebe Konfirmandinnen und Konfirmanden, liebe Eltern, liebe Gäste!

Es war einmal ein Mann, der starb und kam zu Gott nach Hause. Zusammen mit Gott saß er nun und blickte auf sein Leben zurück. Es sah aus wie zwei Paar Fußspuren. Das eine Paar gehörte zum Mann, das andere zu Gott. Während sie dort saßen und schauten, entdeckte der Mann plötzlich Strecken, auf denen nur ein Paar Fußspuren zu sehen war. Er zeigte hinunter auf den Weg und sagte vorwurfsvoll zu Gott: Warum bist du nicht an meiner Seite gewesen, als das Leben am schwersten war? Warum hast du mich verlassen? Gott antwortete dem Mann: Ich habe dich nie verlassen! Dort, wo du nur ein Paar Fußspuren sehen kannst, habe ich dich getragen!

Gott ist uns immer nah – auch wenn wir es nicht spüren können. Das ist die Pointe dieser kleinen Geschichte, und das bekommen wir gesagt, wenn wir die Bibel lesen und wenn wir hier in die Kirche kommen zum Gottesdienst, zur Taufe und zum Abendmahl.

Gott ist dir immer nah, darum fürchte dich nicht! Du kannst niemals aus seiner Hand herausfallen, du kannst niemals aus seinem Blickfeld verschwinden – selbst wenn das Schlimmste geschieht, drückt Gott dich fest an sich. Als ein Symbol dafür, dass Gott uns immer nah ist, haben wir den Wanderstab gebraucht im Unterricht in den Monaten, die wir einander begleitet haben. Der Wanderstab ist ein Symbol für das, was uns eine Stütze in unserem Leben ist. Ihr habt Stützen in eurem Leben, die deutlich und präsent sind. Menschen um euch herum, denen ihr vertraut und nach denen ihr die Hände ausstreckt, wenn ihr dabei seid zu stolpern. Über Steine auf dem Weg.

Auf eurem Lebensweg kann es wie auf anderen Wegen Steine geben, über die man stolpern kann. Löcher, in die man fallen kann. Es kann sein, dass ihr einen Teil des Weges im Dunkeln gehen müsst – außerstande, in der Ferne das Ziel zu erkennen. Ihr könnt mit Gegenwind und im Sturm wandern. Und ihr könnt auf eine Wüstenwanderung gelangen, obwohl ihr in einem Land ohne Wüsten wohnt.

Wenn der Weg nicht einfach und eben ist – wenn man hin und wieder keinen Ausweg finden kann –, wenn die Gefahr droht, dass man fällt, dann hat man seinen Stab, auf den man sich stützen kann.

Jeder von euch hat an seinem eigenen Stab gearbeitet und Namen und Symbole in den Stab geschnitzt, die für jene stehen, die euch eine Stütze im Leben sind. Eltern, Geschwister, Großeltern. Freunde. Ein Mensch, dem ihr unterwegs begegnet seid – zufällig. Es gibt viele, auf die wir uns stützen können auf unserer Lebenswanderung.

Und mit jenen, die uns begleiten, können wir die Freude teilen – und auch die Last, die wir zu tragen haben. Der Weg bekommt Sinn und Ziel durch jene, die uns begleiten.

Alte Menschen können sich an ihre Jugendfreunde erinnern, mit denen sie bis in den frühen Morgen getanzt haben. Sie erinnern sich an ihren – jetzt vielleicht verstorbenen – Ehepartner, den sie geliebt und mit dem sie das Leben geteilt haben. Geschwister, mit denen sie aufgewachsen sind – und gute Nachbarn, mit denen sie Freud und Leid geteilt haben. Das Leben bekommt Farbe durch die Liebe, der wir begegnen. Es erhält Bedeutung durch die Gemeinschaft, von der wir ein Teil werden, wenn wir uns auf unserer Wanderung von der Geburt bis zum Tod bewegen.

Liebe Konfirmandinnen und Konfirmanden, wir sind den Weg von und zur Kirche hinauf- und hinuntergewandert. Vom Taufbecken zu den Gräbern auf dem Friedhof. Diese Wanderung hat die Wanderung des Lebens symbolisiert von der Taufe bis zum Tod. Von den Grabsteinen des Friedhofes konnten wir ablesen, wie lang die Lebenswanderung eines Menschen gewesen ist. Wie lang er von jemandem begleitet wurde. Wenn er denn nicht einer von denen war, der den Weg ohne Lebensbegleiter wandern musste. Wir haben Steine gefunden mit Namen von Menschen, deren Leben viel zu kurz gewesen ist. Und Steine mit Namen von Menschen, deren Lebensgeschichte ihr kennt, denn einige von euch kennen es bereits, einen geliebten Menschen zu verlieren.

Liebe Konfirmandinnen und Konfirmanden, vor euch liegt das Leben, und der Weg ist offen. Es gibt viele Möglichkeiten. Viele Wege, die man gehen kann. Und ihr sollt wissen, wenn ihr unterwegs müde werden solltet. Wenn die Tage anstrengend sind. Wenn zu hohe Ansprüche an euch gestellt werden. Wenn ihr den eigenen und den Erwartungen der anderen nicht entsprechen könnt. Wenn ihr euch verlauft und nicht nach Hause finden könnt. Wenn ihr zu schwere Lasten tragen müsst. Wenn ihr auf Wüstenwanderungen geratet, auf denen alles unmöglich erscheint und ihr weder Ziel noch Richtung ausmachen könnt. Dann habt ihr einen Begleiter, der immer an eurer Seite ist. Einen Begleiter, der euch trägt, wenn ihr keine Kraft mehr zum Gehen habt. Ein Begleiter, der vor euch geht wie eine Wolkensäule am Tag und eine Feuersäule in der Nacht, um euch den Weg zu weisen. Wie es im Alten Testament geschrieben steht.

Darum fürchtet euch nicht! Er ist bei dir alle Tage bis an der Welt Ende – wie es zu einem jeden von uns bei der Taufe gesagt wurde! Er lässt euch nicht aus den Augen. *Und ihr könnt zu und mit ihm sprechen,* auch wenn er unterwegs unsichtbar ist.

Hin und wieder sendet er euch einen Begleiter, mit dem ihr den Weg auf der Wanderung teilen könnt. Dann ist er – Gott selbst – sichtbar bei euch anwesend in einem anderen Menschen. Ein Mensch, der zu euch mit Liebe kommt, mit Hoffnung und Lebensmut. So sendet uns Gott nämlich zueinander, damit wir zusammen die Hitze und den Staub des Weges ertragen und die Sorgen des Alltags. Damit wir nicht ganz aufgeben, wenn es scheinbar keinen Ausweg mehr gibt. Dann sendet er uns einen Menschen. Doch wenn es – in Zeiten – so aussieht, als müsstet ihr allein gehen, dann ist er euch trotzdem nah, und ihr könnt im Gebet zu ihm sprechen.

Bittet, dann wird euch gegeben. Sucht, dann werdet ihr finden. Klopft an, dann wird euch geöffnet werden. So lautet die Aufforderung an uns heute. Das Gebet kann jeden Tag gebraucht werden – in jedem Augenblick des Lebens. In der Ohnmacht, dann, wenn wir nicht mehr können, können wir beten und wissen, dass wir gehört werden. Wir können das Leben und all das, was wir nicht bewältigen können, in die Hand Gottes legen. Alles loslassen und wissen, dass er uns behütet und beschützt und uns zuallerletzt mit nach Hause nimmt im Tod. Deshalb muss sich keiner von uns vor dem Weg fürchten, der vor uns liegt. Nicht einmal vor den Irrwegen und den Abwegen müssen wir uns fürchten! Wir können in Hoffnung auf das Beste in die Zukunft gehen. Im Vertrauen auf Gott und auf die, mit denen zusammen wir unterwegs sind.

Liebe Konfirmandinnen und Konfirmanden: Ich wünsche euch nur das Beste auf eurem Weg durch das Leben. Danke für die Zeit, in der wir einander begleitet haben. Es ist eine Freude gewesen, sie mit euch zu teilen! Jetzt trennen sich unsere Wege, und ich möchte jedem von euch wünschen:

Möge dein Weg dir entgegengehen
und möge der Wind dein Freund sein
und möge die Sonne deine Wange wärmen
und möge der Regen die Seele der Erde wässern
und bis wir uns wiedersehen,
 möge Gott dich in seiner Hand halten!
Amen.

»Ich mach euch Beine!«, sagte Gott.
Biblisch-theologische Geh-Momente

Von Marcus A. Friedrich

Gehen ist universal. Menschen gehen zum Bäcker und gehen zu Grunde. Menschen gehen zu Bett und gehen zu weit. Menschen gehen ein und gehen spazieren. Gehen beschreibt nicht nur die Bewegung, die neben der Fähigkeit zu denken und zu erkennen grundlegend ist für das Humanum. »Gehen« dient als Hilfsverb, als Bewegungsmelder für viele Vor-Gänge im konkreten und übertragenen Sinn, Vorgänge, die Menschen untereinander und alleine vollziehen. Gehen beschreibt damit immer auch, wie wir unsere Zustände verändern, so, wie jeder leibliche Gang als Veränderung in Raum und Zeit vonstatten geht. In der Doppelbedeutung des Wortes »wandeln« für gehen *und* verändern bzw. verändert werden ist dies wunderbar verflochten.

»Wohl denen, die da wandeln …«
In kirchlicher Binnensprache, vielleicht eben gerade noch in der Poesie, wird die Rede vom Wandeln am Leben gehalten, in dem Wissen, dass Gehen und Wandeln gerade im Hinblick auf den Zugang, Mitgang oder Abgang des Universalen an sich unbedingt zusammengehören. In allen Weltreligionen kann die Pilgerreise als Wandelbahn auf den Spuren des Göttlichen in den Blick genommen werden. Das Gehen in jüdisch-christlicher Tradition ist von besonderem Charakter.

Einen weiten Weg hat der mobile Mitteleuropäer der Jahrtausendwende zurückzulegen, um sich der biblischen Geh-Kultur zu nähern, ist sein Gang doch in der Regel von der Kurzstrecke geprägt, vom Weg von Sitz zu Sitz, ist er selbst auf der Kurzstrecke bemüht, mit City-Roller, Kickboard oder Rollband zu beschleunigen. Statt die Langstrecke wandernd zurückzulegen, schaltet er von Gang zu Gang seines Fahrzeuges und nimmt die Kilometer wie im Fluge. In biblischer Geh-Kultur hingegen sind die Beine das alltägliche Verkehrsmittel, wenn nicht die Beine des Menschen, dann die Beine eines Lasttieres.

Bei allem lebensweltlichen Abstand – man braucht nur wenige Generationen zurückzuschauen oder eben an die südlichen und östlichen Grenzen Europas zu gehen, und man begegnet unweigerlich den Gehbewegungen, aus denen das israelitische Volk seinen Glauben an Adonai entwickelte. Das war keine Pilgerreise zur frommen Selbsterfahrung, sondern die verzweifelte Suche nach einem Lebensraum.

Zwangsläufig wandeln – Vertreibung und Flucht

»Ich mach euch Beine!«, mag Gott zu seinen Geschöpfen einst gesagt haben, und schuf sie nach seinem Bilde. »Ich mach euch Beine!« Ein solcher Satz vertreibt Adam und Eva aus der Idylle des Paradieses. Zwiespältiger Grund für den Rausschmiss: die Erkenntnis von Gut und Böse. Seitdem sind die Menschen unterwegs, erzählt der Mythos, in einer Bewegung des Verlassens, aber auch des Zugangfindens. Der vertriebene Mensch ist zugleich auf dem Weg in die Welt, ist gezwungen *und* befreit zum Gehen aufgrund seines Erkenntnisvermögens.

Wer Beine hat zu gehen, der gehe! Gott sei's geklagt: gehen müssen, ohne klares Ziel vor Augen, auf verworrenen Wegen, ohne Wissen, ob tatsächlich etwas Besseres als der Tod zu finden sei. Nachdem Kain seinen Bruder umgebracht hatte, so erzählt das erste Buch Mose, verbannte Gott ihn in das Land Nod, das heißt »unstet«, in dem er ziel- und planlos umherirrte.

Gott sei Dank: gehen können, zum Beispiel heraus aus der Sklaverei Ägyptens, zum Beispiel hinauf auf den Gottesberg und in ein Gelobtes Land. Die Flucht aus Ägypten bringt eine Gruppe von Menschen hervor, die zu Recht das wandernde Gottesvolk genannt wird. Vierzig Jahre Wüste, das war wahrlich kein Spaziergang. Sklaven brechen auf unter der Führung des stotternden Mose. Sie liefen um ihr Leben. Sie hatten kaum etwas zu verlieren. Ägypten war nicht ihr Zuhause, ihren zukünftigen Lebensort kannten sie noch nicht. »Ich bin der Herr, dein Gott, der dich aus Ägyptenland geführt hat.« Das ist die biblisch-theologische Variante zum Credo der Bremer Stadtmusikanten: »Etwas Besseres als den Tod können wir überall finden.« Gott zeigt sich im lebensnotwendigen Fliehen, er soll führen auf dem Weg. Die Feuersäule ist sein Verkehrszeichen.

Und doch: Wenn alles Vertraute Menschen genommen wird, hängen sie noch am Letzten, den bekannten »Fleischtöpfen«. Der Widerstand des wandernden Volkes gegenüber den andauernden Wandlungen in der Wüste, die Versuche, Gott und das Heil im Leben dauerhaft aufzurichten in Form von heiligen Zeichen und Orten, sind ausgeprägt.

Warum? Ein Glaube ohne Heiligtümer, ohne örtliche Repräsentanten des Göttlichen, an die wir Menschen die Übergänge delegieren können, an denen wir bleiben können, ist mühselig. Er ist sicher so mühselig wie vierzig Jahre Umherirren in der Wüste, auf der Suche nach dem Gelobten Land. Es wundert nicht, dass das Volk mit Feuersäule und Stiftszelt nicht zufrieden war und murrte, dass ein Goldenes Kalb hermusste und allerlei Wunder, die lebensbedrohliche Situationen auf der Flucht zum Leben wenden konnten. Selbst die Bunkermentalität, zu sammeln, was zu sammeln war, vom Manna für den nächsten Tag, vereitelte Gott: eine raue Art, das neutestamentlich bekannte »Sorget nicht!« beizubringen.

Ein jeglicher Gang ist riskant, manchmal ist das Risiko zu gehen allerdings geringer als das Risiko zu bleiben: Flucht. Gottes Nähe zu erfahren auf diesem Weg zu Fuß, Gottes Nähe zu erfahren in der Situation, in der nicht mehr gilt, was der Psalmist besingt: »Du setzt ihn (den Menschen) zum Herrscher über das Werk deiner Hände, alles hast du ihm unter die Füße gelegt« (Psalm 8,5–7), in der anstelle dessen gilt: Geh voran, denn das, was du zurücklässt, bringt dich sonst um, ein solches Gehen prägt das Alte Testament als anthropologische Grundkonstante. Das Motiv der Flucht zieht sich auch ins Neue Testament durch: die Flucht der Heiligen Familie. Diese existenzielle Geh-Erfahrung lässt aufmerksam werden auf die weltweit in diesem Ausmaß nie da gewesenen Flüchtlingsströme. Sind denn die freiwilligen Gänge ein Luxusphänomen?

Freiwillig wandeln/gehen

Gehen und Erkennen gehören zusammen. Das zeigt sich auch darin, dass im Hebräischen der Läufer mit dem Kundschafter sprachlich identisch ist. Er ist also gehend zuständig für die Weitergabe von Erkenntnissen. Die Nachricht von Gottes Heil ist zu Fuß unterwegs.

Nicht jeder Gang ist schwer. Abraham wird ganz anderes verheißen.

Der Weg zu Fuß erfreute sich in der orientalischen Welt keiner großen Beliebtheit. Lieber blieb man sitzen und bemühte andere, zu gehen, um zu verrichten, was nötig war. Oder man ließ laufen, um Nachrichten zu überbringen. Bei Jesaja liegt begründet, warum das Evangelium ohne den Weg zu Fuß nicht vorstellbar ist: »Wie lieblich sind auf den Bergen die Füße des Freudenboten, der Frieden verkündet, gute Botschaft bringt, das Heil verkündet, zu Zion spricht: Dein Gott ward König.« (Jes 52,7)

Nichts anderes sind auch die Jünger von Jesus von Nazareth, nichts anderes als Boten, gesandt, in die Welt zu gehen und die Botschaft vom anbrechenden Himmel in die Welt zu tragen.

Die Predigt und das Wandern, die Nachfolge und das Mitgehen sind im Leben und Wirken Jesu von Nazareth nicht auseinanderzudenken. Es ist kein Zufall, dass Gottes Sohn sich nicht einen Dienstsitz geschaffen und den Jüngern und Jüngerinnen Audienzen gegeben hat. In der Tradition der Freuden- und der Gerichtsboten in der Funktion als Künder der Gottesherrschaft, sein Aufruf zur Wandlung setzt sein Wandern voraus. Seine Spezialität: Ihm gelingt es dabei, andere zum Gehen zu motivieren, zum Wandeln und Sich-Wandeln in ihrer Haltung zum Leben, also im Glauben. Diese Veränderung wird massiv herbeigeführt durch die Aufgabe persönlicher und gesellschaftlicher Macht durch selbst gewählte Besitzlosigkeit, Heimatlosigkeit und durch den Bruch mit den sozialen Banden der Familie.

Es ist irritierend und anziehend zugleich, dass, wer sich auf den Weg machte mit Jesus von Nazareth, aus freien Stücken jene Bedingungen annehmen musste, die die Flüchtenden zwangsweise erleiden: Besitzlosigkeit, Heimatlosigkeit und Verlust der konventionellen und vollständigen familiären Bindungen, alles dies Schritte zur Aufgabe von Macht. Dahinter das Wissen, dass Anbruch nicht ohne Aufbruch zuwege gebracht werden kann.

Schon die Jesus-Erzählungen vermitteln, dass der Gang von Station zu Station auf dem Gehweg Jesu immer die Grundbewegung des Verlassens in sich trägt, den Impuls des Aufbruchs mit allen Konflikten, die mit ihm verbunden sind. In der Bedeutung des deutschen Wortes Aufbruch ist wiederum jene Doppeldeutung impliziert, die im Wandeln auf Wandel abzielt. Gott ist als Mensch nicht zu halten, die Herrschaft des Himmels, Kern der Verkündigung Jesus bricht nur an dem Aufbrechenden, weniger dem Sitzenden.

Nachösterlich: Kann die Geh-Kultur der Jünger durchtragen, oder ziehen alle wieder zu Hause ein? Das Motiv des Boten setzt sich fort: Es beginnt mit dem Wettlauf der Jünger zum/vom Grab. Drang nach der Erkenntnis und der Weitergabe der guten Nachricht. Die guten Nachrichten Jesu werden überboten von der einen, später zentralen, guten Nachricht, dass das Grab leer sei.

Der Evangelist Lukas verdeutlicht, dass Jesus Christus lebt, im Gehen. Er sucht damit Antworten auf die Fragen, die die Apostel begleiten wie alle, die sich um der Sache Jesu willen auf den Weg machen. Zwei Jünger gehen auf dem Weg von Jerusalem nach Emmaus. Gott wird Mensch, der Auferstandene zeigt sich menschlich als Reisebegleiter, als Peripathetiker. Er wandelt im Wandeln die Ansichten der beiden Fußgänger. Im Gehen und Reden erfahren die Jünger den Sinn. Die Schrift, die der Auferstandene auslegt, wird zu Fuß erkundet.

Der Auferstandene wird in Emmaus sogar noch einen Moment sesshaft, allerdings nur in der vertrauten Rolle des Gastes, die das Gehen als Lebensbewegung nicht in Frage stellt, sondern eher noch bestätigt. »Bleibe bei uns, denn es will Abend werden, und der Tag hat sich geneiget.« Aber der auferstandene Fußgänger ist nicht mehr als ein Gast auf dem Weg zu gehen, ein Gast auf Erden, der brennende Herzen bei den Zurückbleiben hinterlässt.

Die Dialektik von Anwesenheit und Entzug, die selbst in der Doppeldeutung von Mitgehen und Weggehen liegt, ist auch in der Emmauserzählung eingefangen.

Der Evangelist Johannes spitzt diese Dialektik weiter zu und registriert die Geh-Bewegungen des Glaubens. Angesprochen wird ein Christus, der sagt: »Ich bin der Weg des Lebens«, ein Christus, der zugleich von sich erzählt: »Ich werde gehen. Und keiner von euch fragt mich: Wo gehst du hin?« Natürlich wollen alle wissen, wo er hingeht. Nachfolge wird transzendiert.

Und die ersten Christen?
In der Apostelgeschichte wird erkennbar, dass die ersten Christen zunächst die Gehbewegungen aufrechterhielten von Haus zu Haus, dass sie Gäste beieinander waren zur Pflege der Gastfreundschaft, zur Feier des gemeinsamen Abendmahles. Die Apostel nehmen ihren Sendungsauftrag als Boten gehend wahr. Manch ein Hörender wandelt sich wie der Kämmerer von Äthiopien auf dem Weg.

Die wachsenden Ortsgemeinden, die bald ihre eigenen Bischöfe hatten, ließen die prophetische Gehbewegung mehr und mehr versiegen. Man hatte im ersten und zweiten Jahrhundert nach Christus allen Grund, sich auch im wahrsten Sinne des Wortes zu konsolidieren, um sich nach außen zu schützen. Mit der Christianisierung des Abendlandes und der Anerkennung des Christentums als Staatsreligion bekam die Kirche einen territorialen Charakter. Damit hatte sich der Schwerpunkt von einer Glaubensbewegung der Gehenden zu einer Kirche der Wohnenden endgültig verschoben.

Aufbrüche hat es allerdings darin immer wieder gegeben: entweder durch Verfolgungen, die Christen den Fluchtweg aufzwangen, oder dadurch, dass Christen auf dem Weg zur geistlichen und institutionellen Reformation anknüpften an die Paradigmen der jesuanischen Gehbewegung. Die breite Pilgerbewegung des Mittelalters, der Barfüßerorden zum Beispiel, ist dazuzuzählen ebenso wie die Kirchentagsbewegung der Gegenwart, die zu Recht schon als »vor-läufige« Bewegung bezeichnet wurde.

Wir stehen an einem Scheideweg. Die Gehbewegung ist transzendiert, der Weg über die Grenze von Leben und Tod ist markiert. Christen haben es sich in der Volkskirche gemütlich eingerichtet. Unter anderem die territoriale Kirchenordnung hat es ermöglicht.

Der Wirkungsverlust der Christen in der Fläche wirft neue Fragen nach dem Aufbruch, nach der Botenfunktion des Evangeliums auf, nach der Geh-Struktur, wie es im Jargon des Gemeindeaufbaus genannt wird. Jeder Christ hat die einmalige Chance, den ersten Schritt zu machen, im Wissen, dass der Weg des Evangeliums immer auch mit Preisgabe von Sicherheit zu tun hat, auf der Suche nach dem Reich Gottes.

Deutsche Wander- und Weglieder

AUS DEM EVANGELISCHEN GESANGBUCH (AUSGABE NORDELBIEN):

7 O Heiland, reiß die Himmel auf

20 Das Volk, das noch im Finstern wandelt

58 Nun lasst uns gehn und treten

97 Holz auf Jesu Schulter

112 Auf, auf, mein Herz, mit Freuden

133 Zieh ein zu deinen Toren

163 Unsern Ausgang segne Gott, unsern Eingang gleichermaßen

173 Der Herr behüte deinen Ausgang (K)

175 Ausgang und Eingang (K)

201 Gehet hin in alle Welt

209 Ich möcht', dass einer mit mir geht

225 Komm, sag es allen weiter

258 Zieht in Frieden eure Pfade

261 Herr, wohin sollen wir gehen (K)

295 Wohl denen, die da wandeln

329 Bis hierhin hat mich Gott gebracht

361 Befiehl du deine Wege

365 Von Gott will ich nicht lassen

384 Lasset uns mit Jesus ziehen

391 Jesu, geh voran

393 Kommt Kinder, lasst uns gehen

394 Nun aufwärts froh den Blick gewandt

395 Vertraut den neuen Wegen

AUS: DURCH HOHES UND TIEFES. GESANGBUCH DER EVANGELISCHEN STUDIEREN-
DENGEMEINDEN IN DEUTSCHLAND, STRUBE EDITION 6502, MÜNCHEN 2008.

GESG 30 Stern über Bethlehem, zeig uns den Weg

GESG 31 Macht euch auf

GESG 50 Welcher Engel wird uns sagen

GESG 87 Geh mit uns auf diesem Weg, Kyrie eleison

GESG 90 Te deum, laudamus

GESG 149 Mache dich auf und werde licht (K)

GESG 155 Geht hin in alle Welt (franz.)

232

GESG 218 Gott, umhülle uns
GESG 222 Möge die Straße …
GESG 224 Mögen sich die Wege …
GESG 226 Geh unter der Gnade
GESG 228 Der Herr segne dich …
GESG 241 Weite Räume meinen Füßen
GESG 242 Stellst unsre Füße, Gott, auf weiten Raum
GESG 298 Wir haben Gottes Spuren festgestellt
GESG 351 Ich mach Station am Weg
GESG 356 Lass uns den Weg der Gerechtigkeit gehn
GESG 371 We shall overcome
GESG 405 When Israel was in Egypt's Land
GESG 406 Wo kämen wir hin … (Kanon)
GESG 409 Komm, wir brechen auf …

Literaturliste
der dänischen Originalausgabe

Die Bibel

Bibelen. Det danske bibelselskab, 1992.

Madsen, Peter: *Menneskesønnen.* Det danske bibelselskab, 2000.

Seidelin, Anna Sophie: *Anna Sophie Seidelin genfortæller bibelen.* Aschehoug, 2005.

Schrøder-Hansen, Ingrid: *Bibelens historier: Det gamle testamente.* Gyldendal, 1999.

Schrøder-Hansen, Ingrid: *Bibelens historier: Det nye testamente.* Gyldendal, 2003.

Sørensen, Bodil Busk: Bibelen – i ord og billeder. Relgionspædagogisk Center, 2006.

Hintergrundliteratur zum Pilgerwandern

Bunyan, John: *The Pilgrim's Progress.* Penguin Books, London, 1987.

Frey, Nancy Louise: *Pilgrim Stories on and off the road to Santiago.* University of California Press Ltd. 1998.

Johansen, Jørgen: *Gyldendals bog om pilgrimme og pilgrimsrejser.* Gyldendal, 2005.

Lindström, Hans-Erik: *Pilgrimsliv – Håndbog for vandringsfolk.* Forlaget Alfa, 2006.

Turmer, V. und L. B.: *Image and pilgrimage in Christian culture.* Columbia University Press, 1978.

Als Anregung – theologisch und didaktisch

Damsholt, Torben (overs.): *Augustins Bekendelser.* Sankt Ansgars Forlag, 1988.

Sander, Karen: *Om de syv dødssynder. Et materiale til dansk og kristendomskundskab.* Borgen, 2004.

Falk, Bent: *Kærlighedens pris.* bd.1 og 2, Forlaget Anis, 2005.

Lindhardt, Jan: *De syv dødssynder.* Rosinante, 2001.

Olden-Jørgensen, Sebastian; Pepke, Bo Emrik: *Korsvejen.* Katolsk Forlag, 2003.

På Herrens Mark. Unitas, 2005.

Lieder und Gesangbücher

Den danske salmebog. Det Kgl. Vajenshus' Forlag, 2003.

De små synger. Høst, 1999.

Sörensen, Lars Busk: *Vi tror en kærlig Gud har brug for disse hænder.* Text und Melodie in *Salme og sange i skole og kirke.* Nr. 184, Dansk sang, 2000.

Vorschläge für Andachten und Gebete

Carmichael, Alexander (red.): *Carmina Gadelica*. Floris Books, 1992.

Frederiksen, H. E.; Frost-Christensen, J. E. (bearb.): *Sange og bønner fra Taize*. Kirkefondet, 2. Auflage, 2002.

Hammarskjöld, Dag: *Vägmärken*. Albert Bonniers Förlag, 2005.

Larsen, E. Hviid (red.): *Bøn til tiden*. Forlaget Mediacellen, 2004.

Lidell, Elisabeth: *Den lille pilgrimsbog*. Religionspædagogisk Forlag, 2004.

Lönnebo, Martin: *Kristuskransen*. Unitas Forlag, 3. Auflage, 2005.

Millar, Peter: *An Iona Prayer Book*. Canterbury Press, 1998.

Newell, J. P.: *Hver dag. Hver nat. Keltiske bønner fra Iona*. Verbum, 2004.

Storebjerg, H. og Henriksen, B. L. (red.): *Bøn for livet*. Unitas Forlag, 2005.

Titelvorschläge für Erzählungen, Märchen und Geschichten

Andersen, H. C.: *Snedronningen*. Carlsen, 2005.

Andersen, H. C.: *Sneglen og rosenhækken*. Carlsen 2002.

Andersen, H. C.: *De vilde svaner*. Sesam, 1992.

Andersen, H. C.: *Klokken*. Gyldendal, 1998.

Andersen, Helle Saxil: *Kirke od kristendom. Leksikon*. Rosinante, 2001.

Blixen, Karen: *Sorgagre* fra *Vintereventyr*. Bd.4. Gyldendal, 1964.

Blixen, Karen: *Kongesønnerne* fra *Karneval og andre fortællinger*. Gyldendal, 1996.

Buber, Martin: *Her hvor man står* fra *Menneskets vej efter den chassidiske lære*. Mimer, 1991.

Bødker, Cecil: *Marias barn*. Gyldendals Tranebøger, 1985.

Coelho, Paulo: *Alkymisten*. Bazar, 2006.

Dostojevski, Fjodor: *Et latterligt menneskes drøm* fra *Kældermennesket*. Dansklærerforeningen, 2000.

Gaarder, Jostein: *I et spejl, i en gåde*. Høst, 1994.

Grimm, J. L. K.: *Drengen der drog und i verden for at lære frygten at kende*. Gyldendal, 1984.

Guldager, A. G.; Kamp; Kristensen, O.E. (red.): *Manden od konen, der bad Gud til middag – og andre fortællinger*. FDF/FPF, 1992.

Hansen, Knud: *Opmærksomhed. Fem taler af fhv. Askovforstander Knud Hansen*. Mimer, 1995.

Hansen, Martin A.: *Høstgildet*. Aus *Manden fra jorden. 15 noveller (Der Mann von der Erde. 15 Novellen)*. Gyldendal, 1999.

Hansen, Martin A.: *Agerhønen*. Gyldendal, 1970.

Hansen, Martin A.: *Paradisæblerne*. Fremad, 1980.

Hvas, Søren Lodberg; Ågård, Erik: *Livshistorier*. K-materialet. Materialecentralen, 1989.

Jong, Johannes (Übers.): *Fioretti. Små buketter fra Frans af Assisis blomsterhave*. Alfa, 2005.

Krasilnikoff, Arthur (Übers.): *Sankt Georg og dragen*. Carlsen, 1986.

Lagerlöf, Selma: *Niels Holgersens forunderlige rejse*. Gyldendal, 2005.

Lagerlöf, Selma: *Veronicas Svededug*. Aus *Kristuslegender*. Gyldendal, 2001.

Lagerlöf, Selma: *Flammen*. Aus *Kristuslegender*. Gyldendal, 1966.

Lagerlöf, Selma: *Flugten til Ægypten*. Aus *Kristuslegender*. Gyldendal, 1966.

Lindgren, Astrid: *Brødrene Løverhjerte*. Gyldendals Børnebibliotek, 1990.

Lindgren, Astrid: *Suser min lind, synger min nattergal og andre fortællinger*. Gyldendal, 1997.

Pontoppidan, Henrik: *Lykke Per*. Traneudg., Gyldendal, 2000.

Reich, Ebbe: *Marie Wulf og det hellige værtshus*. Aus *Heltehistorier*. Red. Jens Kaiser und Flemming Chr. Nielsen. Herausgegeben von Jyllands-Posten, 1991.

Rønnow, Jakob: *Kongen og blomsterpigen*. Aus *Fortællinger om Gud og hver mand*. Unitas, 2006.

Saint Exupéry, Antoine de: *Den lille prins*. Lindhardt og Ringhof, 2005.

Tunström, G: *Ørkenbrevet*. Samleren, 1985.

Bücher zum Vorlesen – für Kinder und Kinderseelen

Gad, Bodil og Tue: *Rejsen til Jacobsland*. C. A. Reitzel, 1991.

Hartmann, Nils: *Rejsen til Jakobs by*. GAD, 1999.

Parry, Alan und Linda: *Den Eviggrönne Skov*. Lohses Forlag, 1994. (Eine wunderbar illustrierte Nacherzählung von John Bunyans *The pilgrim's Progress*)

Musik

CD *Lennon Legend. The very best of John Lennon*. EMI Records Ltd. 1997.

Wolf, Jakob: *Hvor kommer sangene fra? Lars Lilholts univers*. Hovedland, 2005.

Der Pilgerstab

Pilgerstäbe können für 25 DKK pro Stück zuzüglich Versand auf dem Hof Ny Vraa, Tel. 98 26 17 00 oder auf www.pilehegn.dk erworben werden.

Cooper, J. C.: *Politikens Symbolleksikon*. Politikens Forlag A/S, 2. Auflage 1999.

Dahlby, Frithiof: *De heliga teckens hemlighet. Symboler och attribut*. Verbum, 2002.

Praktische Hinweise für Wanderrouten

Übernachtung im Freien. Friluftsrådet (Der Freiluftsrat). Eine Übersicht über kostenlose Angebote für einfache Übernachtung im Freien für ein oder zwei Nächte. In Dänemark gibt es über 750 angemeldete Plätze, siehe außerdem auf www.teltpladser.dk.

Krarup, Jens Kristian: *Den danske Klosterrute. Bd. 1. gennem Sønderjylland til Ribe*. (Inkl. Übernachtungsverzeichnis). Unitas Forlag, 2006.

Skov- og Naturstyrelsen (Wald- und Naturverwaltung): *Naturen må gerne betrædes – men træd varsomt*. Das Faltblatt kann unter folgender Telefonnummer bestellt werden: 39 47 20 00 oder auf www.skovognatur.dk heruntergeladen werden.

Spor i Landskabet (Spuren in der Landschaft): Gibt die Möglichkeit, die Natur- und Kulturlandschaften zu erleben, an die man sonst nicht so nah herankommt. Die Spuren sind gekennzeichnete Trampelpfade auf privatem Grund, wo man die Natur ganz nah erleben kann. Zu jeder Spur kann ein Faltblatt bestellt oder heruntergeladen werden, das die Route und die Dinge beschreibt, die man unterwegs sehen kann. www.spor.dk.

Literaturliste
für die deutsche Ausgabe

Die Bibel

Die Bibel in verschiedenen Übersetzungen und Ausgaben: vgl. z. B. die Homepage der Deutschen Bibelgesellschaft, Stuttgart: www.dbg.de

Hintergrundliteratur zum Pilgerwandern

Breitenbach, Roland: *Pilgern. Den eigenen Weg finden.* Herder Verlag, 2009.

Bunyan, John: *The Pilgrim's Progress.* Penguin Books, London, 1987.

Bunyan, John: Pilgerreise. St. Johannis-Druckerei, 6. Aufl., 2010.

Bunyan, John: *John Bunyans Pilgerreise in Bilder. Ausgabe für Kinder.* St. Johannis-Druckerei, 7. Aufl., 2008

Cordes, Martin; Wustrack, Simone: *Pilger – Wege – Räume. Historische, religionspädagogische und kunsttherapeutische Reflexionen.* Mit einer Liste evangelischer Pilgerinitiativen in Niedersachsen. Blumhardt Verlag, 2005.

Frey, Nancy Louise: *Pilgrim Stories on and off the road to Santiago.* University of California Press Ltd. 1998.

Grün, Anselm: *Die Weisheit des Pilgerns.* Gütersloher Verlagshaus, 2008.

Grün, Anselm: *Im Menschen lebt eine Sehnsucht. Die Weisheit des Pilgerns.* Gütersloher Verlagshaus, 2009.

Gundlach, Jens: *Zwischen Loccum und Volkenroda. Ein Pilgerbuch.* Lutherisches Verlagshaus, 2007

Jammer, Beate (Hrsg.): *Mit unseren Füßen lasst uns loben. Ideen und Bausteine für Pilger- und Wallfahrten.* Schwabenverlag, 2009.

Käßmann, Margot (Hrsg.): *Mit Leib und Seele auf dem Weg. Handbuch des Pilgerns in der hannoverschen Landeskirche.* Lutherisches Verlagshaus, 2007.

Klein, Kurt R.: *Du bist unser Weg. Gebete, Meditationen und Impulse für unterwegs. Das Pilger-Werkbuch.* Herder Verlag, 2009.

Mielenbrink, Egon: *Zieh weg aus deinem Land. Pilger der Bibel und ihre Botschaft.* Butzon & Bercker, 2006.

Schwarz, Andrea: *Die Sehnsucht ist größer. Vom Weg nach Santiago de Compostela. Ein geistliches Pilgertagebuch.* Herder Verlag, 2008

Turmer, V. und L. B.: *Image and pilgrimage in Christian culture.* Columbia University Press, 1978.

Lieder und Gesangbücher

Auf und werde. Der geistliche Begleiter für Pilgerwege. Lutherische Verlagsgesellschaft, 2009.

Durch Hohes und Tiefes. Gesangbuch der evangelischen Studierendengemeinden. Strube Verlag, 2. Aufl., 2009.

Hirschler, Horst; Selmayr, Maike: *Loccumer Wegbegleiter. Texte und Lieder für Pilger.* Deutscher Kunstverlag, 2007

Liederbuch für draußen, hg. von der Arbeitsstelle für Gottesdienst und Kirchenmusik Hannover. Strube Verlag

Die Gesänge aus Taizé. Herder Verlag

Vorschläge für Andachten und Gebete

Carmichael, Alexander (red.): *Carmina Gadelica.* Floris Books, 1992.

Hammarskjöld, Dag: *Zeichen am Weg.*

Welin, Carolina; Johansson, Carolina: *Perlen des Lebens.* Gütersloher Verlagshaus, 4. Aufl., 2009.

Welin, Carolina: *Mit den Perlen des Lebens liebevolle Beziehungen leben.* Gütersloher Verlagshaus, 2009.

Mit Gott on tour. Jugendgebete und Meditationen, hg. von der Katholischen Jugend der Erzdiözese Wien. Herder Verlag, 2008.

Reichelt, Bettina: *Das Konfirmanden-Taschengebetbuch.* St. Benno Verlag

Kittel, Joachim: *Magnifikat. Experiment Beten. Gebete für Jugendliche und junge Erwachsene.* Butzon&Bercker, 2006

Kühneweg, Gundula (Hrsg.), *Herders großes Buch der Gebete.* Herder Verlag, 2009.

Werner Schaube: *Spür den Geist. Jugendgebete.* Butzon & Bercker, 2006.

Erbrich, Guido (Hrsg.), *Zum Beispiel: Wir. Das neue Jugendgebetbuch.* St. Benno Verlag, 2005

Titelvorschläge für Erzählungen, Märchen und Geschichten

Andersen, H.C.: *Gesammelte Märchen,* 2 Bände. Manesse Verlag.

Berger, Senta (Hrsg.): Mein großes Familiensonntagsfrühstücksvorlesebuch, Herder Verlag, 2010.

Blixen, Karen (Tania): *Wintergeschichten.* Deutsche Verlagsanstalt.

Blixen, Karen (Tania): *Babettes Fest und andere Erzählungen.* Deutsche Verlagsanstalt.

Buber, Martin: *Wo stehen wir heute?.* C. Bertelsmann Verlag, 1960.

Bødker, Cecil: *Marias Kind, der Junge.* Wichern Verlag, 1986

Coelho, Paulo: *Der Alchimist.* Diogenes Verlag.

Dostojewski, Fjodor: *Traum eines lächerlichen Menschen.*

Gaarder, Jostein: *Durch einen Spiegel in einem dunklen Wort.* Hanser Verlag, 9. Aufl., 1996.

Grimm, J. und W.: *Märchen der Brüder Grimm.* Diogenes Verlag, 2009.

Hoffsümmer, Willi (Hrsg.): 77 Herzfenster. Geschichten, die gut tun. Matthias-Grünewald Verlag, 4. Aufl., 2009.

Hoffsümmer, Willi (Hrsg.): Kurzgeschichten, Bd. 1 bis 9. Matthias-Grünewald-Verlag.

Lagerlöf, Selma: *Wunderbare Reise des kleinen Nils Holgersson mit den Wildgänsen.* Nymphenburger Verlag, 38. Aufl, 1992.

Lagerlöf, Selma: *Christuslegenden.* Nymphenburger Verlag, 20. Aufl, 2002.

Lindgren, Astrid: *Die Brüder Löwenherz.* Oetinger Verlag.

Lindgren, Astrid: *Klingt meine Linde.* Oetinger Verlag.

Pontoppidan, Henrik: *Hans im Glück.* Insel Verlag, 1981

Reftel, Kristina, »*Ich habe nach dir gewonnen*«. *Weisheitsgeschichten für einen anderen Blick auf das Leben.* Gütersloher Verlagshaus, 2. Auflage, 2008.

Saint Exupéry, Antoine de: *Der kleine Prinz.* Rauch Verlag, 17. Aufl, 2010.

DER PILGERSTAB / SYMBOLE

Pilgerstäbe können für 25 DKK pro Stück zuzüglich Versand auf dem Hof Ny Vraa, Tel. (Dänemark) 98 26 17 00 oder auf www.pilehegn.dk erworben werden.

Abeln, Reinhard: *Christliche Symbole Kindern erklärt.* Katholisches Bibelwerk, 2009.

Becker, Udo: *Lexikon der Symbole.* Herder Verlag, 8. Aufl., 2008

Bieger, Eckhard: *Das kleine Buch der christlichen Symbole.* St. Benno Verlag, 2010.

Cooper, J. C.: *Das große Lexikon traditioneller Symbole.* Goldmann Verlag, 2004.

Oberthür, Rainer: *Das Buch der Symbole. Auf Entdeckungsreise durch die Welt der Religion.* Kösel Verlag, 2. Aufl., 2009.

PRAKTISCHE HINWEISE FÜR WANDERROUTEN

Übernachtung im Freien. Friluftsrådet (Der Freiluftsrat). Eine Übersicht über kostenlose Angebote über einfache Übernachtung im Freien für ein oder zwei Nächte. In Dänemark gibt es über 750 angemeldete Plätze, siehe außerdem auf www.teltpladser.dk.

Krarup, Jens Kristian: *Den danske Klosterrute (Die dänische Klosterroute). Bd. 1. gennem Sønderjylland til Ribe (Durch Nordschleswig nach Ribe).* (Inkl. Übernachtungsverzeichnis). Unitas Forlag, 2006.

Skov-og Naturstyrelsen (Wald- und Naturverwaltung): *Naturen må gerne betrædes –men træd varsomt (Die Natur darf gern betreten werden – doch tritt vorsichtig).* Das Faltblatt kann unter folgender Telefonnummer bestellt werden: 39 47 20 00 oder auf www.skovognatur.dk heruntergeladen werden.

Spor i Landskabet (Spuren in der Landschaft): Gibt die Möglichkeit, die Natur- und Kulturlandschaften zu erleben, an die man sonst nicht so nah herankommt. Die Spuren sind gekennzeichnete Trampelpfade auf privatem Grund, wo man die Natur ganz nah erleben kann. Zu jeder Spur kann ein Faltblatt bestellt oder heruntergeladen werden, das die Route und die Dinge beschreibt, die man unterwegs sehen kann. www.spor.dk.